HEYNE BÜCHER SPHINX

Stuart Wilde

Geld: fließende Energie

WILHELM HEYNE VERLAG
MÜNCHEN

SPHINX BEI HEYNE
Herausgegeben von Michael Görden
Nr. 13/3020

Aus dem Amerikanischen
von Hans-Peter Brandau

Umwelthinweis:
Dieses Buch wurde auf
chlor- und säurefreiem Papier gedruckt.

2. Auflage

Die Originalausgabe erschien unter dem Titel
THE TRICK TO MONEY IS HAVING SOME
im Verlag White Dove International, Taos, New Mexico

Genehmigte Taschenbuchlizenzausgabe im
Wilhelm Heyne Verlag GmbH & Co. KG, München
Printed in Germany 1999
Umschlaggestaltung: Atelier Adolf Bachmann, Reischach
Technische Betreuung: S. Hartl
Satz: Pinkuin Satz- und Datentechnik, Berlin
Druck und Bindung: Elsnerdruck, Berlin

ISBN 3-453-13283-1

»Dieses Buch ist den Göttern der Liquidität gewidmet.
Mögen sie jedem von uns gütig zulächeln.«

Stuart Wilde

Inhalt

1

Der Trick ist: Man muß es haben!

Geld ist eine Gedankenform. Es ist ein Energiesymbol und besitzt selbst keinen eigenen wahren Wert. Es ist weder gut noch schlecht, weder positiv noch negativ. Es ist unparteiisch. Der Bursche, der schrieb: »Geld ist die Wurzel allen Übels«, hatte, schlicht gesagt, keines! Man kann ohne Geld nicht leben. Und obwohl die Liebe zum Geld die Menschen manchmal schlecht oder ulkig werden läßt, so steht doch fest, daß Sie ohne Geld nicht frei sind. Armut ist eine Einschränkung und als solche die größte Ungerechtigkeit, die Sie sich zumuten können.

Dollar-Tanz 1

»Überfluß ist niemals der Faktor dafür, wieviel Geld man besitzt. Überfluß ist lediglich ein Maßstab dafür, wie man sich mit dem Geld, das man besitzt, fühlt.«

Schaut man sich die Natur an und sieht den Überfluß, der auf ganz natürliche Weise einen Teil unserer Umgebung bildet, so ist nur schwer zu verstehen, warum Menschen in Armut leben. Es hat den Anschein, daß man sehr hart arbeiten muß, um arm zu sein. Es erfordert eine kontinuierliche Anstrengung des Verstandes, den Überfluß zu vermeiden, den das Leben auf ganz natürliche Weise bietet. Auf dieselbe Weise, wie Freude natürlich und gottgegeben ist, existiert auch der Überfluß; alles andere zieht nur nach unten.

Würden Sie einen Tramp und einen Multimillionär genau miteinander vergleichen, wären Sie erstaunt, wie wenig die

Gefühle der beiden bezüglich des Begriffs ›Überfluß‹ differenziert sind. Schauen Sie sich die Menschen an, die Sie kennen, und vergleichen Sie deren Erfolge und Mißerfolge, so werden Sie auch hier feststellen, daß der Unterschied zwischen Erfolg und Mißerfolg nur eine Gedankenform ist. Die Erfolgreichen begannen oft mit Mißerfolgen, doch eines Tages änderten sie ihre Meinung und schauten nicht wieder zurück.

Was wir in diesem Buch betrachten wollen, ist: Wie können Sie Ihre Gefühle so ändern, daß Sie schnell eine Menge Geld machen, Ihre Kraft zurückholen und vollkommen frei in den Sonnenuntergang schlendern?

Ich hoffe, daß Sie mir gegen Ende des Buches zustimmen werden, daß Gelderwerb kein ernsthaftes Geschäft ist – es ist ein Spiel. Zunächst scheint es, daß Sie dieses Spiel mit Kräften spielen, die sich *außerhalb* Ihrer selbst befinden – sozusagen die Marktwirtschaft –, gehen Sie jedoch einen Schritt weiter, entdecken Sie, daß es tatsächlich ein Spiel ist, das Sie mit *sich selbst* spielen. Wie Sie dieses Spiel spielen, beeinflußt die Qualität Ihres Lebens und bestimmt den Umfang, in dem Sie sich selbst befreien können.

Um sich selbst zu befreien, müssen Sie prüfen, wie Sie über Überfluß und Finanzen denken, so daß Sie sich einen entsprechenden *Schlachtplan* zurechtlegen können, der Sie vom Kämpfen ins Fließen und vom Geiz in Luxus bringt. Wenn Sie nun denken, Geld sei nicht spirituell, so hoffe ich, daß ich Ihnen bis zum Ende des Buches diese Vorstellung austreibe, denn diese Idee ist einfach absurd. Es ist lediglich ein bequemer Egotrip für jene, die zu apathisch sind, um an ihrem Zustand etwas zu ändern.

Ich glaube, daß wir im Leben alle auf der *Suche* sind. Vielleicht sehen Sie Ihr Leben nicht so, aber ich denke doch, daß wir dazu hier sind, uns selbst zu verstehen: Das betrifft den physischen Körper, den Verstand, die Gefühle, Spiritualität, Sexualität, Liebe, Elternschaft und – Bargeld. Sie brauchen es – sonst wedelt der Schwanz mit dem Hund.

Der ganze Trick beim Geld ist, daß man welches hat. Das ist wirklich alles. Es klingt vielleicht ein wenig zu glatt, aber lediglich für diejenigen, die kein Geld haben. Wenn Sie Geld haben, wissen Sie, daß Sie dazu kamen, weil Sie es hatten! Ich werde diese Spitzfindigkeit später erklären. Okay – vorwärts und aufwärts! Es gibt eine Unmenge von Wegen, reich zu werden; lassen Sie uns zunächst einige der offensichtlichen ausschalten, so daß wir uns auf jene Umstände konzentrieren können, in denen sich die meisten von uns gerade befinden.

Zunächst einmal können Sie erben. Aber wenn Sie nicht in eine vermögende Familie geboren wurden, ist es nicht leicht, wohlhabende Verwandte zu finden – obwohl nicht unmöglich.

Sie können adoptiert werden. Sie können sich unter wohlhabende Leute mischen und für diese so wertvoll werden und ihre Gefühle so dramatisch beeinflussen, daß diese Sie als Verwandten ansehen, wenn Sie dies auch nicht sind. Sie können in Geld einheiraten. Ja, vielleicht haben Sie das bereits getan, und der Bursche tauchte nach einem Jahr oder so ab, und Sie sitzen jetzt an einem Strand in Hawaii und nippen Margaritas! Natürlich können Sie reich werden, indem Sie Geld stehlen. Dadurch läßt sich das Endergebnis auch erreichen, aber es ergeben sich damit ganz bestimmt sehr unangenehme Begleiterscheinungen. Sie würden etwas enttäuscht sein, wenn Sie feststellen, daß Sie die ergaunerte Million, an die Sie Ihr Herz gehängt haben, in Wirklichkeit nicht frei gemacht hat. Höchstwahrscheinlich werden Sie sich in einer emotionalen Falle wiederfinden, in der Sie ständig auf Schritte auf der Treppe horchen und sich fragen, wann das dicke Ende kommt.

Zudem zieht ein Diebstahl karmische Verwicklungen nach sich, und da das Geld auf so leichte Weise zu Ihnen kam, werden Sie es ebenso leicht wieder gehen lassen. Das Leben schafft immer einen Ausgleich. Ich kannte einen Mann, der mit anderen einen der berühmtesten Diebstähle der britischen Kriminalgeschichte beging. Seine Genossen wurden gefaßt und kamen ins Gefängnis. Er aber blieb aufgrund eines unglaublich glücklichen Zufalls ein freier Mann. Denn der Polizei unterlief im Frühstadium der Ermittlungen ein Fehler, als sie seine Identität mit der eines anderen verwechselte. Als der Fall abgeschlossen wurde, war die Polizei sicher, daß sie alle Täter hinter Schloß und Riegel hatte. Und in diesem Durcheinander kam mein Freund davon.

Der Haufen gestohlenes Geld brachte ihm jedoch kein Glück; er wurde von Drogen abhängig und am Ende heroinsüchtig. Ich weiß nicht, was aus ihm wurde. Aber als ich ihn das letzte Mal sah, war sein Zustand erbärmlich und sein Leben eine Katastrophe. Das Problem beim Diebstahl ist einfach eine Affirmation des Mangels. Es zeigt sich, daß Sie nicht daran glauben, daß es an Ihnen liegt, ›das Spiel zu spielen‹, und daß Sie es schaffen, was immer geschieht. Die Motivationen für Diebstahl sind so destruktiv. Sie tragen eine verdeckte *Krankheit* in sich, die sich im Leben eines Diebes als Schwäche zeigt und ihn oder sie elend macht.

In einer Welt, in der es so viele Gauner und Betrüger gibt und in der Menschen so oft schnelles Geld machen wollen, ist es befriedigend, sich selbst Regeln aufzustellen, die anständig und fair sind. Vielleicht verzögert sich Ihre finanzielle Freiheit durch das Leben nach diesen Regeln etwas, aber haben Sie sie erst erreicht, so können Sie zurückblikken und erkennen, daß jeder Schritt, der der Menschheit gedient hat, es Ihnen auch ermöglicht hat, ein besserer Mensch zu werden.

Der Grund, warum Geld zu bekommen so Spaß macht, ist einfach der, daß Sie dabei spirituell wachsen können und so die Feinheiten des Lebens und viele Aspekte Ihrer eigenen Person verstehen. Dies bedeutet nicht, daß reiche Menschen notwendigerweise spirituell sind, es läßt jedoch den Schluß zu, daß es arme Menschen wahrscheinlich nicht sind.

Alle Philosophien, die lehren, daß Armut großartig ist, weichen aus. Dadurch bleiben die inaktiven Anhänger zufrieden, da sie auf ihrem Egotrip denken können, daß ihre mangelnde Kreativität und Anstrengung irgendwie zu einem späteren Zeitpunkt gesegnet wird. Ich glaube, daß sie irgendwann unsanft erwachen werden – aber das ist nicht relevant. Wichtig ist, daß Sie sich selbst darüber im klaren sind, daß Ihr Beitrag für die Welt aus *Energie* besteht.

Eine dieser Formen von Energie ist Geld – Geld, das Sie ausgeben können, Geld, mit dem Sie andere stärken können, Geld, das Sie dazu verwenden können, die Welt zu verbessern, Geld, um sich selbst frei zu machen.

Natürlich ist Geld nur eine Form von Fülle. Darüber hinaus gibt es die Fülle von Glück, Liebe, Chancen und Freundschaft. Aber oft ist es so, daß ein Mensch, der kein Geld hat, auch an Mangel anderer Formen der Fülle leidet. Es sind die verschiedenen Aspekte der Gefühle, die die Menschen von der Befriedigung ihrer Bedürfnisse abschneiden.

Wie bereits gesagt, ist der Unterschied zwischen Geld haben und nicht haben nicht groß. Es ist eine sehr kleine, aber subtile Verschiebung im Bewußtsein – das ist alles. Im großen Maßstab können Sie dies sehr deutlich sehen, wenn Sie Firmen beobachten, die zu einem bestimmten Zeitpunkt Gewinne von 50 oder 100 Millionen im Jahr erzielen. Dann, kurz darauf, gibt es irgendwo eine kleine Veränderung, und sie bezahlen mehr für ihr Material, erzielen weniger Ertrag, und was sie haben, hat nicht mehr den Wert wie noch kurz zuvor. Plötzlich verlieren sie zehn Millionen im Monat. Sehen Sie Geld in diesem Zusammenhang, zeigt es, wie eine geringe Verschiebung eine große Veränderung bewirken kann. Der Sinn des Spiels besteht also darin, sich selbst auf die positive Seite zu schieben, aufzusteigen und einzusammeln.

Natürlich werden Ihnen Leute, die kein Geld haben, sagen, es gäbe nicht genug davon. Aber nichts ist weniger wahr. Tatsache ist: An jedem Tag werden viele hundert Millionen Dollar erarbeitet, die 24 Stunden vorher noch nicht da waren. Hier mitzumachen heißt, das Spiel mitzuspielen, für das die Regeln schon vor einiger Zeit festgeschrieben wurden. Vielleicht müssen Sie die Regeln des Spiels lernen, aber wenn Sie einmal verstanden haben, daß es ein Spiel ist, und mitmachen wollen, ist es lediglich eine Frage der Zeit, daß das System Sie teilnehmen läßt!

Wenn Sie sich nun im Moment nicht als Teil des großen Reichtums sehen, so denken Sie an folgendes: Die meisten großen finanziellen Transaktionen erfolgen über Satelliten-Kommunikation. Zu jedem Zeitpunkt fliegen Milliarden Dollar fast mit Lichtgeschwindigkeit durch die Luft. Diese Signale strömen wie Fernseh- oder Radiosignale ständig durch Ihren Körper. Gerade jetzt in diesem Moment, in dem Sie dieses Buch lesen, strömt genug Geld durch Sie hindurch, um Sie für den Rest Ihrer Tage in Wohlstand leben zu lassen. Eine schöne Affirmation? Das einzige Problem ist nur, daß es nicht Ihr Geld ist; aber das ist nur ein kleines technisches Problem. Tatsache ist, daß Geld vorhanden ist. Sie sind nahe am Ziel! Um es zu Ihrem Geld werden zu lassen, ist nur erforderlich, daß Sie mit dieser Affirmation mit allen Ihren Aktionen konform gehen.

Natürlich können Sie in der Lotterie gewinnen, aber die meisten Leute glauben das nicht. Doch in jeder Lotterie gibt es Gewinner. Ihre Entscheidung, daß Sie diese Person sein werden, stellt Sie vor die anderen, die – da können Sie sicher sein – selbst davon überzeugt sind, daß ihre Gewinnchancen gering sind.

Ich kenne eine Frau in Maryland, die sehr schnell eine Menge Geld brauchte. Sie kaufte das kleine Buch ›WUNDER‹, das ich geschrieben habe und in dem gezeigt wird, wie ein ›Wunder-Aktionsplan‹ aufgestellt wird. Sie visualisierte den Plan, erklärte sich mit ihm einverstanden und folgte ihm so. Diese Dame muß offensichtlich mit ihrem *inneren Selbst* einig gewesen sein, daß die Zeit reif war, ihre

Situation zu ändern, denn noch an dem Tag, an dem sie ihren Plan aufschrieb, kaufte sie für 30 Dollar Lose in der Maryland-Lotterie. Einige Tage später rief die Lotteriegesellschaft an und gratulierte ihr zum Gewinn des ersten Preises. Ich erinnere mich nicht mehr genau daran, wieviel sie gewann, aber ich hörte so etwas von einer Million und 700 000. Nun, 1,7 Millionen bleiben jedem in Erinnerung!

Ich traf sie einige Monate nach ihrem Gewinn wieder und fragte sie, wie sie das angestellt hatte. Sie erzählte mir, daß sie den Überfluß vorher schon einige Zeit affirmiert hatte, daß ihr der ›Wunder-Aktionsplan‹ als Brennpunkt ihrer Energie gedient hatte und daß sie, als sie sich entschied, die Lose zu kaufen, mit dem Gewinnplan übereinstimmte. Besser noch, sie *wußte*, daß sie gewinnen würde.

Nun, diese Frau war sehr ungewöhnlich. Denn die meisten Leute, die Geld brauchen, gestatten ihren Emotionen, daß dieser Mangel sie in negative Verhaltensmuster führt, wo diese Negativität dann noch bestätigt wird. Aber obwohl ihre Situation verzweifelt aussah, glaubte sie nicht daran. Statt dessen glaubte sie an die Lösung.

Interessanterweise rief mich eines Tages, kurz nachdem ich mit diesem Buch begonnen hatte, jemand an, den ich auf einem Seminar in Colorado getroffen hatte. Sie sagte mir, daß sie einen Traum gehabt hatte, in dem sie die Gewinnnummern der Lotterie von Arizona träumte. Am nächsten Tag fuhr sie von Colorado nach Arizona, um ihre Lose zu kaufen. Auf dem Weg änderte sie ihre Meinung über die letzten beiden geträumten Zahlen und setzte statt dessen drei Zahlen aus ihrem Traum und zwei andere Zahlen ein. Die Zahlen ihres Traums gewannen. Drei Gewinner erhielten je 800 000 Dollar. Sie ging leer aus. Ich fragte sie, warum sie nicht einen zusätzlichen Dollar für die Traumzahlen ausgegeben hatte. Sie wußte es nicht. Während ich mit ihr sprach, fühlte ich deutlich, daß sie es noch einmal schaffen könnte, und ich sagte es ihr. Aber aus unserer Unterhaltung wußte ich, daß sie zwar intellektuell die Idee des Reichseins akzeptierte, ihre *innere Stimme* aber mit der Idee nicht einverstanden war und ständig ihre Anstrengungen sabotierte. Irgendwann in der Vergangenheit muß sie sich damit abgefunden haben, daß Armut ihr Dauerzustand sein würde, und so wurde alles, was sie unternahm, in diese Richtung geführt.

Doch wir alle sind durch *eine* Energie miteinander verbunden. Jung nannte sie das *kollektive Unbewußte.* Andere nennen sie vielleicht den *Geist* oder die Gnade Gottes, aber die Verbindung ist da. Alle Information ist uns durch inneres Wissen zugänglich. Und es gibt wohl kaum einen Menschen, der nicht zu irgendeinem Zeitpunkt in seinem Leben eine ASW-Erfahrung (außersinnliche Wahrnehmung) hatte. Nun, statt Ihre tote Großmutter durch den Flur Ihres Hauses schweben zu sehen, können Sie doch mit sich selbst übereinkommen, daß Ihre nächste ASW-Erfahrung eine Gelderwerbsempfehlung sein sollte. Es ist nicht so schwer. Aber Sie müssen sich daran gewöhnen, Eingebungen abzustützen. Was spielt es für eine Rolle, wenn Sie falsch liegen? Wie oft hatten Sie eine glänzende Intuition und ärgerten sich dann, wenn Sie ihr nicht gefolgt waren?

Ich hatte immer eine große Liebe für den Pferderennsport. Man nennt ihn den Sport der Könige. Das Problem ist nur, daß man königliche Ressourcen benötigt, um dieses Hobby zu unterhalten. Es gibt in keinem Rennen einen absolut logischen Grund, warum ein bestimmtes Pferd gewinnen sollte. Aber eines wird gewinnen. Und dieses eine Pferd ist mit am Start, es zu erkennen ist nicht unmöglich.

Wenn Sie nun auf ein Pferd setzen, weil Sie denken, daß es gewinnen wird, so beteiligen Sie sich an einem Würfelspiel, in dem alles passieren kann. Das Problem ist nur, daß Sie sich mit einem Pferd nicht unterhalten und es fragen können: »He Kumpel, packst du es heute oder nicht?« Aber hin und wieder stehen Sie am Sattelplatz, beobachten die Pferde und *wissen* plötzlich, welches Pferd gewinnen wird. Irgend etwas an der Energie des Pferdes läßt das Wort

Sieger auf seinem Rücken erscheinen. Es ist ein wundervolles Gefühl, wenn so etwas geschieht. Denn dies ist der Zeitpunkt, zu dem Sie Ihr Geld nicht riskieren. Zudem liebe ich es immer, wenn ich einen dieser inneren Blitze habe, mich zwischen den Wettern aufzuhalten und ihnen dabei zuzuschauen, wie sie ihre Emotionen in die falschen Entscheidungen treiben.

Natürlich liegt der Grund, weswegen die meisten Menschen verlieren, darin, daß sie fühlen, nicht genug Geld zu haben, und sie diese Emotionen von dem Geld, das sie besitzen, auch noch trennen. Die einzigen erfolgreichen Spieler, die ich kenne, sind jene, denen es von Anfang an gutgeht und die emotional und finanziell in der Lage sind, eine Reihe von Verlusten zu verkraften, um Gewinne zu machen.

Dann gibt es auch die Möglichkeit, schnell zu Geld zu kommen, indem man es findet. In jedem Moment eines Tages werden riesige Summen Geld verloren. Ein Großteil dieses Geldes wird früher oder später wiedergefunden. Sie brauchen nur Ihren Verstand darauf einzustellen, daß Sie offen dafür sind, Geld zu finden, und daß Sie es Ihrer Intuition erlauben, Sie immer zur rechten Zeit an den rechten Ort zu bringen. Stück für Stück fängt das *Geld* dann an, *Sie* zu finden. In dem metaphysischen Dollartanz des Lebens ist Geld lediglich Energie. Alle Energie ist ein Teil der Gotteskraft und deshalb frei. Also ist auch Geld theoretisch frei. Was das Geld bindet, ist der Verstand und sind die Emotionen jener, die es besitzen. Wenn es auf irgendeine Art aus deren Besitz fällt, wird es von deren Emotionen befreit und kehrt zum Ausgangspunkt zurück. Betrachten Sie sich selbst als einen unbegrenzten Teil aller Dinge, so *sind* Sie dieser Ausgangspunkt.

Ein Mann, mit dem ich zusammenarbeitete, betrat einmal an einer verkehrsreichen Straße in London eine Telefonzelle. Als er die Telefonnummer wählte und sein Geld in den dafür vorgesehenen Schlitz warf, stellte er fest, daß die

Geldmünze verbogen war. Da er keine anderen Münzen in der Tasche hatte, überquerte er die Straße und besorgte sich in einem Bürobedarfsgeschäft etwas Wechselgeld. Als er einige Minuten später wieder zur Telefonzelle zurückkehrte, stellte er zu seiner Überraschung fest, daß jemand einen Koffer dort vergessen hatte. An dem Koffer befand sich kein Namensschild. Und da mein Freund in Eile war, warf er den Koffer einfach auf den Rücksitz seines Autos und setzte seinen Tagesablauf fort. Als er abends nach Hause kam, öffnete er den Koffer, um nachzuschauen, ob er den Besitzer identifizieren könne. Im Koffer befand sich eine Viertelmillion in Bargeld – und sonst nichts.

Als ich mit mir selbst einig wurde, alles Geld zu nehmen, das das Gesetz des Universums anzubieten hatte, ergab sich in meinem Bewußtsein eine dramatische Änderung. Erst einmal mußte ich selbst überzeugt sein, daß ich es wert war, freies Geld zu erhalten. Dann mußte ich wissen, daß es in Ordnung war, Geld ohne jede Anstrengung zu bekommen. Zu jenem Zeitpunkt hatte ich bereits die Vorstellung, daß Geld nur mit harter Arbeit zu verdienen ist, verworfen. Weiter öffnete ich mich dafür, Geld einfach einzusammeln, das ich fand.

In den ersten Monaten nach dieser neuen Affirmation fand ich sechs Geldbörsen. Bei einer dieser Gelegenheiten stand ich in London an einer Straßenecke. Als ein Taxi um die Kurve fuhr, flog eine Damenhandtasche aus dem Fenster. Ich schrie den Fahrzeuginsassen nach, aber sie hörten mich nicht. Auf diese Weise erhielt ich keine großen Summen. Denn befand sich ein Ausweis des Besitzers in einer dieser Taschen, so gab ich sie stets zurück. Aber ich lernte auf diese Weise mehrere recht interessante Damen kennen, die sich mir gegenüber aufgrund der galanten Ritterlichkeit sehr positiv zeigten ...!

Die Handtaschenroutine half mir, meinen Verstand darauf zu trainieren, Geld zu akzeptieren. Ungefähr ein Jahr später fielen mir 10 000 Dollar in den Schoß. Aber ich fand sie nicht etwa auf der Straße, sondern ich erhielt sie aufgrund einer Laune des Glücks. Ich kaufte damals bei einem Textilgroßhändler in Los Angeles eine Lieferung Denim-Jeans und gab ihm dafür einen Scheck. Die Jeans wurden nach London geliefert, und mein Kunde überwies mir die von mir ausgelegten 10 000 Dollar sowie meinen Gewinn. Drei Monate später bemerkte ich, daß der Scheck über 10 000 Dollar, den ich dem Großhändler gegeben hatte, bei meiner Bank noch nicht eingetroffen war. Also wollte ich wissen, ob er meinen Scheck bereits eingelöst hatte, und sein Buchhalter bestätigte mir dies und zeigte mir die Quittung. Dem Konto des Großhändlers wurden die 10 000 Dollar gutgeschrieben, aber irgendwie kam der Scheck nicht zu meiner Bank. Wenn Sie sich nun etwas mit Banken auskennen, so wissen Sie, daß dies unmöglich ist. Aber genauso ist es passiert. Es ist möglich, daß der Scheck nicht bei der Bank des Großhändlers, sondern bei einer der anderen Banken, die an der Transaktion beteiligt waren, verlorengegangen ist.

Das Endergebnis war jedoch, daß irgendwo eine Bank 10 000 Dollar für mich ausgelegt und nichts unternommen hatte, sie zurückzubekommen. Bingo! »Das Universalgesetz gibt dem Bedürftigen 10 000 Dollar von einer Bank, die davon so viel hat, daß lächerliche 10 000 Dollar keine Rolle spielen.« Freuen Sie sich! Ganz nebenbei war dieser Vorfall der erste von vielen finanziellen Geschenken, die mir in den letzten zehn Jahren in den Schoß fielen. Sie können dasselbe oder noch mehr erreichen, nachdem Sie sich selbst erst einmal ins Fließen gebracht haben.

In den meisten Fällen wird *freies Geld* nur einen geringen Prozentsatz des Geldes und des Überflusses ausmachen, das Sie erhalten. Normalerweise wird sich der Fluß Ihres Geldes aus Geldverdienen und Ihrer Arbeit ergeben. Dies bedeutet Anstrengung, aber es bedeutet nicht Kampf. Der Trick liegt einfach darin, Ihr Leben unter dem Aspekt der Energie zu betrachten. Die Arbeit, die Sie verrichten, oder die Investitionen, die Sie vornehmen, sind ein Teil dieser Gesamtenergie. Deshalb ist das Geld, das Sie aus solchen Anstrengungen erhalten, ebenfalls Energie. Betrachten Sie Fülle mit *Energiebegriffen* statt mit spezifischen Geldwerten, und Sie öffnen sich selbst für den Empfang unbegrenzter Mengen, denn für die Energie gibt es keine Begrenzung. Und da Energie für den Verstand abstrakt ist, kann er sie leicht annehmen, während es für den Verstand schwerer ist, unbegrenzte Mengen von Geld als die reale Möglichkeit zu akzeptieren.

Bei der Befolgung der Konzepte in diesem Buch erschaffen Sie die Metaphysik des Geldes in der Gesamtenergie, die Sie sind – Verstand, Körper und Geist. Dann wird es leicht, *ASW* für Geld zu entwickeln, da jede Faser mit dieser Idee vibriert. Um dies zu kultivieren, brauchen Sie dann diese Energie nur noch in bares Geld umzuwandeln. Dadurch können Sie den Schlachtplan für Ihr Leben mit all den angenehmen Qualitäten durch das Erreichen des letzten Zieles in nicht allzu ferner Zukunft entwickeln – lange bevor Sie zu alt oder verbraucht sind, um sich daran erfreuen zu können.

»Zur Flagge, ihr Söhne der Freiheit, zur Flagge!«

2

Tick-Tock: Das Schicksal der Massen

In der normalen Welt des mechanischen Menschen (*Tick-Tock,* wie ich es nenne) ist Geld das Schlüsselsymbol zum Überleben. Wenn ich nicht Geld verdiene, dann habe ich nichts zu essen; wenn ich nicht esse, dann sterbe ich. Es ist auch ein Schlüsselsymbol für das Ego, denn viele Menschen bemessen ihren Wert nach ihrem Besitz oder ihrem Lebensstandard. So kaufen sie Dinge, die sie anderen zeigen können, auf daß andere sie – hoffentlich – für wichtig oder besser halten – wo immer der Maßstab dafür in der jeweiligen Woche auch liegen mag.

Da die vorrangige Funktion des Egos das Abstützen des Überlebens des Individuums ist und weil Geld eine der Garantien dafür ist, ist es natürlich, daß die Ego-Persönlichkeit emotional von den Themen Finanzen und Überfluß besessen ist. Aber es sind die Emotionen, mit denen wir Geld betrachten, und das schneidet uns von dem lockeren Erwerb all dessen, was wir je brauchen, ab. Und das ist das Gefängnis, das wir in unseren Gefühlen erschaffen.

Unsere Welt ist Fülle. Es gibt zu viele Lebensmittel, zuviel Geld und zu viele Ressourcen. Würde der gesamte Reichtum der Erde unter all seinen Bewohnern gleichmäßig aufgeteilt werden, so wäre jeder Mann, jede Frau und jedes Kind ein Millionär. Und doch erleben wir Mangel.

Warum? Weil nur ein sehr kleiner Prozentsatz der Menschen frei ist von negativen Gefühlen für Geld, und noch weniger haben die Sicherheit in ihrem Herzen, die sagt: »Ich bin immer zur rechten Zeit am rechten Ort, Fülle ist für mich einfach und natürlich, alle meine Bedürfnisse werden ständig befriedigt.«

Würden Sie Menschen auf der Straße befragen, so würden Sie nicht einen unter 100 finden, der sagt, daß er alles reichlich hat und eine überschäumende Freude am Luxus der Dinge empfindet. Jeder würde seine finanzielle Einengung und seine Unsicherheiten beschreiben und auf das hinweisen, was ihm und anderen fehlt. Sie würden sicherlich von Äthiopien hören, von den Warteschlangen vor den Sozialämtern, von den Arbeitslosen. Sie müßten sich Geschichten über steigende Preise und wirtschaftliche Unsicherheit anhören. Sie würden das Ego hören, wie es sich über den Mangel an Sicherheit, das Fehlen von Garantien und die Schwäche des menschlichen Lebens beklagt. Dann würden Sie verstehen, warum die Welt finanziell beunruhigt ist und warum die meisten Menschen nie die Ebene der finanziellen Sicherheit erreichen, auf der sie zufrieden wären.

Fülle wird nie ein Maßstab dafür sein, wieviel Geld jemand besitzt. Fülle ist vielmehr ein Faktor dafür, wie sich jemand mit dem Geld *fühlt*, das er *besitzt*. Und da das Ego eines mechanischen Menschen zur ständigen Unsicherheit verurteilt ist, folgt daraus, daß eine solche Persönlichkeit nie die Schwelle der Unsicherheit zum Leben in Ruhe und Frieden überschreiten kann. Das Ego prophezeit dauernd eine mögliche Katastrophe hinter der nächsten Ecke.

Und der Besitz von Geld erleichtert nicht notwendigerweise den Druck dieses Gefängnisses, noch gibt er immer Freiheit. Bevor wir uns also näher ansehen, wie Sie das große Geld machen, sollten wir vorher darüber sprechen, was Sie unter Freiheit verstehen, und gleichzeitig ein oder zwei der häufigsten Fallen des Reichtums betrachten. Viele Reiche und Berühmte fühlen sich hundsmiserabel, und ihr Geld gibt ihnen weder Freude noch Freiheit. Darüber hinaus macht sie ihr Egotrip rund ums Geld häßlich. Die Belastung durch ihren Reichtum sowie die krankhafte Furcht, diesen zu verlieren, zerstören die Freude, die eigentlich ein Teil ihres Lebens sein sollte.

Natürlich ist es besser, reich und unglücklich als arm und

unglücklich zu sein, aber beides ist nicht zufriedenstellend, und beides schürt das Ego – selbst Armut, die oft ein massiver Egotrip ist. Natürlich werden Menschen, die an die Armut als Lebensstil glauben, sagen, daß nicht die Armen schuld sind, daß sie kein Geld haben. Die Schuld wird immer auf eine außenstehende Kraft geschoben, von der man annimmt, daß sie das verursacht hat. Die Armen wollen Sie glauben machen, daß Armut eine Krankheit ist, an der man sich anstecken kann wie an einem Tripper – daß sie hilflose Opfer eines wirtschaftlichen Nußknackers sind, der sie an der empfindlichsten Körperstelle zwickt.

Für einige mag dies zutreffen, aber die meisten werden nur durch Unfähigkeit und Apathie gepackt. Ich nehme ihnen diesen Vorwurf ›benachteiligter Menschen‹ nicht ab, denn ich habe persönlich so viele Leute getroffen, die sich selbst aus allen möglichen schwierigen Positionen und Umständen befreit haben. Wenn Sie nichts besitzen, keine Ressourcen und keine Kontakte haben, so sind Sie zumindest nicht durch allzuviel Verantwortung behindert und können sich selbst die Affirmation geben, daß von diesem Punkt an alles nur noch aufwärts führt.

Oft genug betrachtet sich ein Mensch als über dem Geld stehend und fühlt sich so göttlich oder intellektuell überlegen, daß er meint, seine Hände nicht mit der tagtäglichen Realität beschmutzen zu müssen. Dieser Typ erwartet von der Welt Unterstützung und wird böse, wenn das System seine Besonderheit nicht erkennt.

Dies ist kein Buch über politische Diskussionen, aber es scheint mir, daß sozialistische Gesellschaften Menschen hervorbringen, die sich in einem ständigen Stadium der Hilflosigkeit befinden, da die Regierung für die Wohlfahrt des Volkes sorgt und diese garantiert. So verliert die Kreativität ihren Antrieb, da sie nicht länger als Qualität für das Überleben eines einzelnen erforderlich ist. Auf diese Weise erzeugt das System eine Klasse von Menschen, deren einzige Kreativität darin besteht, Wege zu finden, um das System zu melken. Auf der anderen Seite leiden dann jene Menschen darunter, die aus Stolz oder Notwendigkeit tatsächlich arbeiten.

Es scheint mir, daß Sie, wenn Sie sich auf den Unterhalt durch andere verlassen, automatisch Ihre Seele in die Sklaverei verkaufen. Eine Ausnahme bildet vielleicht eine nichtarbeitende, verheiratete Mutter, die durch ihre Hinwendung zur Familie einen bestimmten Verlust finanzieller Unabhängigkeit akzeptiert. Ohne Einkommen sind Sie nicht frei, und obwohl es ganz lustig sein kann, eine Weile nichts zu tun, so müssen Sie sich schließlich doch mit Ihrer Unfähigkeit und Ihrer Abhängigkeit abfinden und sich selbst belügen, um ein Selbstwertgefühl oder Image zu erhalten. Schließlich zeigt sich der Mangel an Selbstwertgefühl oder Selbsterhaltungscharisma in Ihrem Leben in verschiedenen häßlichen, kleinen, negativen Vorfällen, die der Bestätigung des Mangels an Komfort dienen.

Würden Sie die scheinbar hilflosen Menschen von der Regierungsunterstützung abnabeln, so würden Sie darüber staunen, daß jeder von ihnen, wie wir alle, am nächsten Morgen zur Arbeit gehen würde. Denn obwohl diese Leute ein vitales Interesse daran haben, eine Geschichte hoffnungsloser Umstände aufrechtzuerhalten, so würden sie nicht notwendigerweise deshalb verhungern wollen. Das Problem liegt darin, daß die Systeme, die sich in Europa und in den Vereinigten Staaten entwickelt haben, nicht leicht entwirrt werden können. Denn die Menschen, die von Unterstützung leben (und es gibt allein 38 Millionen von ihnen in den USA), sind gleichzeitig auch Wähler. Kein Politiker kann sich an ein Rednerpult stellen und einfach die Wahrheit sagen. Darüber hinaus gibt es eine natürliche Tendenz bei Politikern, wohl oder übel Geld auszuteilen. Denn erstens gewinnt man damit Wählerstimmen, und zweitens ist es nicht ihr Geld. Aber schließlich werden diese sozialistischen Gesellschaften auseinanderfallen. Denn allein das Gewicht der Freigebigkeit führt die Volkswirtschaften der

Erde zum Kollaps. Interessanterweise wird aber nicht der wirtschaftliche Unsinn diese Gesellschaften zu Fall bringen, sondern die Metaphysik und die Psychologie des Sozialismus, der das System verändern wird.

Jeder, der zur Zeit verwöhnt und unterstützt wird, weiß tief in seinem Innern, daß er damit in metaphysische Schwäche gleitet, die aus dem Denken durch die Psychologie der Hilflosigkeit geboren wird. Dies schließlich schafft eine Gesellschaft, in der die Menschen fühlen, daß alles hoffnungslos und sinnlos im Leben ist. Während diese schalen und unproduktiven Emotionen aus der Seele des Volkes emporsteigen, beginnen sich die äußeren Lebensumstände zu ändern. Die Menschen driften in immer tiefer führende Spiralen betäubender Apathie und suchen nach Ausflucht. Auf diese Weise werden Drogen, Gewalt, Alkohol und freier Sex zu den einzigen Fluchtwegen. Während sich die Moral verändert, zersetzen sich unsere Gesellschaften, und schließlich gibt es keinen Weg mehr, die Unzufriedenheit der Menschen zu mildern. Das Unbehagen wird selbst beschleunigt, da die lebenserhaltende Begeisterung und das Charisma fehlen, die ihnen erlauben würden, sich zugehörig und wertvoll zu fühlen, um beizutragen, die Welt zu verbessern.

Der Mangel an Befreiung führt schließlich zu Zorn. Während sich dieser Zorn aufbaut, sucht die Gesellschaft außerhalb ihrer eigenen Grenzen nach jemandem oder nach etwas, das sie für diese Situation verantwortlich machen kann. Und schließlich besteht dann der einzige Weg, den Zorn und die Unzufriedenheit des Volkes zu mildern, darin, einen Krieg zu beginnen. Sehen Sie sich die Geschichte Deutschlands in den zwanziger und dreißiger Jahren an. Das Volk und seine Regierung litten unter einem horrenden wirtschaftlichen Kollaps. Man kann leicht erkennen, warum Hitler direkt durchstartete. Der Krieg hat verschiedene Funktionen. Erstens wirkt er wie ein Ventil für den Zorn und die Unzufriedenheit des Volkes. Zweitens lenkt er jeden von dem Versagen seiner Führer ab. Drittens wird jeder mit einbezogen, und schließlich erhält das Leben einen neuen Sinn, wenn die Menschen ihren Wert im Heldentum der Zerstörung sehen. Darüber hinaus sind die Gesellschaft und die Wirtschaft zerstört – für die Regierung eine brauchbare Entschuldigung. Alles kann von neuem beginnen, zwar etwas angeschlagen, aber frisch und neu.

Nun sagen Sie vielleicht, daß dies wahrscheinlich nicht passieren wird, aber Tatsache ist, daß es passiert, und von der Endlösung sind wir nur noch wenige Jahre entfernt. Denn wenn man das Volk mit dem Feuerwasser des Sozialismus einfängt, kommt die Wirtschaft unter solchen Druck, daß sich das System schließlich selbst zerstört.

Deshalb ist es besser, wenn Sie sich entscheiden, unabhängig und autark zu werden, denn nicht nur ist dies metaphysisch richtig, sondern es liegt darin auch das Geheimnis der wahren Freiheit. Denn die kreativen Bemühungen, die Sie anwenden müssen, um dieses Stadium zu erreichen, erzeugen um Sie eine lebenserhaltende Energie, die Ihnen eine Atempause gestattet und Sie aus dem Schicksal der Massen herausziehen wird.

Aber Sie werden vielleicht sagen, wenn die Welt auseinanderfällt und in einigen Jahren alles vor die Hunde geht, worin liegt dann der Sinn, Geld zu verdienen und irgend etwas aufzubauen? Erstens kommt es vielleicht anders, wenn genug Menschen ihre Haltung ändern. Zweitens liegt die Antwort im Tun selbst. Sagt vielleicht die Narzisse, daß es sich nicht lohnt, sich durch die Erde emporzukämpfen, da es Frost geben könnte und in wenigen Wochen ihre Blüten sowieso verwelken? Zudem ist es besser, reich statt arm zu sein, wenn die Dinge auseinanderfallen. In schlechten Zeiten werden die Reichen gewöhnlich reicher.

Wenn Sie sich zu Ihrer Freiheit bekennen, löst sich Ihre Unzufriedenheit auf, und Sie entdecken Stück für Stück einen neuen Menschen – einen Menschen, der seine Unzufriedenheit nicht bei anderen abladen muß.

Im Gegensatz zu einem populären Mythos überleben die meisten Menschen einen Krieg. Nur ein sehr kleiner Prozentsatz der Bevölkerung wird ausgelöscht. Die meisten Deutschen überlebten den Zweiten Weltkrieg, wie auch die meisten Briten, Franzosen, Amerikaner, Australier und alle anderen Beteiligten. Die starben, waren Seelen, die metaphysisch ihre gegenwärtige Evolution auf der Erde abgeschlossen hatten. Die übrigen, die starben, waren jene, die nicht stark genug waren, die gegebenen Umstände zu erfassen; sie wurden aufgesaugt und überwältigt. Können Sie nun sehen, wie wichtig es ist, unabhängig und stark zu werden?

Die Vorstellung, daß Ereignisse willkürlich geschehen und daß die Menschen lediglich an einer Schicksalslotterie teilnehmen, ist metaphysisch nicht richtig. Jeder lenkt sein eigenes Schicksal und dessen Bestimmung durch sein Energieniveau und die Qualität oder den Mangel seiner Gefühle. Die Behauptung, die Opfer des letzten Krieges waren an ihrem Tod unschuldig, ist, auf einer äußeren Ebene gesehen, richtig, denn es war nicht ihre Entscheidung. Aber jeder hatte seinen inneren Impuls, über den wir nichts wissen.

Wenn Sie akzeptieren, daß Sie Ihr eigenes Leben kontrollieren und daß die Umstände dieses Lebens dadurch bestimmt werden, wieviel Energie Sie einsetzen, dann müßten Sie dieses Konzept auch auf jene ausweiten, die in den vierziger Jahren lebten. Welche metaphysischen Kräfte diese Leute in Umstände zogen, die zu ihrem Abschied von der physischen Ebene führten, und welche Aspekte derselben Kraft andere zum Überleben inspirierten – wir werden es nie wissen.

Aber da sich die Welt in den nächsten Jahren verändern und die Weltökonomie sich auflösen wird, können Sie sicher sein, daß die Menschen alle möglichen interessanten Arten von *Harakiri* erfinden werden. Doch dabei werden Sie andere finden (die überwältigende Mehrheit), die überleben und Erfolg haben werden und denen es ausgesprochen gutgehen wird. Die großen Umwälzungen auf der Erde sind lediglich Selbsttransformationsseminare, an denen eine Menge unbewußter Menschen teilnehmen müssen.

Wenn Sie sich nicht ändern, wird Sie die Realität am Ende zu dieser Änderung zwingen. Aber das Ego haßt Veränderungen. Wenn der Salzstreuer und der Pfefferstreuer nicht mehr am alten Platz stehen, sondern am anderen Ende des Tisches, so fragen Sie sich: »Mein Gott! Was ist passiert?« Der Verstand liebt die Dinge unverändert und bleibend. Doch wenn Sie Ihre Möglichkeiten lebendig vor sich sehen, werden Sie wissen, daß mehr Geld fließt, wenn die Dinge unter Druck geraten, als wenn sie stabil bleiben. Denn wenn alles ruhig ist, so fühlt sich jeder sicher, und die Preise bleiben fest. Aber wenn dann die Börse an einem Tag um 500 Punkte fällt, fühlt sich keiner mehr sicher, und zu diesem Zeitpunkt können Sie einsteigen und für jedermann eine alternative Realität schaffen, indem Sie dann etwas weniger bezahlen.

Wenn Sie jedoch an sich selbst gearbeitet und Ausgeglichenheit und Intuition in Ihrem Leben entwickelt haben, gibt es absolut keinen Grund, sich für irgend etwas Grausiges zu entscheiden. Denn Sie wissen in Ihrem *Innern,* daß Ihr Schicksal eine Menge Erfolg und Erleuchtung für Sie bereithält und daß es tatsächlich keine Begrenzung dafür gibt, was Sie schaffen oder welche Ebene der Freiheit Sie erreichen können.

Dies bringt mich auf einem Umweg wieder zu einem früheren Punkt: Sie müssen sich darüber klarwerden, was Sie unter Freiheit verstehen. Für mich ist die Quintessenz der Freiheit, sich von den Lebenslagen unabhängig zu *fühlen.* Wenn Freiheit von Umständen abhängig ist, ist es sehr unwahrscheinlich, daß Sie sie je gewinnen werden. Denn die Lebensumstände verändern sich ständig, und wenn Sie Freiheit in Dingen außerhalb Ihrer selbst suchen, schaffen Sie in Ihrem Herzen die Unmöglichkeit dafür.

Was Freiheit für Sie bedeutet, kann sich leicht von Freiheit für einen anderen unterscheiden, aber bestimmte Aspekte der Freiheit sind allen gemeinsam. Um frei zu sein, müssen Sie Ihren Lebensstil fließend gestalten. Es darf nur wenig Belastung in Ihrem Leben geben, und jede Belastung, die Sie akzeptieren, sollten Sie freudig annehmen.

Sie werden Geld nötig haben. Wieviel, hängt davon ab, was Sie mit Ihrem Leben anfangen wollen und welche Aspekte Ihrer Persönlichkeit Sie einbringen. Aber grundsätzlich brauchen Sie genug Bargeld, damit Sie sich nicht schmerzhaft beengt fühlen (englisch: that life is not a ›pain in the neck‹ – abgekürzt: PIN). Auf welchem finanziellen Niveau Sie diese ›PIN-Linie‹ ziehen, hängt von Ihnen ab. Für einige liegt sie bei einigen 1000 Dollar pro Woche. Andere machen es nicht unter 10 000 Dollar im Monat. Für einen dritten sind bereits eine Million Dollar im Jahr sehr knapp. Das Spiel geht so, daß Sie Ihr Leben so vereinfachen, daß die ›PIN-Linie‹ sich mit Ihren Gefühlen in einem konstanten Stadium von Komfort und Ausgeglichenheit befindet.

Zum Thema PIN. Es ist interessant, daß die Zahl, die Sie von Ihrer Bank erhalten, um einen Geldautomaten zu bedienen, ebenfalls ›PIN-Zahl‹ (englisch: PIN = Personal Identity Number – persönliche Identifikationszahl) genannt wird. Ich überlegte, warum. Schließlich kam ich zu der Lösung, daß man sie PIN-Zahl nennt, da es wirklich unangenehm ist, sich ständig an sie erinnern zu müssen. Wenn Sie bei meiner Bank die PIN-Zahl dreimal falsch eintippen, so geht der Geldautomat davon aus, daß Sie ein Betrüger sind, und er zieht Ihre Karte ein. Am nächsten Tag müssen Sie dann persönlich erscheinen und um die Rückgabe Ihrer Karte bitten. Aber es wird nicht sehr lange dauern, bis Sie auf all diesen Quatsch verzichten können. Sie werden alle Arten von Zehnern und Tausendern haben und sich nicht dieser degradierenden Prozedur unterziehen müssen, einen Geldautomaten an der Wand um 20 Dollar zu bitten.

Wenn Sie erst einmal dieses Stadium erreicht haben, so

erhält Ihr Gefühl von Überfluß und Finanzen eine andere Schattierung. Denn dann haben Sie sich vom Kampf um das Geld gelöst und sind nicht länger tief im Überlebensmodus des Tick-Tock der psychischen Kräfte in Ihrem Innern, der ständig das Geld zur Seite schiebt. Ihr Verstand ersetzt für Geld das Symbol des Überlebens durch das Symbol der Freiheit. Plötzlich fließen Gelegenheiten, Geld kommt ohne Anstrengung, und andere, die Ihre Verfassung sehen, kommen zu Ihnen, um zu entdecken, wie Sie dieses Stadium erreicht haben. Und wenn sie kommen, bitten Sie sie zur Kasse!

Der Punkt ist, daß es keine Geldsumme auf der Welt gibt, die Sie zufrieden macht, wenn Sie nicht zufrieden mit sich selbst sind. Und wenn Ihr Leben vollgestopft ist mit Dingen, wie Ihre Aussichten sind oder Ihre Verpflichtungen, sind Sie nicht fähig, frei zu atmen.

Wenn Sie, ausgehend von der heutigen Position, nicht in der Lage sind, einfach wegzugehen – jetzt gleich –, so sind Sie nicht wirklich frei. Wenn Ihre Verpflichtungen zu einem wichtigen Teil Ihrer emotionalen Aktivität werden, sind Sie nicht frei. Wenn Sie Schwierigkeiten haben, einen Lebensstil oder eine Position zu unterhalten, haben Sie sich selbst in eine Falle gesetzt. Es ist besser, in einer Einzimmerwohnung mit einem undichten Dach zu wohnen als in einem großen Haus, dessen Hypothekenzahlungen Sie an den Rand eines Krebsleidens bringen. Das Festhalten an Tick-Tock gibt Sie dem Schicksal der Massen preis. Ich sage Ihnen dies nicht gern, aber wenn die Dinge sich ändern – und sie werden sich ändern – und Sie zu diesem Zeitpunkt noch nicht frei sind, so wird das System Sie auffressen!

Deshalb besteht der Trick beim Geld darin, welches zu haben. Mit einer bestimmten Geldsumme können Sie alle existierenden entkräftenden Emotionen dämpfen. Und Sie wissen, daß das Geld, das Sie besitzen, eine Affirmation aus Ihrer Vergangenheit ist, und Sie können das gleiche in Zukunft tun.

Die Reichen werden reicher. Aber nicht nur, weil sie Überschüsse besitzen, die sie investieren können. Sondern aufgrund der emotionalen Gesamtbefreiung, die sie durch ihren Wohlstand erfahren. Selbst wenn Sie über keine nennenswerten Geldsummen verfügen, so können Sie in Ihrer Vorstellung doch die Illusion erzeugen, daß Ihr Besitz bereits einen unglaublichen Überfluß darstellt. Der Verstand ist relativ dumm und kennt oft keinen Unterschied zwischen Illusion und Wirklichkeit. Sie können das testen. Schließen Sie Ihre Augen und stellen Sie sich vor, daß Sie eine sehr saure Zitrone essen. Ihr Mund wird vermehrt Speichel absondern, obwohl gar nichts vorhanden ist.

Auf die gleiche Weise können Sie sich vorstellen, daß Überfluß natürlich ist und daß es immer genug geben wird, denn was Sie bereits besitzen, ist genug. Haben Sie sich diese Vorstellung erst einmal selbst eingeredet, so ist der Rest ein Kinderspiel.

Die innere Energie der Welt ist – wie auch Ihr Inneres – unendlich. Sie existieren auf einer inneren Stufe in einem ewigen Zustand. Ist also das, was Sie um sich herum sehen können, ›nicht okay‹, so erzeugen Sie in Ihren Gefühlen die Vorstellung, daß Sie ständig ›nicht okay‹ sind. Es trägt also alles dazu bei, diesem Standpunkt zuzustimmen. Sehen Sie die Welt schlecht, so übernehmen Sie diese unendliche Negativität. Sehen Sie andererseits Ihr Leben gut und alles bietend, auch wenn es nicht so ist, und sehen Sie die Welt als einen glücklichen und wundervollen Ort, so wird sie es werden. Danach lösen Sie sich von ernsteren Formen der Überlebensangst, die der Verstand schafft. Und plötzlich betreten Sie einen ganz persönlichen und privaten Himmel, in dem nur Schönheit und Licht ist.

Zuerst also werden Sie Ihren Verstand mit dieser Vorstellung betrügen müssen. Aber schließlich wird er aus eigenem Antrieb aus allen möglichen Lebensumständen Ereignisse auswählen, die mit jener Energie oder jenen Gefühlen übereinstimmen, die den erfreulichen und befreiten Teil des Lebens ausmachen und Sie von allem Häßlichen und allem Mangel wegziehen.

Wir leben in unglaublich heroischen Zeiten. In einer Rückschau werden wir diese Tage als die kraftvollsten, sich am stärksten entwickelnden, interessantesten und spirituell ergiebigsten Zeiten der Menschheitsgeschichte erkennen. Es gibt mehr Kreativität, Kunst, Chancen, mehr Unternehmertum und Einkünfte, mehr Bewegung und Wandlung als je zuvor.

Es hängen mehr Menschen am Erdball als je zuvor, und viele von ihnen fühlen sich hundeelend. Die Welt war nie kränker, und als Heiler wären Sie bis obenhin gefordert von der Masse der Menschen, die umkippen. Arbeiten Sie im Finanzbereich, so schwirrt Geld herum – eine Milliarde pro Minute. Interessieren Sie sich für Musik, so gibt es mehr Orchester, Schallplattenfirmen und Aufnahmestudios, als Sie je kennenlernen könnten. Wo auch immer Ihr Interesse liegt – dies ist die richtige Zeit. Es verblüfft mich, wie die Menschen Mangel an Geselligkeit haben, wenn es so viel von allem gibt. Dies erinnert mich an den Burschen, der in einer Bäckerei eingeschlossen war und an Hunger starb. Es gibt keinen Sinn.

Das Niveau des Fortschritts ist fantastisch. Wollten Sie zum Beispiel in der guten alten Zeit einige Ihrer Aktien verkaufen, so mußte Ihr Börsenmakler zur Börse, Händler finden und die Transaktion Ihrem Wunsch entsprechend physisch mit kleinen Zetteln durchführen. Heute haben Sie an der New Yorker Börse die Möglichkeit, über den Computerhandel 550 000 Transaktionen – nicht Aktien, sondern Transaktionen – in drei Sekunden auszuführen. Der Markt ist so fortschrittlich, daß er rund um die Welt 24 Stunden am Tag arbeitet. Sie können ein königliches Vermögen erzielen, während Sie mit Ihrer Liebsten dösen. Zu jeder Tages- oder Nachtzeit können Sie plötzlich aufspringen und rufen: »Verkaufen Sie Zink!«, und irgend jemand, irgendwo, wird es für Sie verkaufen. Es ist möglich, daß dies dann in Kuala Lumpur passiert, da es mitten in der Nacht ist. Aber Sie können jederzeit innerhalb von zehn Sekunden Zinkaktien verkaufen.

Im Bewußtsein der Massen ist Geld eine Form von Gotteskraft, deren Emotion stärker ist als jede Religion oder spirituelle Idee und oft sogar stärker als Liebe oder Familienbande. Der überwältigende Einfluß der Gefühle für Geld beherrscht die Leute. Deshalb flattern auch alle herum wie Hühner mit abgehackten Köpfen und versuchen, ›ans Geld‹ zu kommen. Es ist gewöhnlich nicht das Geld selbst, das Tick-Tock motiviert, es ist die Sucht, die Götter des Überlebens dauernd zu beschwichtigen.

Sie können dies wahrscheinlich in Ihrer eigenen Vergangenheit sehen. So waren Sie emotional an einem Finanzgeschäft beteiligt oder Sie warteten gespannt auf einen Scheck. Nachdem das Geschäft schließlich abgeschlossen war oder sich der Scheck in Ihrem Briefkasten befand, fühlten Sie eine gewisse Zufriedenheit. Dann übertrugen Sie Ihre Emotionen auf das nächste Geschäft und auf die nächste Postsendung.

Tick-Tock spielt sich nur auf der Oberfläche des Erdballs ab, weshalb es schwer ist, im Innern zu existieren. Obwohl die Oberfläche vielleicht eine Menge guter Ideen oder Methoden hat, so ist sie doch ohne eine metaphysische Annäherung nicht vollständig. Denken Sie sich folgendes: Haben Sie es im normalen Rhythmus der Dinge schon relativ gut geschafft, so können zwei oder drei metaphysische Ideen zu dem, was Sie bereits kennen, Sie an die Spitze tragen.

Für mich ist es interessant zu beobachten, wie viele der traditionellen Wege sich geändert haben, um einen mystischen, mehr unendlichen Überblick mit einzuschließen. Dies trifft besonders in großen Firmen zu, in denen Millionen für Motivation, Bewußtseinserweiterung und Führungsfähigkeiten ausgegeben werden. Die Menschen holen auf. All diese logische und technische Anpassung ist in Ordnung, aber dies steht all denen offen, die es bezahlen können. Etwas Metaphysik verschafft Ihnen anderen gegenüber einen Vorteil und vereinfacht Ihr Leben.

Das Wesentliche bei Tick-Tock ist, daß diese Menschen glauben, daß das, was sie als Realität *sehen,* auch real *ist.* Das ist absurd. Sie glauben, das Leben ist ernst, und sehen alle gebannt auf diese kleinen, grünen Papierchen (oder welche Farbe auch immer die Notenbank dieses Jahr benutzt, um das Papier zu verschönern und es so aussehen zu lassen, als sei es etwas wert) und sind bereit, an Krebs zu sterben, um einen Stapel davon zu bekommen.

Wenn Sie sich nun anschauen, wie sich Tick-Tock mit der Emotion des Geldes beschäftigt, so brauchen Sie nur etwas schlauer zu werden, einen Schritt von Tick-Tock zurückzutreten und alle anderen wie verrückt laufen zu lassen. Der Trick besteht darin, sich von den meisten Emotionen zu lösen, dadurch eine starke und ständige Energie schwingen zu lassen und den natürlichen Kräften zu erlauben, Ihnen alles zu bringen, was Sie wollen.

Ein alter und ein junger Bulle standen auf einem Hügel und blickten auf eine Wiese voller attraktiver Kühe. Da sagte der junge Bulle zu dem alten Bullen: »Laß uns hinunterlaufen, und hoffentlich erwischen wir ein paar dieser Kühe, und dann lieben wir sie.« Da drehte sich der alte Bulle lächelnd zu dem jüngeren um und sagte: »Nein, laß uns hinuntergehen und alle lieben.«

Gehen Sie langsam mit gleichmäßigem Schritt vorwärts, kümmern Sie sich nicht um zu viel, achten Sie darauf, was zu Ihren Füßen liegt, und sehen Sie nicht zu weit in die Zukunft – und plötzlich beginnen Sie zu leben. Sie brauchen nicht unbedingt eine Million Dollar oder einen Stapel Schweizer Franken in einem Versteck, um sich gut zu fühlen. Es hilft zwar, aber es ist nicht lebenswichtig. Sie brauchen nur genug für die nächsten 72 Stunden. Sie brauchen nicht die Antwort auf die Frage ›Wie werde ich überleben, wenn ich 99 bin?‹ zu kennen. Das Weltgesetz des Überflusses wird Ihnen sagen: »Sie sind verrückt. Sie sind gerade erst 18, worüber machen Sie sich Sorgen?«

Dollar-Tanz 2

»Selbst wenn Sie nicht über eine nennenswerte Geldsumme verfügen, so können Sie in Ihrer Vorstellung doch die Illusion erzeugen, daß das, was Sie haben, unglaublichen Überfluß darstellt.«

Wenn Sie es im Leben bis zu diesem Punkt gebracht haben, warum sollten Sie es nicht auch noch weiter bringen? Sicherlich werden Sie bewußter, wacher und geschickter und entwickeln einen immer stärkeren Sinn für Ihre eigene Identität. Wenn Sie ausgeglichen bleiben und eine Gelassenheit für Ihre Vermögensgrundlage entwickeln, werden Sie alles Geld bekommen, das Sie je benötigen. Es wird Zeiten des Erntens geben und wieder andere des Pflanzens – und auch magere, aber das ist natürlich. Sie können gleich jetzt mit sich selbst übereinkommen, daß Sie sich nie wieder Gedanken über Geld machen müssen. Denn es ist nicht real, es ist nicht knapp, und es ist nicht negativ. Es gibt nur kleine Stücke bunten Papiers – ein vollkommener Unsinn –, aber Tick-Tock glaubt daran. In der Realität gibt es keine Begrenzung dafür, wie viele dieser Stücke Papier Sie haben können. Alles, was Sie zu tun haben, ist, es fließen zu lassen und mit Ihrem *inneren Selbst* darin übereinzustimmen, daß die Vorstellung in Einklang mit allem ist.

3

Menschen anziehen – sie annehmen

Das Ego sucht Bestätigung. Die Menschen suchen Bestätigung. Wir alle durchlaufen ein Erziehungsprogramm, in dem wir unsere Kinder lehren, Dinge zu tun, und wir geben ihnen einen liebevollen Klaps und ein Stück Schokolade. »Habe ich das richtig gemacht, Mama?« »Sicher, das ist in Ordnung!« Klaps – Klaps! Es ist die Familie, in der das Ego lernt, nach Bestätigung zu suchen. Ist der Mensch dann erwachsen, geht er hinaus in die Welt, um die Bestätigung aller anderen zu gewinnen. Das Ego wird durch all das beeinflußt, was alle anderen wollen. Warum? Es ist dumm. Warum fällt es darauf herein? Aber es fällt darauf herein – ständig.

Der springende Punkt ist, daß wir ständig versuchen, die Anerkennung der Leute zu gewinnen, da wir nicht gelehrt wurden, uns selbst anzuerkennen. So geben wir gewöhnlich eine Menge Geld für Dinge aus, in der Hoffnung, daß wir uns dadurch wohl fühlen werden. Ich habe bemerkt, daß der Durchschnittsmann in Australien sehr in der Vorstellung gefangen ist, daß die Menschen ihn als ›guten Kerl‹ ansehen sollten. Dafür verausgabt er Kraft und läßt sich manipulieren.

Entweder werden Sie von den Menschen akzeptiert oder auch nicht. Sie sind nicht hierhergekommen, um sich manipulieren zu lassen und dadurch andere Menschen glücklich zu machen. Sie sind so, wie Sie sind. Sie *können* es ändern. Aber zunächst müssen Sie das sehen, denn es ist die Wahrheit. Durch das Sich-selbst-Annehmen brauchen Sie nicht auf einen großen Egotrip zu gehen, aber Sie müssen dazu kommen, mit dem, was Sie sind, zufrieden zu sein.

Niemand von uns ist vollkommen, sonst wären wir nicht hier. Der wahre Wert der Suche ist: Vieles liegt noch vor uns. Solange Sie sich weiterentwickeln, können Sie sich damit abfinden, daß Sie noch nicht alles erreicht haben. Sie können glücklich darüber sein, daß Sie manchmal spät ankommen oder daß Sie gelegentlich Menschen enttäuschen oder daß Ihre Schecks platzen oder was auch immer.

Doch wir neigen dazu, uns von den Meinungen anderer Menschen aufsaugen zu lassen, und übernehmen deren Vorstellungen, wie wir ihrer Meinung nach sein sollten. Wenn Sie also das nächste Mal Ihren Mietscheck platzen lassen, so sollten Sie, statt sich schlecht zu fühlen und auf all die Dinge zu hören, die Ihnen Ihr Vermieter über Ihre Unzuverlässigkeit erzählt, freundlich lächeln, mit den Schultern zucken und einfach sagen: »Luftballonschecks – sie platzen eben oft.« Sie sind ewig, unsterblich und unendlich. Die Tatsache, daß Sie nicht zählen können, ist nur ein kleiner Fehler.

Wenn Sie sich erst einmal selbst annehmen und dabei wohl fühlen, wird Sie die Welt akzeptieren. Und wenn Ihre Schecks platzen, wird man Entschuldigungen für Sie haben und sagen, daß es wahrscheinlich nicht Ihr Fehler war. Nur wenn Sie sich selbst unsicher fühlen, glauben Sie, andere Menschen mögen Sie nicht. Haben Sie sich je gefragt, warum? Im Grunde genommen sind Menschen sehr unsicher, die sich selbst nicht akzeptieren. Diese Unsicherheit strahlt aus, und die anderen reagieren negativ. Es erinnert sie an ihre eigene Verwundbarkeit. Sie können dies deutlich an Menschen erkennen, die ›Opfer‹ spielen. Diese Menschen geben ständig eine ›Ich Armer‹-Energie ab und hoffen, damit die Zuneigung der anderen zu gewinnen. Aber die Rolle ›Opfer‹ funktioniert nicht.

Um wohlhabend zu werden, müssen Sie die Dinge gut akzeptieren können – sehr gut. Es wird leichter, wenn Sie sich selbst akzeptieren. Natürlich gibt es eine Menge sehr reicher Leute, die sich selbst nicht eine Minute lang annehmen. Aber worin liegt der Sinn, Geld zu haben und kein angenehmes Leben zu führen? Ich habe nie einen Grund für all diese Schuldgefühle und Unzulänglichkeiten gesehen, durch die Menschen hindurchgehen. Ich sehe, warum sie dies alles durchmachen und warum es dazu kam, aber ich denke, daß sie sich selbst eigentlich eine Pause gönnen sollten. Es ist nicht so schwer, Abstand zu gewinnen.

Wenn Sie glauben, was andere Ihnen sagen, geben Sie Kraft ab. Es erinnert Sie ständig daran, daß Sie Ihr Leben nicht unter Kontrolle haben. Deshalb ist es besser, wenn Sie hinaus in die Welt gehen, Ihr eigenes Leben abseits sozialen Drucks leben und eine Menge dummer Fehler machen, statt in einer enggeknüpften Gemeinschaft zu leben, in der Sie sich selbst gestatten, gefangen zu sein durch die Einstellung der Menschen um Sie.

Es kann sein, daß die Ratschläge, die Sie erhalten, gute Ratschläge sind. Aber es ist wichtig, daß Sie sich diese Ratschläge zu eigen machen. Sie müssen das tun, was Sie wollen. Es muß Ihren Vorstellungen und Ihrem Lebensstil entspringen und nicht aus Motivationen anderer stammen. Haben Sie sich einmal auf sich selbst konzentriert und entdeckt, wer Sie sind, und sind Sie dann damit glücklich, so entziehen Sie sich dem allgemeinen Schicksal der Welt. Sie werden ein wahres Individuum, das sozusagen seinen eigenen metaphysischen Bus steuert. Das ist lebenswichtig. Denn die Welt des Tick-Tock bewegt sich auf eine Backsteinmauer zu. Und wenn Sie dem wie ein Schwachsinniger folgen, so bleiben Sie im Innern eines kollektiven Schicksals statt in einem eigenen, frischeren und befreiten. Dies ermöglicht Ihnen einen Wechsel in Ihrem Leben ohne das Eingreifen anderer. Sie sind es selbst, der sich für eine Änderung seiner selbst frei macht.

Normalerweise widersteht das Ego der Persönlichkeit den Veränderungen. Denn nach einem solchen Wechsel hat sie keine emotionale Standhaftigkeit mehr. Oft zeigt das Ego oder die Persönlichkeit solch ein emotionales Interesse am *Status quo,* daß man das Gefühl bekommt, es sei der Status quo *selbst.* Ändert sich dann die Wirklichkeit oder bricht diese zusammen, erleidet das Ego einen Kollaps. So kann man Aktienhändler beobachten, die von Hochhäusern springen, wenn der Markt fällt.

Im Dollar-Tanz des Lebens ist Annehmen (Akzeptanz) für die meisten ein Schlüsselthema. Es ist der Bremsklotz, der so viele zurückhält. Seine psychischen Unterströmungen verlangsamen Ihren Fortschritt zu einem Kriechen. Können Sie sich selbst erst einmal akzeptieren, so können Sie damit beginnen, sich das Akzeptanzniveau anzuschauen, das Sie anderen anbieten. Die Feinheit besteht hier nicht darin, den Handlungen anderer gegenüber eine bremsende Einstellung zu gewinnen – selbst wenn Sie mit diesen Handlungen nicht einverstanden sind. Denn wenn Sie selbst negative Aggressionen abgeben, ruiniert dies Ihren Fluß. Sie können sich nicht 20 Minuten lang darüber auslassen, wie verdorben Ihr Nachbar ist, ohne daß diese Kritik zu einem Teil Ihrer eigenen Realität wird. Ihr *inneres Selbst,* das als Teil aller Dinge existiert, hat Schwierigkeiten, zwischen Ihnen und Ihrem Nachbarn zu unterscheiden. Es tendiert dahin, zu glauben, daß das, was Sie über jemand anderen sagen, tatsächlich das ist, was Sie von sich selbst glauben.

Dollar-Tanz 3

»Die (eigene) Akzeptanz ist die Grundlage des Empfangens.«

Gleichermaßen wie Sie sich selbst eine Pause gönnen sollten, sollten Sie jenen um Sie herum sogar einen noch besseren Handel anbieten, denn diese haben vielleicht nicht den Vorteil, ein lebendes Genie zu sein wie Sie selbst. Zudem ist es eine Übung der Selbstannahme, jedem zu gestatten, so dumm zu sein, wie er will und solange er will. Bald werden

Sie Ihren eigenen Unzulänglichkeiten gegenüber toleranter werden.

Akzeptanz ist die Grundlage für das Empfangen. Es ist zudem der Weg, auf dem Sie Menschen anziehen. Denn wenn Sie sich selbst und andere akzeptieren, herrscht Ruhe um Sie. Diese Energie strahlt eine ungewöhnliche Kraft aus. Die Menschen sind von dieser Kraft fasziniert. Sie fühlen sich in ihr sicher und werden automatisch von ihr angezogen. Indem Sie anderen gegenüber vorurteilsfrei eingestellt sind, werden Sie sich selbst befreien.

Dann müssen Sie sich, um das Niveau Ihrer finanziellen Aktivitäten anzukurbeln, dem Empfangen öffnen und sicherstellen, daß kein Teil Ihres Intellekts oder Ihres *inneren Selbst* sich dagegenstellt.

Der Bursche, der schrieb, daß Geben seliger sei als Nehmen, war der, der es selbst erhielt! In der unendlichen inneren Realität gibt es keinen Unterschied – keines ist höher, keines ist niedriger. Sowohl das Geben als auch das Nehmen ist im Fluß befindliche Energie und damit Teil derselben Energie. Man verändert lediglich die Flußrichtung. Stellen Sie es sich folgendermaßen vor: Wenn Sie aus dem Meer vor der Küste Kaliforniens eine Million Gallonen Wasser entnehmen, es nach Norden transportieren und vor der Küste von Seattle wieder ins Meer schütten, so würde es insgesamt für die Natur oder für das Wasser im Pazifischen Ozean keinen Unterschied bedeuten.

Selbst wenn Sie diese Million Gallonen Wasser über Seattle selbst ausschütten würden, würde dies keinen großen Unterschied bedeuten. Die Einwohner dort sind es gewohnt! Es ist der einzige Ort der Welt, wo die Wolken in Meereshöhe schweben und der Regen von unten nach oben fällt!

Entscheidend ist, daß Sie erkennen, daß es in allen Dingen nur eine Energie gibt und daß es auf einem Energieniveau kein Geben oder Nehmen geben kann – sondern nur eine Energiebewegung in sich selbst. Nur das Ego sieht eine

Trennung der Dinge. So wird das Ego sagen: »Der Cadillac geht von Harry an Sally.« Aber auf einem unendlichen Niveau ist es weder Harrys noch Sallys Cadillac, sondern ein Teil aller Dinge. Er *ist*. Wo er sich gerade aufhält oder wessen Name auf der Plakette steht, ist unerheblich.

Das bedeutet, daß in der Unendlichkeit der Dinge alles Geld der Welt tatsächlich Ihnen gehört; zumindest können Sie damit beginnen zu empfinden, daß es so ist. Sie können sich der Vorstellung öffnen, daß es für Menschen natürlich ist, Ihnen Geld und Dinge zu geben. Sie können Übungen erfinden, die Ihnen dabei helfen, das Empfangen zu verstehen. Ich möchte, daß Sie am Ende dieses Buches so gut im Empfangen sind, daß wir Sie für den ›Empfangs-Oscar‹ des Lebens nominieren können.

Dies erfordert Praxis. Aber Sie können damit beginnen, nie etwas auszuschlagen. Akzeptieren Sie alles, was Ihnen von anderen angeboten wird, selbst wenn Sie für einen Gegenstand keine Verwendung haben. Nehmen Sie ihn. Sie können ihn später immer noch wegwerfen oder ihn jemand anderem geben, der gerade das ›Empfangen‹ übt. Das ist wichtig. Während Sie ein Geschenk, einen Gefallen oder Geld akzeptieren, beobachten Sie sich selbst, wie Sie darauf reagieren. Achten Sie darauf, ob Sie dieses Ding freundlich und natürlich annehmen oder ob Sie mit emotionaler Verlegenheit reagieren. Achten Sie darauf, ob Ihre Reaktion offen oder zu ist.

Wenn Ihnen also nächstens einer Ihrer Freunde eine fluoreszierende Krawatte mit einer nackten Frau darauf anbietet, die sich bewegt, wenn Sie sich bewegen, denken Sie nicht: »Wird mir jetzt gleich schlecht oder später?«, nehmen Sie sie an. Machen Sie sich klar, daß nicht die Krawatte wichtig ist, sondern Ihre Fähigkeit, Dinge anzunehmen, die Ihnen angeboten werden. Es ist Ihre Bestätigung, daß Sie es wert sind, Geschenke zu bekommen, und daß Sie offen für ein Empfangen sind.

Aber Sie müssen mit sich selbst in Einklang sein, so daß

die verschiedenen Teile Ihrer selbst Sie nicht in gegensätzliche Richtungen ziehen. Akzeptieren Sie alles Geld, das den Weg zu Ihnen findet. Das bedeutet, Sie können nicht einen Pfennig auf dem Bürgersteig liegen sehen und einfach vorbeigehen. Sie müssen mit Ihrer Affirmation übereinstimmen und jeden Pfennig, den Sie finden, aufheben – selbst die widerlichen, die mit Kaugummi am Asphalt festkleben. Der Grund dafür liegt darin, daß das kollektive Unbewußte oder das universelle Gesetz, wie ich es nennen möchte, sich eines Wertes nicht bewußt ist. Wenn Sie sich bestätigen: »Ich bin reich, Geld kommt zu mir« und dann einen Pfennig auf der Straße liegen sehen, ohne sich darum zu bemühen, ihn aufzuheben, so wird die von Ihnen abgegebene Nachricht durch Ihre Handlung nicht bestätigt, wodurch Sie Ihr Überflußbewußtsein seiner Macht berauben.

Nun, das Aufheben eines Pfennigs, besonders in Gesellschaft anderer Leute, kann peinlich sein, denn diese tun so etwas nicht. Sie sind viel zu wichtig, um irgend etwas umsonst anzunehmen. Aber die Tatsache, daß es peinlich ist, ist eine ausgezeichnete Übung, denn Sie müssen dieses Denken überwinden und für sich selbst handeln und nicht so, wie andere es vielleicht richtig finden.

Vor einigen Jahren führte ich eine Gruppe sehr wichtiger Geschäftsleute aus den USA abends aus. Ich hatte mich entschieden, sie zu einem Ballettabend im Royal Opera House in Covent Garden mitzunehmen. Ich dachte, daß dies eine angenehme und elegante Art sei, ihnen das Beste zu zeigen. Nun, zu jener Zeit durfte ich nicht selbst fahren, da ich einmal zuviel Blut in meinem Alkoholstrom gehabt hatte. Also kaufte ich einen Rolls-Royce und stellte einen Chauffeur ein, um das Transportproblem zu lösen.

Ich hatte mit Slick Vic, wie wir den Fahrer nannten, vereinbart, an der Auffahrt direkt außerhalb der Oper zu warten, so daß ich mit meinen Gästen noch schnell zu einem ›Late Night Dinner‹ fahren konnte; in der Trattoria Cost-a-Lotto war ein Tisch für fünf Personen reserviert worden.

Als wir nun aus der Oper kamen, bahnte ich – meine Gäste im Schlepptau – einen Weg durch die Menge auf dem Bürgersteig zum Auto. Da lag zu meiner Linken ein Penny. Es hatte an jenem Abend geregnet, so daß der Penny blank war und die Straßenlampe reflektierte. Da aber durch die vorbeiströmende Menge immer wieder Schatten auf den Penny fielen, vermittelte dies den Eindruck, als wenn die Münze blinken würde, um mir dadurch mitzuteilen, daß ich weitergehen sollte. Ich zögerte und fragte mich, was die Leute wohl denken würden, wenn ich zwischen ihre Füße tappte. Doch dann dachte ich, eine Bestätigung ist eine Bestätigung, und so griff ich nach dem Penny.

Aber das Problem war, daß ich etwas halbherzig daranging, so daß ich, statt mich direkt nach dem verdammten Ding zu bücken und es aufzuheben, erst einmal in den Häschensitz ging. Dabei beugte ich nicht meinen Rücken, sondern lediglich meine Knie und griff mit einer Hand leicht hinter meinen Rücken nach unten. Dieses Manöver wurde den Mädchen in den Playboy-Clubs beigebracht, so daß sie Getränke auf einem Tisch absetzen konnten, ohne daß ihnen die Kunden dabei in den Ausschnitt schauten. Ich kann mich nicht mehr genau daran erinnern, wer mir das beigebracht hat. Ganz weit weg habe ich noch eine verschwommene zärtliche Erinnerung daran. Aber irgend etwas muß ich davon in der Zwischenzeit verlernt haben, denn in jener Nacht ging alles schief.

Statt einer eleganten Wende wurde es ein Fiasko. Ich traf den Penny mit meinem Fingerknöchel, und er begann, graziös zwischen teuren Schuhen den Bürgersteig entlangzurollen. Nun hätte ich den Penny vergessen sollen. Aber entschlossen wie ich war, wollte ich nicht aufgeben. Ich griff nach der rollenden Münze, griff daneben und endete auf allen vieren.

In jener Nacht hatte ich mich – Gott weiß warum – zu einem weißen Satinanzug entschlossen. Und als ich schließlich den Penny hatte, hatte ich auch gleichzeitig den größten

Teil des schlammigen Wassers vom Bürgersteig abbekommen. In der Zwischenzeit hatte Slick Vic meine Gäste ins Fahrzeug gebracht, und sie schauten geruhsam und mit zurückgehaltenem Erstaunen meiner Pantomime zu.

Es war wirklich peinlich, und endlich im Wagen dachte ich, daß eine Erklärung notwendig sei. So erzählte ich meinen amerikanischen Freunden, daß das Spiel mit dem Pfennig ein alter britischer Brauch sei, der schon so manchem Glück gebracht habe. Sie waren fasziniert, Einzelheiten über britische Gebräuche zu hören, und einer von ihnen begann sogar, Notizen zu machen.

Es ging alles gut, bis er damit begann, mich darauf festzulegen, wie das Spiel ›Penny im Rinnstein‹ Eingang in die britischen Gebräuche gefunden habe. Da habe ich maßlos übertrieben. Ich erzählte ihm, daß diese Sitte bereits aus der Zeit Elizabeths I. stammte. Um es möglichst authentisch klingen zu lassen, erfand ich ein Szenario mit Elizabeth und Lord Dudley. Aus reiner Höflichkeit habe ich sogar Walter Raleigh in die Affäre verwickelt, da ich dachte, daß meine Gäste vielleicht nicht allzu vertraut mit Dudleys Heldentaten waren. Es dauerte nicht lange, bis ich in der Geschichte so weit war, daß Queen Elizabeth, Lord Dudley und Walter Raleigh über den Fußboden des Hampton Court hinter einem Royal Penny herkrochen.

Meine Gäste waren alle sehr beeindruckt von meiner Kenntnis allgemein unbekannter Teile der englischen Geschichte – ich übrigens auch. Ich kam mir vor, als wenn ich einen historischen Moment der Rückkehr des ›Pennys im Rinnstein‹ zu seinem angemessenen Platz in der Geschichte der englischsprachigen Menschen geschaffen hätte. Man kann es sich direkt vorstellen:

1558 Elizabeth besteigt den Thron von England
1559 Der ›Penny im Rinnstein‹ geht in die englische Geschichte ein

Die Anmerkungen waren notiert, die Ereignisse chronologisch erfaßt, die Unterhaltung schlief ein. Als der Rolls-

Royce still durch die Nacht glitt und uns zu unserem Rendezvous mit Fettuccine, Linguine und Chianti Classico brachte, dachte ich über die Ereignisse des Abends nach. Ich muß sagen, daß ich stolz auf mich war – verdammt stolz. Von Zeit zu Zeit öffnete ich heimlich meine Hand und warf einen Blick auf den großartigen schlammigen Preis, während ich darüber nachdachte, daß der Überfluß keine Grenzen kennt, wenn man sich dazu entschlossen hat, ihn zu erreichen.

Der Grund für das Üben des Empfangens liegt darin, daß es solch eine geistige Erfahrung ist, daß sie Sie zwingt, sich zu öffnen und sich einzugestehen, daß es tatsächlich für alle Dinge Grenzenlosigkeit gibt. Stellen Sie sich folgendes vor: Wenn Sie darauf vorbereitet sind, sich zu öffnen, so werden Sie allmählich mehr und mehr Energie ausdrücken. Und indem Sie mehr Energie ausdrücken, wird Ihr Geschenk für die Welt größer. Denn wenn Sie von sich selbst geben, bieten Sie der Welt Mut, Inspiration und einen fröhlichen, glücklichen Ausblick. Während diese Energie von Ihnen ausgeht und sich mit den verschiedenen Gegebenheiten der Menschen um Sie vermischt, werden sich die Dinge auf natürliche Weise verbessern. Es folgt daraus, daß Sie als ein Repräsentant des Lichts berechtigt sind, eine gleich große, wenn nicht größere Menge von Energie zurückzuerlangen. Jenen, die besitzen, wird mehr gegeben.

Die Energie, die nun zu Ihnen zurückfließt, kann in der Form von Liebe oder günstigen Gelegenheiten und/oder lediglich in guten Gefühlen bestehen, die die Menschen Ihnen entgegenbringen. Aber ein Teil jener Energie wird bares Geld sein. Und das ist angenehm. Sie müssen jedoch fähig sein, alles, was kommt, mit Freude zu akzeptieren und Ihre Aufnahmefähigkeit nie zu begrenzen.

Bei Tick-Tock tendieren wir dazu, Dinge nach dem zu bemessen, was sie wert sind. Dies ist ein natürliches Nebenprodukt des logischen Verstandes. Also sagen wir: »Die Installation ist 200 Dollar wert.« Wenn Sie jedoch damit beginnen, sich selbst und Ihre Handlungen als Energie zu betrachten (von expansiver, positiver, grenzenloser Qualität), gibt es keinen Grund, weshalb jemand nicht 5000 Dollar bezahlen sollte, wenn Sie für ihn undichte Stellen abdichten.

Nun, das wird Ihnen sehr unwahrscheinlich vorkommen, aber wenn das so ist, bedeutet es nur, daß Sie noch immer auf strukturelles Denken programmiert sind. Es bedarf nur des Ausbrechens und des Sich-selbst-Gestattens, größere Möglichkeiten zu erkennen.

Als ich 1964 zu arbeiten begann, bekam ich einen Job als Boten- und Postjunge bei einer Schiffsmaklerfirma in der City of London. Mein Bruttoeinkommen lag bei zehn Pfund pro Woche (nach heutigem Wechselkurs etwa 17 Dollar). Davon mußte ich 1,75 Pfund für Steuern, 1,50 Pfund für Fahrtkosten, 1,50 Pfund für Lebensmittel und 1 Pfund für die wöchentliche Reinigung meines Arbeitsanzugs abziehen. Mein Nettoeinkommen betrug also 4,25 Pfund die Woche, für 40 Stunden Arbeit.

Zu jener Zeit verdienten englische Rock-'n'-Roll-Stars etwa 1000 Dollar pro Nacht. Das entsprach für mich ungefähr einem Einkommen von zwei Jahren, und ich kann mich daran erinnern, daß ich damals dachte, was dies wohl für ein unsagbares Vermögen sei. Ich dachte damals an Gesangsunterricht. Das Problem war jedoch, daß ich erstens klangtaub bin und zweitens wie ein Frosch im Sack klinge. Aber es war nicht mein Mangel an Gesangsfähigkeit, der mich von der magischen ›1000-pro-Nacht-Liga‹ zurückhielt. Mein Problem war damals, daß ich in dem Alter nicht fühlte, genug Energie anbieten zu können, für die jemand große Summen zahlen würde. Meine Vorstellung war damals auf ungefähr 4,25 Pfund die Woche begrenzt. Ich brauchte Zeit, in meinem Denken zu wachsen und reifer zu werden.

Da mein Job im Herzen des Finanzdistrikts von London lag, wurde ich von dem *Gefühl* der Handelsaktivität gefangengenommen. Während der Mittagspause stand ich vor der Bank of England oder vor der Börse und beobachtete das Kommen und Gehen all der wichtigen Leute. Ich folgte der Börsenentwicklung tagtäglich, obwohl es für mich keine Möglichkeit gab, je eine einzige Aktie zu kaufen. Was ich tat, war ein *Beteiligen* meiner Gefühle, obwohl meine Realität damals von jener Welt noch weit entfernt war.

Es dauerte nicht lange, bis mir klar wurde, daß die Geschäftswelt und nicht der Gesang der richtige Platz für mich war. Ich verließ meinen Job in der City, und in weniger als 1000 Tagen hatte ich meine eigene Firma aufgebaut und nahm ungefähr 20 000 Dollar pro Woche ein. Ich begann, mehrere der berühmteren englischen Popstars zu treffen, und ich erinnere mich daran, daß ich mich fragte, wie die armen Teufel mit einem Tausender pro Nacht klarkamen. Das war einige Monate vor meinem 21. Geburtstag.

Aber von da an ging nicht alles so glatt. Mein Verstand brauchte fast 15 Jahre, um Überfluß als natürlich anzusehen. Ich hatte Zeiten fantastischen Erfolges, in denen ich mich im Luxus wälzte. Und es gab andere Zeiten, in denen ich qualvolle Schwierigkeiten und riesige finanzielle Probleme hatte. Aber während der schlechten Zeiten hing ich immer dem Traum nach, und obwohl ich oft von einer Bande wütender Gläubiger verfolgt wurde, hielt ich immer einen positiven Ausblick aufrecht.

Ich werde nie den Morgen vergessen, als der Gerichtsvollzieher vorbeikam. Ich war mit meinen Freunden ausgegangen und mit ihnen bis zum Morgengrauen unterwegs gewesen. Eine Stunde später klingelte es. Benommen stolperte ich zur Tür und öffnete sie. Da stand ein amtlich aussehender Bursche mit einem Stapel von Dokumenten in der Hand. Zu jener Zeit waren Gerichtsdokumente mit einem roten Faden zusammengeschnürt, und der Blick auf diesen roten Faden rief mich sofort zur Wachsamkeit auf.

»Mr. Wilde«, sagte der Gerichtsvollzieher mit einer sonoren Stimme. Aber bevor er ein weiteres Wort aussprechen konnte, dem zweifellos eine Litanei von Beschwerden und Details folgen würde, wer mich weswegen angezeigt hatte, unterbrach ich ihn. »Dieser Bastard!« sagte ich, »er ist abgehauen und schuldet mir noch die Miete für drei Monate, der Strom ist nicht bezahlt, und er hat sogar noch für 300 Pfund Ferngespräche geführt.«

Dem Gerichtsvollzieher tat ich leid, und er meinte, die Menschen heutzutage seien unverantwortlich. So lud ich ihn zu einer Tasse Tee ein. Wir unterhielten uns eine Zeitlang über das Für und Wider der britischen Gesetze, und der Gerichtsvollzieher erzählte mir, daß sein Job nicht besonders gut bezahlt werde. »Nun«, sagte ich, »wenn Sie diesen Bastard Wilde finden und mir sagen, wo er ist, gebe ich Ihnen 50 Pfund.« Der Gerichtsvollzieher war über die Möglichkeit einer zusätzlichen finanziellen Einnahme erfreut und versprach mir, seine Anstrengungen in der Suche zu verstärken. Ich brachte ihn zur Tür und wünschte ihm – während ich ihm einen weiteren Schokoladenkeks zusteckte – alles Glück der Welt. In der Zwischenzeit versammelten sich meine Freunde, die sich in die verschiedenen Teile der Wohnung zurückgezogen hatten, in der Küche. Ich erzählte ihnen die Geschichte mit dem Gerichtsvollzieher, und wir brachen in Gelächter aus. Sogar in der Negativität des Lernens von Überfluß gab es nie einen langweiligen Augenblick.

Man muß wissen, daß es Zeit braucht, um das eigene Denken auf die Akzeptanz größerer Möglichkeiten einzustellen, und es ist wichtig, daß Sie sich dabei nicht auf irgendwelche negativen Rückschläge konzentrieren. So leicht wird das Vertrauen durch frühe Rückschläge zerstört, und oft werden diese Rückschläge realer, als sie es eigentlich sein sollten. Sie müssen Ihre Niederlage wie Seminare ansehen, an denen Sie teilnehmen, um das Spiel des Lebens zu lernen. Es ist erhebend zu wissen, daß viele Millionäre mindestens ein- oder zweimal bankrott gingen, bevor sie den Jackpot trafen. Die Tatsache, daß Sie den Mut besitzen, hinauszutreten und sich einer Sache zu verschreiben, bedeutet auch, daß Sie von Zeit zu Zeit Rückschläge hinnehmen müssen. So ist es eben. Schließlich wird es gut enden. Sie müssen eine Menge Geduld und Beharrlichkeit einsetzen, bis das universelle Gesetz liefert.

Es ist wie bei der Aussaat. Wenn Sie nach einer Woche wiederkommen, haben Sie den Eindruck, daß nichts passiert ist. Aber Sie müssen der Energie erlauben, sich aufzubauen und zu wachsen, und da es eine esoterische Energie ist, werden Sie kein äußeres Anzeichen dafür sehen, daß sie arbeitet. Lernen Sie zu vertrauen, und halten Sie Ihre Emotionen heraus. Arbeiten Sie in der Zwischenzeit daran, Ihren Verstand darauf einzustellen, mehr anzunehmen.

4

... und wenn sie auftauchen, bitten Sie sie zur Kasse

Dazu müssen Sie lernen, den Menschen für Dinge, die Sie tun oder die Sie liefern, die Rechnung zu präsentieren. Teil des Dollar-Tanzes des Lebens ist es, emotionale Unsicherheit zu überwinden und Geld zu verlangen. Irgendwie neigen wir dazu, zu glauben, daß uns Leute nicht mögen, wenn wir ihnen eine Rechnung ausstellen.

Das läßt uns auf unsere Beifallkomplexe zurückkommen, aber es hat auch eine Menge mit Selbstvertrauen zu tun. Zu den Dingen, die Sie sich anzusehen haben, gehört auch die Frage, wie Sie sich auf Ihre Energie konzentrieren und sie festigen, so daß Sie sich beim Rechnungstellen wohl fühlen.

Wie oft haben Sie schon für jemanden eine unglaublich gute Arbeit verrichtet, in die Sie Ihr Herz und Ihre Seele eingebracht haben? Normalerweise würden Sie vielleicht 100 Dollar berechnet haben. Als Sie aber gefragt wurden, wieviel man Ihnen schuldig sei, haben Sie geantwortet: »Nein, nein, das ist schon in Ordnung so.« Oder Sie sagen: »Nun, normalerweise nehme ich 100, aber in diesem Fall nehme ich nur zehn.«

Wir alle haben es schon einmal bei der einen oder anderen Gelegenheit getan. Und obwohl es angenehm und höflich ist, jemandem einen Gefallen zu tun, ist es auch wichtig, das Niveau der kommerziellen Aktivitäten mit einzubeziehen. Und dies erreicht man durch das Berechnen eines annehmbaren Preises. Andernfalls stiehlt die Energie, die Sie zur Arbeit abgegeben haben, Ihre positive Einstellung. Allmählich zieht Sie dieser Mangel an positiver Einstellung hinunter, und Sie haben dann nicht einmal mehr Kunden zu Vorzugspreisen.

Vielen fällt es schwer, für das, was sie tun, etwas zu berechnen. Denn das eigene Ego zögert und fühlt, daß die Menschen negativ reagieren werden. Tatsächlich ist das Gegenteil der Fall. Die Menschen mögen es, wenn Sie ihnen mehr berechnen, sie fühlen sich dann wichtiger. Was fühlen Sie, wenn Sie bei Woolworth neun Cents ausgeben? Aber nach einer Mahlzeit für 200 Dollar fühlen Sie sich gut. Sie haben den Eindruck, daß Sie dafür einen Wert bekamen. Zudem werden die Menschen Sie um so mehr respektieren, je mehr Sie ihnen berechnen. Berechnen Sie nur niedrige Preise, so neigen die Leute dazu, sich bei Ihnen zu beschweren und Fehler an dem zu finden, was Sie tun. Nachdem sie etwas umsonst bekommen haben, beginnen sie mehr zu verlangen. Das entspricht der menschlichen Natur.

Andererseits neigen wir oft dazu, zu denken, daß die Welt unter demselben Mangel leidet wie wir. Aber das ist ein grober Irrtum. Die Tatsache, daß Sie kein Geld besitzen, bedeutet nicht, daß die Welt ebenfalls keines hat – Sie sollten Ihren Mangel nicht auf andere projizieren. Mir fiel das besonders in Australien auf. Wenn man dort in ein Lebensmittelgeschäft geht und das teuerste Produkt kauft, versucht der Ladeninhaber, einen davon abzubringen. Oder er weist einen zumindest darauf hin, daß man ein sehr teures Produkt ausgewählt hat. Es kommt einem so vor, als dächte er, daß man sich einen elektrischen Schlag holt, wenn man eine bestimmte Dose oder Packung Tee berührt.

Neulich diskutierte ich in Sidney diese Eigenschaft der australischen Psyche mit einem Freund, der mir sagte, daß Twinings der beste Tee und sehr viel teurer als andere Sorten sei. Als ich das nächste Mal in einem Laden war, wählte ich einige Teepackungen aus und legte sie neben die Kasse. Und tatsächlich sagte der Ladeninhaber: »Wissen Sie, dies ist Twinings-Tee. Er ist sehr teuer. Er kostet einen Dollar mehr.« Ich antwortete: »Fantastisch.« »Nein«, sagte er, wobei er dachte, daß ich ihn falsch verstanden hatte, »nicht einen Dollar weniger, sondern einen Dollar mehr.« »Großartig!« rief ich aus. Nun war der Ladeninhaber wirklich verwirrt. Er hatte inzwischen festgestellt, daß ich ein Ausländer, kein Australier war. Also begann er damit, sich selbst zu wiederholen, wobei er laut und langsam sprach, als wäre ich ein tauber Eskimo, der kein Englisch spricht. Er nahm den Tee in die Hand, hielt die Schachteln vor seine Brust und zeigte auf das Preisetikett. Er ergriff sie, als wären sie kostbare Erbstücke, die sich seit Generationen in der Familie befanden. Ich beugte mich zu ihm hinüber, starrte auf das anstößige Preisetikett und sagte: »Nun verstehe ich.«

Der Ladeninhaber zeigte ein erleichtertes Lächeln und war froh darüber, daß er mich vor dem Schicksal bewahrt hatte, einen Dollar mehr zu bezahlen. Aber während er die Schachteln noch an seine Brust drückte, drehte ich mich um und überflog mit einem Blick die Regale seines Ladens. Dann drehte ich mich genauso langsam zurück, schaute den Ladeninhaber an, lächelte und sagte: »Ich nehme 60 Schachteln.« Er glaubte mir nicht. Also nahm ich schließlich nur die zwei Teeschachteln, die ich ursprünglich ausgewählt hatte, verließ den Laden und machte mir Gedanken über das Für und Wider des Welt-Teemarktes.

Hier können Sie wieder sehen, daß die Unfähigkeit, ordentliche Preise zu berechnen, aus den gemeinsamen emotionalen Konflikten der Menschen herrührt, die diese im Zusammenhang mit Geld haben. Viele Menschen haben den Eindruck, daß sie, wenn sie eine Dienstleistung oder einen Gegenstand berechnen, dem Käufer etwas wegnehmen und daß sie durch ihre Geldforderung die Sicherheit oder das Überleben des Käufers auf irgendeine Weise bedrohen. Dies ist reines Tick-Tock. Sie müssen dem Käufer seine eigenen Ansichten zugestehen. Er weiß, was er will, und wenn er etwas will, wird er es kaufen. Will er nicht, wird er es gewöhnlich auch nicht kaufen.

Eine weitere Emotion bei Geldforderungen ist Furcht.

Wir neigen dazu anzunehmen, daß, wenn wir einen guten Betrag fordern, sich irgendwie unser Markt auflöst und wir alle am nächsten Donnerstag bankrott sein werden. Aber trotz des vielen Auf und Ab der Volkswirtschaften und all der Unsicherheit, die die Menschen als Mangel empfinden, überleben die Qualitätsprodukte doch immer. Es wird immer einen Markt für Rolls-Royce, französischen Champagner, Fünf-Sterne-Hotels und Villen am Strand geben. Sie müssen nur die Qualität akzeptieren. Das bedeutet Energie. Ich werde diesem Thema einen Abschnitt widmen, da er mir so lebenswichtig erscheint.

Im Tick-Tock sehen die Menschen den Markt mit all seinen Strukturen und Preisen und fühlen sich verwirrt. Sie sehen die Wettbewerbselemente, und sie sehen ihre finanzielle Zukunft ungewiß, was sie auch oft ist. Das liegt aber daran, daß Tick-Tock, obwohl es über Produkte und Dienstleistungen verfügt, meist nur wenig Energie hat. Jedes Schnellrestaurant sieht genauso aus wie alle anderen, genau wie alle Tankstellen, Waschsalons, Fluglinien oder was auch immer. In einem Markt, wo die Dinge nicht von wirklicher Energie durchdrungen sind, kann man Ihnen nur grobe Produkte verkaufen, was oft enttäuschend ist, da Sie intuitiv fühlen, daß sie ohne Leben sind. Sie sind normalerweise flach und langweilig und werden zu Millionen aufgeschüttet.

Wenn Sie erst einmal Ihre Lebensenergie mit Enthusiasmus, Kreativität und Originalität füllen können, werden die Dinge, die Sie der Welt anbieten, anders aussehen. Sie stehen dann nicht länger im Wettbewerb mit Tick-Tock und können berechnen, was Sie wollen.

Denken Sie daran, daß die spirituelle Energie der Erde, die Gotteskraft – oder welche Bezeichnung Sie auch immer dafür wählen wollen –, sich keines Wertes bewußt ist. Ich weiß, daß die Leute sich im allgemeinen Gott irgendwo auf einem Thron sitzend und alles beobachtend vorstellen, von wo er einen Blick auf den diesjährigen Preis von Honda wirft. Aber das ist nicht so. Wenn Sie die metaphysische Wahrheit der Welt verstehen, so werden Sie Gott mehr als Energie denn als Person ansehen. Was ein Christ als die Gnade Gottes ansieht, wird ein Orientale als das unendliche Tao erkennen, das durch alle Dinge fließt. Wesentlich ist hier, daß der Preis lediglich ein Emotionsfaktor ist, und die Gotteskraft ist nicht in menschliche Emotionen verwikkelt. Mit anderen Worten: Die Gotteskraft ist emotional nicht daran beteiligt, wenn jemand einen neuen, digitalen *Schnickschnack* besitzen will, der zum Beispiel die Katzenklappe an der Haustür öffnet. Also macht es keinen Unterschied, ob es sich um zehn Dollar oder 60 Millionen Dollar handelt.

Der Wert ist lediglich ein Emotionsfaktor, mehr nicht. So sind Dinge, die jemandem gefallen und die er haben will, mehr wert als Dinge, die er nicht haben will. Mir scheint, daß die Gotteskraft und die Lebenskraft ein und dieselbe Kraft sind. Ihre Lebenskraft ist Ihre Energie, Ihr Enthusiasmus, die Sie ausstrahlen. Wenn also die Energie, die die Welt unterhält, keine Vorstellung von Wert hat, so gibt es keine Begrenzung auf die geistige Energie dieser Lebenskraft – die Sie in Bargeld umwandeln können, wenn Sie dies wünschen.

Zunächst müssen Sie sich bei der Festsetzung Ihrer Preise von allen peinlichen Gefühlen befreien. Sehen Sie sich einfach als einen Transformator von Energie. Die Leute können Dinge überall bekommen, aber Energie ist sehr viel seltener. Wenn Sie sich selbst bei der Übertragung von Energie betrachten, so erkennen Sie keinen bestimmten Wert dieser Energie, und so gibt es keine Begrenzung in dem, was die Leute Ihnen geben können – was bedeutet, daß Sie durch Hinwendung zur Energie tatsächlich den Menschen dienen. Die Dinge, die Sie tun, haben nicht nur einen bestimmten Wert, sondern Sie ermöglichen anderen, in allem, was sie tun, ein höheres Ideal zu erkennen, eine Aufmunterung, eine *Beschleunigung*, die in der Tretmühle nicht gefunden werden kann. Die Menschen haben Bedürfnisse, und wenn Sie diese Bedürfnisse decken, dann dienen Sie ihnen, nicht nur dadurch, daß Sie ihnen ersparen, anderswo danach suchen zu müssen, sondern auch, weil das, was Sie zu bieten haben, eine einzigartige Besonderheit aufweist. Ich kenne einen Burschen, der einen kleinen Laden hat, in dem er elektrische Geräte repariert. Er ist auf seinem Gebiet ein Genie. Seine Energie ist auf einem sehr hohen Niveau. Er ist wie ein alter Weiser. Er hat immer reichlich zu tun, und er liebt seine Arbeit. Die Leute kommen zu ihm, einfach um bei ihm zu sein. Sie bringen ihm Dinge zur Reparatur. Er repariert sie. Und eine Woche später bringen sie ihm die gleichen Sachen vollkommen funktionstüchtig wieder, und er repariert sie noch einmal. Ich fragte ihn nach seinem Geheimnis. Und er sagte mir, daß alles, was die Menschen ihm brächten, nur Symbole ihres eigenen Lebens seien, und während er zum Beispiel ihren Toaster repariert, sieht er sich selbst als Heiler ihres Lebens. Die Kunden lungern in seinem Laden, und vielleicht gibt er mit einem Wort Ermutigung oder eine positive Affirmation. Er zeigt ihnen immer, was Qualität ist, und Stück für Stück lernen seine Stammkunden etwas über sich selbst und sehen ihr Leben in einem anderen Licht.

Wenn Sie dies erkennen, dann können Sie sehr gelassen dabei sein, welche Preise Sie berechnen, und nur daran arbeiten, den Menschen soviel Energie wie möglich zu geben und sich dabei gut zu fühlen. Wenn die Menschen zu Ihnen zum Beispiel zu einer Heilmassage kommen, so verlangen Sie 100 Dollar. Und wenn sie dann sagen: »Waren es letzte Woche nicht nur 50 Dollar?«, dann antworten Sie: »Das stimmt, aber diese Woche fühle ich mich gut, 100 Dollar!«

Praktizieren Sie das während der nächsten 30 Tage, tun Sie nichts, ohne es zu berechnen. Zwingen Sie sich dazu, für alles etwas zu verlangen. Wenn jemand Sie fragt, ob Sie ihn zum Bahnhof mitnehmen können, so sagen Sie, es kostet 20 Dollar. Diese Übung ist schwer, denn die Leute erwarten, daß Sie alle möglichen Dinge umsonst tun. Wenn Sie ihnen jedoch sagen, daß es sie etwas kosten wird, so werden sie darauf reagieren. Sie aber müssen lernen, darauf *nicht* zu reagieren. Also finden Sie keine Ausreden, wie zum Beispiel: »Ich muß Ihnen 20 Dollar berechnen, da ich arm bin und es mir schlechtgeht und ich ohne Ihr Geld den heutigen Tag nicht überleben würde.« Sagen Sie einfach: »Sie wollen zum Bahnhof, gut, 20 Dollar.« Behaupten Sie sich. Es ist unbedeutend, ob nun jemand von Ihnen gefahren werden will oder nicht. Der Sinn der Lektion liegt darin, daß Sie sich gut dabei fühlen, anderen Menschen zu sagen, daß Sie etwas wert sind.

In dem metaphysischen Kreis, aus dem ich stamme, wird dies WAM genannt, das für ›*What about me*‹ (Und was ist mit mir) steht. Es ist leicht zu vergessen, sich selbst einzuschließen, nicht wahr? Wir bringen so viel Zeit damit zu, uns der Hilfe für andere zu widmen, daß wir vergessen, daß dabei auch für uns selbst etwas abfallen muß. Es scheint einen ständigen Konflikt zwischen kommerzieller Aktivität und dem Gutsein zu geben.

Um diese beiden Dinge miteinander zu versöhnen, muß man sie trennen. Sie können großzügig und warmherzig in Ihrem persönlichen Leben sein, aber Geschäft ist Geschäft. Dies sollten Sie nie vergessen. Bei Ihrer kommerziellen Aktivität sollten Sie aus einer Energie kommen, die alles fordert. Ich weiß, daß heutzutage die Gewinn-Gewinn-Methode als eine faire Lösung angesehen wird, was soviel bedeutet, daß Sie in einer Verhandlung das meiste dessen bekommen, was Sie wollen, und die anderen ebenfalls. So gewinnt jeder zumindest theoretisch.

Das Problem bei dieser Idee liegt jedoch darin, daß Sie in eine Geschäftsbesprechung gehen und bereits *gefühlsmäßig* Zugeständnisse gemacht haben, bevor Sie überhaupt anfangen zu verhandeln. Es ist schon richtig, daß die Dinge fair sein sollten, aber es ist für Sie auch richtig, daß Sie ein Gespräch damit beginnen sollten, alles zu verlangen.

Beginnen Sie einen Handel damit, indem Sie sagen: »Ich beanspruche 50 Prozent«, so kann Ihr Opponent Sie von diesem Punkt noch weiter nach unten handeln, so daß Sie schließlich nicht einmal mehr die Hälfte bekommen. Deshalb ist es besser, wenn Sie nach dem WAM-System arbeiten. Beginnen Sie auf dem Berggipfel. Wenn Sie gefragt werden, wieviel Sie wollen, so schauen Sie dem anderen fest ins Auge und sagen Sie: »Alles.« Der andere wird dann seinen Ohren nicht trauen. Aber das ist in Ordnung. Sie sind nicht hier, um ihn glücklich zu machen.

Wenn Sie Ihr Gefühl nun mit WAM in Übereinstimmung gebracht haben, so werden Sie sich bei der Forderung nach 100 Prozent des Handels wohl fühlen. Und wenn die Gegenseite sich bei der Gewinn-Gewinn-Methode wohl fühlt, so wird sie nach 50 Prozent fragen. Dadurch bleiben Sie in einer starken Position, in der Sie sagen können: »Schauen Sie, ich beanspruche 25 Prozent weniger, als ich ursprünglich wollte, und dafür beanspruchen auch Sie 25 Prozent weniger, als Sie wollten. Das ist doch fair, oder?« Schließlich werden Sie mit 75 Rubel und Ihr Opponent mit 25 Rubel aus der Tür gehen.

›Fair‹ ist alles, worauf sich zwei oder mehr Menschen einigen. Nun ist es aber nicht meine Art, andere Menschen bis auf die letzte Zehn-Cent-Münze im Preis zu drücken. Die Anstrengung dafür lohnt sich nicht, und jeder hat das Recht, hier und da ein Geschäft zu machen. Wenn Sie sich aber dem Markt stellen und nicht von Anfang an eine Position einnehmen, in der Sie alles verlangen, so werden Sie normalerweise am Ende weniger erhalten, als Sie wert sind.

Wie viele Leser dieses Buches gehen heute einer Arbeit nach, in der sie unter Wert bezahlt werden. Und dies lediglich, weil sie vor sieben Jahren, als sie sich um die Arbeit bewarben, etwas nervös waren und dabei vergaßen, ihren Wert zu *fühlen, so* daß sie nicht alles verlangten. Es ist wirklich nur eine Frage des Selbstbewußtseins.

Versuchen Sie sich dies als eine Art Bestätigung immer

wieder selbst zu sagen. Dadurch fühlen Sie sich hervorragend. »Wieviel wollen Sie?« »Alles!« »Wieviel wollen Sie?« »Alles!« »Wieviel wollen Sie ...« Natürlich ist es für Menschen sehr ungewöhnlich, sich darauf einzulassen, Ihnen alles zu geben. Man wird Sie herunterhandeln. Aber mit meiner Methode erfassen Sie zumindest in Ihren *Gefühlen* am Anfang das gesamte Territorium, so daß Sie eine Menge davon abgeben können.

Dollar-Tanz 4

»Das Lernen der richtigen Preisberechnung ist ein lebenswichtiger Schlüssel zum Überfluß. Bestätigen Sie sich selbst, daß Sie sich nie unterbewerten werden, indem Sie weniger berechnen, als Sie in bezug auf Ihren eigenen Wert fühlen.«

Natürlich geben Sie im Geschäftsleben von Zeit zu Zeit einen Nachlaß. Übertreiben Sie es aber, so entziehen Sie sich selbst Macht. Und schließlich wird Sie der Mangel an finanzieller Geschicklichkeit ärgerlich machen. Sie brauchen Geld, um Ihre Ansprüche realisieren zu können. Sie müssen lernen, vom Leben das zu verlangen, was Sie erwarten, wobei Sie sich daran erinnern sollten, daß niemand weiß, was Sie wollen, bis Sie es ihm sagen. Sie müssen das akzeptieren, was auf Sie zukommt, und den Menschen entsprechende Rechnungen ausstellen.

Wenn Sie sich erst einmal bei der Rechnungsstellung vollständig wohl fühlen, dann – und erst dann – werden Sie es sich selbst erlauben, Dinge umsonst zu tun. Auf diese Weise werden Sie wissen, daß Sie, wenn Sie einem anderen einen Gefallen tun, dies tun, weil Sie es tun *wollen,* und nicht, weil Sie in der Hoffnung manipuliert wurden, dadurch die Zuwendung eines anderen zu gewinnen.

Der letzte Punkt in der Rechnungsstellung liegt in dem

großen Vorteil für Sie. Denn wenn Sie eine Dienstleistung oder ein Produkt anbieten, so macht es keinen Spaß, wenn bei der Ausführung dieser Dienstleistung Ihr Leben zu einem negativen Kampf wird. Dadurch, daß Sie für Ihre Arbeit einen guten Betrag berechnen und sich an Qualität und hervorragender Leistung orientieren, werden Sie sich, auf natürliche Weise und ohne dabei jemanden zu verletzen, vom unteren Ende des Marktes entfernen.

Wie bereits gesagt, glauben nur die beschränkten Menschen der Welt, daß es nicht genug gibt, und an die ›Pfennigspar‹-Rabatt-Philosophie. Es ist schwer, in dieser Art von Markt finanzielle Ziele zu erreichen. Darüber hinaus sind arme Menschen normalerweise extrem negativ und tendieren dazu, Sie hinunterzuziehen, indem sie sich ständig darauf konzentrieren, was *nicht ist,* statt auf das, was ist. Indem Sie etwas berechnen und Ihre Arbeit gut machen, rücken Sie automatisch ein Stück nach oben und ziehen Menschen an, die Geld haben. Damit meine ich nicht unbedingt die Multimillionäre, aber die etwas weiter oben angesiedelten, flüssigeren, mobilen Typen. Es ist eine Tatsache, daß es Millionen von unterschiedlichen Menschen gibt, für die der Preis irrelevant ist. Was diese Menschen wollen, ist *Energie.* Diese Energie kann angeboten werden in der Schönheit, in Dienstleistungen, in Effektivität, in Positivität oder in Werten. Diese nach oben gewandten, mobilen Menschen sind normalerweise sehr beschäftigt. Sie wollen die Dinge schnell und wirksam, und sie wollen, daß das Produkt oder die Dienstleistung funktionieren. Die Kosten spielen in ihren Entscheidungen keine übergeordnete Rolle.

Wenn Sie Ihre Energie also in Dinge investieren und diese Dinge wundervoll geraten, so gibt es keine bestimmte Begrenzung für den Preis, den Sie berechnen können. Damit meine ich nicht, daß Sie die Menschen übers Ohr hauen und zuviel verlangen sollten. Sondern ich meine, daß am unteren Ende des Marktes jeder genau weiß, wieviel Cents eine Mohrrübe kostet. Am oberen Ende des Marktes interessiert der Preis die Leute, die aus Belgien importierten Endiviensalat kaufen, überhaupt nicht mehr. Sie sind nur an dem Endiviensalat interessiert. Selbst wenn ihr Leben davon abhängen sollte, wären sie nicht in der Lage, Ihnen zu sagen, was Endiviensalat kostet. Dies ist die Art von Menschen, mit denen Sie sich umgeben sollten, denn dies ist die Art wohlhabender Typen, von denen Sie auch einer werden wollen.

Wenn Sie in einer Welt, in der alles so gewöhnlich und gleichmäßig ist und so viele Dinge auf dieselbe Weise jahrein, jahraus produziert werden, auf etwas Originelles stoßen und Ihre Energie in diese Dinge investieren, so reagieren die Menschen. Es macht Freude, spezielle Dinge zu entdecken, nicht wahr? Läden, die wirklich anders sind, Restaurants mit einer wirklich guten Bedienung oder mit originellen Speisen, Orte, an denen Menschen sich etwas mehr Mühe geben – wenn Sie einen solchen Ort finden, so bezahlen Sie gerne, denn Sie wissen, daß die Qualität und der Spaß, den Sie dort erhalten, hundertmal mehr wert sind als der Mist, der in der gewöhnlichen Welt angeboten wird.

Es ist nicht schwer, originell zu sein. Sie müssen nur darüber nachdenken, was die Menschen wirklich wollen. Nehmen Sie zum Beispiel Hotels: Die Menschen suchen Hotels auf, um sich dort frisch zu machen, zu schlafen und dann weiterzuziehen. Aber die Hoteleigner geben das wenigste Geld für die Schlafzimmer aus, statt dessen ungezählte Millionen für den Bau der Empfangshalle. Es ist zwar gut für das Selbstbewußtsein des Eigentümers, aber wer schläft schon in der Empfangshalle? Verdammt noch mal, stimmt es nicht, daß Sie sich oft beim Verlassen eines Hotels enttäuscht fühlen und den Eindruck haben, daß das Hotel nicht das gehalten hat, was Sie sich von ihm versprochen haben?

Etwas anderes, was Sie in einem Hotel erwarten, ist wirklicher Service. Dazu müssen Sie nach Europa oder nach Asien reisen. Das Bedienen ist nicht ein Teil der amerikanischen Seele – die Amerikaner haben keine Freude daran. Selbst in den besten Hotels Amerikas läßt der Service zu wünschen übrig. Warum? Weil man das Personal nicht für das Bedienen ausbildet. Das gesamte System ist so ausgelegt, daß es angenehm für das Management und nicht für den Gast ist. Durch einen zurückhaltenden Service spart man Kosten ein.

Hin und wieder hatte ich das Pech, in einem der Marriott-Hotels in den USA untergebracht zu sein. Eins davon befindet sich am Flughafen in Washington D. C. Im Eingang hängt ein Foto vom alten Marriott selbst, der auf die Unerfahrenen herabgrinst, die in sein Hotel kommen. Hinter dem Empfang hängt ein riesiges Zeichen, auf dem so etwas steht wie: »Wir wollen, daß Sie sich wohl fühlen.« Ich hatte für ein Seminar einen ihrer Festräume gemietet. Das Seminar war um sechs Uhr abends geplant. Und so fragte ich ein Mädchen am Empfang, ob ich zwei Koffer in meinem Zimmer lassen könnte, nachdem sie mir bereits gesagt hatte, daß sie das Zimmer erst am nächsten Tag benötigen würde. Sie lehnte ab. Ich wies darauf hin, daß ich etliche tausend Dollar in ihrem Haus ausgab. Sie lehnte immer noch ab. Ich erwähnte, daß ich 250 Leute in ihr Hotel holte, die alle in ihrem Restaurant essen würden. Auch das funktionierte nicht. Ich fragte sie, ob das Zeichen hinter dem Empfang irgend etwas bedeutet oder ob es nur ein Loch in der Wand verdeckt. Sie machte eine freche Bemerkung und ging ins Hinterzimmer. Diese Bemerkung kostete den alten Marriott bisher 20 000 bis 30 000 Dollar. Wir haben dieser Gesellschaft nie wieder einen Penny zukommen lassen, und auch keiner meiner Mitarbeiter nimmt das Hotel mehr in Anspruch.

Wenn Sie und ich also ein Hotel eröffneten, würden wir uns auf das konzentrieren, was die Leute wirklich wollen. Wir würden keinen Mißbrauch mit irgendwelchen dummen Zeichen am Empfang treiben. Wir würden den Gästen *wirklich* etwas bieten. Wir würden das meiste Geld für die Zimmer ausgeben. Die Empfangshalle würde einfach und gemütlich, aber die Zimmer würden luxuriös sein. Haben Sie je bemerkt, wie dünn Hotelhandtücher sind? Und es gibt nie genug von ihnen. Ich würde Spezialhandtücher anfertigen lassen, die sechs Fuß lang und drei Fuß breit sind, und ich würde in jedem Zimmer acht oder zehn Handtücher aushängen oder soviel, wie die Gäste haben wollten. Ich würde einen kleinen Schrank für die Handtücher bauen lassen und ihn beheizen. Auch würde ich den Gästen Bademäntel mit dem Monogramm des Hotels geben. Und ich würde es den Gästen gestatten, sie heimlich mitzunehmen. Die Menschen lieben es, wenn sie das Gefühl haben, daß sie etwas umsonst bekommen. Aber darüber hinaus werden sie immer, wenn sie zu Hause aus der Dusche steigen, auf das Hotelzeichen schauen. Ich würde die Kosten für die Bademäntel in den Zimmerpreis mit einkalkulieren.

Als nächstes würde ich einen Schreibtisch mit einem Mitarbeiter oder mit einer Mitarbeiterin neben dem Fahrstuhl plazieren. Deren Aufgabe wäre es dann, die Gäste zu begrüßen und ihnen zu versichern, daß ihnen jeder Wunsch erfüllt wird. Ich würde gute Wolldecken anbieten und nicht jene braunen Synthetikdecken, die man in den meisten Hotels findet. Jeder Raum wäre mit einem Himmelbett ausgestattet. Was das kostet? Es sind lediglich vier Pfähle und etwas Dekorationsstoff. Aber man *fühlt* sich königlich darin – besonders Liebende wissen dies. Schließlich würde ich alle Hotelmitarbeiter in der Dämmerung auf dem Parkplatz versammeln, sie auf und ab hüpfen und dabei rufen lassen: »Der Gast hat immer recht, selbst wenn er nicht recht hat.« Ich würde es die Mitarbeiter so lange praktizieren lassen, bis sie es begriffen hätten, selbst wenn es jeden Morgen eine Stunde dauern würde. Und jenen, die es nicht begreifen, würde ich einen Busfahrschein zum Marriott kaufen.

Das Leben ist wirklich so einfach. Denken Sie sich in die Dinge hinein, die die Menschen wollen, beobachten Sie, was Sie von anderen nicht bekommen, und bieten Sie es an, und dann berechnen Sie es.

Im Dollar-Tanz des Lebens gibt es einen weiteren Punkt, von dem ich möchte, daß Sie sich darauf konzentrieren. Denn er wird lebenswichtig für Sie, während Ihr Überflußbewußtsein wächst. Die Welt ist reich, sehr reich – besonders die westlichen Demokratien. Wenn Sie nun dieses Buch lesen, so ist es mehr als wahrscheinlich, daß Sie in einer dieser Überflußgesellschaften leben. Tun Sie es nicht, so ziehen Sie um. Um Reichtum zu haben, müssen Sie sich in Dimensionen begeben, in denen Überfluß *vorhanden* ist.

Es ist so, daß die Menschen dazu neigen, sich lediglich auf das zu konzentrieren, woran Mangel besteht. Sie konzentrieren sich weniger darauf, was vorhanden ist, was real ist oder was tatsächlich da ist. So haben wir zum Beispiel zur Zeit in den Vereinigten Staaten ungefähr sechs Millionen Arbeitslose. Und es gibt eine erwerbstätige Bevölkerung von ungefähr 105 Millionen Menschen, was bedeutet, daß 99 Millionen nicht arbeitslos sind. Diese verdienen durchschnittlich im Jahr 20 000 Dollar. Aber viele von ihnen verdienen viel, viel mehr. Tatsächlich sind über eine Million von ihnen Millionäre.

Nehmen wir also zum Beispiel das Doppelte des nationalen Durchschnittseinkommens als unsere Norm – also 40 000 Dollar –, und versuchen wir einmal herauszufinden, wie viele Menschen in Amerika über dieses Einkommen verfügen. Sie würden erstaunt sein festzustellen, daß es mehr Leute mit einem Jahreseinkommen von mindestens 40 000 Dollar gibt als Arbeitslose. Das bedeutet, daß auf jeden erwerbsfähigen arbeitslosen Amerikaner mehr als ein Amerikaner kommt, der im Überfluß lebt und tatsächlich mehr als das Doppelte des nationalen Durchschnitts verdient. Diesen Maßstab kann man auf fast alle westlichen Demokratien anwenden.

Das Ego/die Persönlichkeit des einzelnen tendiert dazu, sich an einem Fleck niederzulassen und sich mit dem zu umgeben, was ihr bekannt ist, selbst wenn ihr bekannt ist, daß dies nicht so angenehm ist. Aber zu den Eigenschaften der Wohlhabenden gehört es, daß sie oft ihren Standort wechseln. Und auf dieselbe Weise, wie auch der Überfluß in der Natur verteilt ist – einige Orte sind grün mit guter Vegetation, andere sind Wüste. Der Überfluß der Welt tendiert dahin, sich an bestimmten Orten anzusammeln. Märkte kommen und gehen, Werte steigen und fallen. Um heutzutage ein Teil davon zu sein, brauchen Sie gute Verbindungen, zuverlässige Informationen und ein paar schnelle Beine.

Erfolgreiche Menschen sind normalerweise lebhafter als nicht erfolgreiche. Die geistige Beschleunigung, die sie fühlen, kommt aus ihrer Kreativität, und der Erfolg trennt sie von den härteren Ausblicken des Lebens – das bringt sie in Fluß.

So bewegen sich die lebendigen Menschen, eben aufgrund ihrer Natur, schneller, gehen mehr Risiken ein und investieren mehr in der Welt als ihre weniger aktiven Gegenspieler. Sie haben sich sozusagen verbunden. So sind sie berechtigt, mehr im Fluß zu sein, und haben einen freieren Lebensstil. Nicht etwa, weil jemand kleine Verdienstzeichen des Glücks austeilt, sondern weil jenen mit mehr Energie natürlich noch mehr Energie zufließt.

Alles, was Sie tun müssen, ist, sich anzuschließen! Vielleicht haben Sie dies bereits getan. Vielleicht müssen Sie sich nur Ihr Tun ein wenig aufpolieren und den Brennpunkt auf Ihre Absichten richten. Es ist sehr wahrscheinlich, daß viele von Ihnen sich nur um Haaresbreite davon entfernt befinden. Warten Sie. Geben Sie nicht auf. Wenn Sie lange genug und stark genug die Dinge angehen, so werden Sie entdecken, daß das System irgendwann austeilt. Zu viele geben vor der letzten Zahlung auf.

In der Zwischenzeit müssen Sie an Ihrer Energie arbeiten, denn auf dieser Stufe ist Ihre Währung Energie, sonst nichts. Während Sie Ihre Energie erhöhen, zeigen sich auch die Menschen. Und dann wird es bequem für Sie sein, ihnen

Rechnungen zu präsentieren. Es ist nichts weniger kompliziert als das. Wenn Sie stärker werden, wird es für Sie leichter und immer leichter.

Lassen Sie uns fortfahren und uns Ihre Energie betrachten und sehen, wie Sie sie anheben können.

5

Geldmachen ist ein Stück Kuchen – ein Stück Schokoladenkuchen

Was Sie geben, ist, was Sie bekommen, und der Grund, warum viele Menschen wenig Geld haben, ist, daß sie wenig oder nichts geben. Wenn Sie wirklich den Dollar-Tanz des Lebens mitmachen, werden Sie sich daran gewöhnen müssen, fast ständig Energie zu schaffen.

Bevor Sie aber einen Finger rühren, lassen Sie uns die Qualität Ihrer Energie näher betrachten, die Sie abgeben, so daß Sie selbst - wenn sich Ihre Energie mit der Energie des Lebens um Sie mischt - nur noch geringe Energie erschaffen müssen, aber eine große Menge davon erhalten. Andernfalls verurteilen Sie sich selbst zu einem Leben grausamen Kampfes - einem Leben, in dem Sie bei jeder Bewegung erkennen, daß die Welt in kommerziellen Begriffen nicht auf das reagiert oder das akzeptiert, was Sie anbieten.

Überflußbewußtsein ist ein Stück Kuchen - Schokoladenkuchen. Es zu bekommen ist ein natürlicher Teil Ihres *Modus.* Wir müssen uns die drei Hauptpunkte und Ihre Einstellung zu diesen Themen einmal ansehen.

Intellektueller Überfluß
Emotionaler geistiger Überfluß
Physischer kommerzieller Überfluß

Wenn Sie an unsere Gesellschaft denken, sehen Sie, daß die ältere Generation, hinter der harte Zeiten liegen, oft der Ansicht ist, daß Notzeiten vorherrschen. Unsere gesamte Kultur und selbst unsere Sprichworte sagen dies aus. ›A stitch in time saves nine.‹ (Ein Stich zur rechten Zeit erspart neun weitere.) ›A penny saved is a penny earned.‹ (Ein gesparter Pfennig ist ein verdienter Pfennig.) ›The meck shall inherit the earth.‹ (Die Sanftmütigen werden die Erde erben.) (Ich traf die Sanftmut einmal. Es war ein jüdischer Anwalt in Philadelphia. Er ist reicher als Gott.)

Wie oft haben Sie gehört, daß Sie, um Geld zu verdienen, hart arbeiten müssen? Wer hat Ihnen das erzählt? Die Leute, die es Ihnen erzählten, hatten ein hartes Leben. Sie wollten, daß Sie dieselben Erfahrungen machen, so daß Sie zu ihnen gehörten und sie sich nicht einsam fühlten. Die Leute, die Ihnen die Idee vom Kampf des Lebens verkaufen wollen, wissen aufgrund dieses Kampfes wenig oder gar nichts darüber, wie man es schafft. Am besten lassen Sie sich von ihnen keine Ratschläge geben.

Die Vorstellung, daß harte Arbeit und Kampf unvermeidbar sind, ist natürlich Unsinn. Im Innern der Überflußenergie gibt es keinen Kampf, nur Fluß. Wenn Sie kämpfen, so muß etwas an Ihrem Denken oder an Ihrem *Modus* geändert werden. Anstrengung ist ein natürlicher Teil unseres physischen Zustandes, aber Kampf ist eine emotionsgeladene Anstrengung, und das ist unnatürlich und nicht gottgewollt. Sie brauchen das nicht.

Es ist nicht überraschend, daß wir kämpfen, denn alle Institutionen, die den Informationsfluß an die Menschen kontrollieren – sei es die Religion, die Medien oder die Bürokratie –, müssen sich auf den Hauptnenner berufen. Kein Politiker kann sich an sein Rednerpult stellen und die Wahrheit sagen, wie zum Beispiel: »Dieses Land lebt wirklich im Überfluß. 95 Prozent der Menschen geht es wirklich gut. Laßt uns nicht so sehr um die Versager sorgen, davon gibt es ohnedies nicht so sehr viele.«

Also muß ein Teil Ihres Überflußintellekts die großen Lebenslügen hinter sich lassen – die Lügen, die durch die

Vorstellung von Tick-Tock in die Welt gesetzt werden. Solch eine Vorstellung wird sich nie damit einverstanden erklären, daß die Dinge tatsächlich in Ordnung sind, selbst wenn sie es auch eines Tages werden. Die Konzepte von Tick-Tock müssen ein dauerndes Unbehagen abstützen, um jedermann unter Kontrolle zu halten.

Die Institutionen der Welt, wie auch die Vorstellung des durchschnittlichen Menschen, haben ein allgemein zugestandenes Interesse daran, ihre Ansichten hübsch tief zu hängen. Auf diese Weise braucht sich niemand allzusehr anzustrengen. Und wenn sie versagen, so macht es nicht allzuviel.

Stellen Sie sich vor, daß politische Führer plötzlich aufstehen und sagen: »Überfluß ist natürlich, und jeder, der keine 100 000 Dollar im Jahr verdient, wird für seinen Mangel an Anstrengung bestraft.« Dieser Wahlspruch würde wie Felsbrocken treffen. Aber tatsächlich ist dies, metaphysisch betrachtet, genau das, was tatsächlich passiert. Diejenigen, die wenig oder nichts schaffen, werden durch ihre Lebensumstände bestraft, denn der Reichtum ihrer Möglichkeiten wird ihnen vorenthalten. Auf diese Weise können sie alle falschen Umstände erzeugen, die sie wollen. Aber am Ende ist die Wahrheit die Wahrheit. Sie liegt offen und ist für alle zu erkennen, so, als ob jemand ein fettes spanisches Omelett auf Ihre Brust fallen läßt. Man kann es nicht ignorieren.

Reichwerden müssen Sie zunächst intellektuell akzeptieren. Sie müssen ›reich‹ denken. Dies wird auf zwei Wegen erreicht. Zuerst erzeugen Sie niemals eine Gedankenform von Verknappung und Mangel in Ihren Lebensumständen, und dann billigen Sie nie Armut für andere. Als ein Teil dieser Bewußtseinsveränderung beginnen Sie, sich mit dem Reichtum der Dinge zu verbinden und ihn anzuerkennen. Wenn also auf der Autobahn eine wunderschöne Limousine an Ihnen vorbeifährt, so sollten Sie nicht denken: ›Kapitalistischer Lackaffe, ist bestimmt ein Gauner‹, sondern stellen Sie sich vor, wie elegant diese langen Limousinen aussehen und wie leicht sie zu haben sind.

Zudem ist es wichtig, daß Sie nie den Erfolg eines anderen als die Bestätigung Ihres eigenen Mangels ansehen. Wenn Sie von einem Freund hören, dem es gutgeht, so ist es natürlich leicht, seinen Erfolg im Zusammenhang damit zu sehen, daß es Ihnen vielleicht weniger gutgeht. Es ist nur eine Frage des Intellekts. Wenn es Ihrem Freund gutgeht, so können Sie einen Gedanken entwickeln, der seinen Erfolg als Bestätigung dafür ansieht, daß die Welt wirklich ein kreativer Ort ist. Sein Erfolg sollte Sie anspornen, denn wenn dieser Bursche es schafft, dann können Sie es auch.

Aber Sie müssen Ihrem Denken erlauben, sich so auszuweiten, daß es die Vorstellung akzeptiert, daß absoluter Überfluß natürlich ist. Das kann schwierig sein, da wir durch tausendundeine Nachricht auf Mangel programmiert sind. Darüber hinaus werden wir durch das konstante Bombardement beeinflußt, das die Mittelmäßigkeit uns als Wahrheit anbietet. Sie sind nicht nur ein Produkt all dieser Informationen, sondern Sie sind auch ein Produkt der vielen Einflüsse, derer Sie sich gar nicht bewußt sind.

Ihr Verstand nimmt alle bewußten Ereignisse auf und speichert sie, aber er nimmt auch Informationsteile unbewußt auf. Oft ist es Ihnen nicht möglich, sich bewußt mit unbewußten Einflüssen nicht einverstanden zu erklären. Sie stehen vielleicht im Supermarkt mit vollem Einkaufswagen und fühlen Überfluß, während jemand drei oder vier Gänge weiter eine Dose Bohnen aus dem Regal nimmt, sie anschaut und sagt: »Das darf doch nicht wahr sein! Die Welt geht unter. Das kann ich mir nicht leisten.« Selbst wenn dieser Kommentar 40 Dezibel unter der normalen Lautstärke abgegeben wird, sie ihn also nicht hören, findet er Eingang in Ihr Denken und kann einen Teil Ihrer Wirklichkeit bilden.

Nun glauben Sie vielleicht, daß Sie in Ihrem Denken

durch die Energie anderer nicht beeinflußt werden können, aber Tatsache ist, daß es doch so ist. Alles, was Sie denken oder fühlen, wird von Ihrer Lebenserfahrung geformt, und jene Erfahrungen sind eine Reflexion dessen, was Ihr Bewußtsein zu dieser bestimmten Zeit für Sie bereithält. Dieses Bewußtsein war und ist immer noch das Produkt dessen, von dem Sie glauben, daß es wahr ist. Also ist es absurd, anzunehmen, daß Sie nicht durch das Denken anderer beeinflußt werden. Denn wenn Sie jede Erfahrung Ihres Lebens zurückverfolgen und aufdecken, werden Sie verstehen, wie sie entstanden ist – und wie sie Sie erreichte. Früher oder später werden Sie verstehen, wie diese Erfahrung dorthin gelangte, und Sie werden erkennen, daß sie von jemand anderem stammte.

Die Erfahrung eines Durchschnittsmenschen auf dieser Erde ist sehr begrenzt. So reist zum Beispiel nur eine Minorität des Volkes außerhalb seines eigenen Landes, und noch ein kleinerer Prozentsatz besucht mehr als vielleicht zehn fremde Länder. Und trotzdem hat jeder eine Meinung darüber, was in der Welt vor sich geht, selbst wenn sie überhaupt gar keine Ahnung davon haben, worüber sie reden. Ich mag diese Untersuchungen, in denen der Mann auf der Straße gefragt wird, was er über den Persischen Golf oder über was immer denkt. 60 Prozent der Befragten sagen, die Regierung versaut alles, 32 Prozent sagen, geht in Ordnung, und acht Prozent sagen: »Ich weiß nicht.« Ich hege tiefsten Respekt für die ›Ich weiß nicht‹, denn dies sind die einzigen, die tatsächlich die Wahrheit sagen.

Und so ist es auch mit dem Überflußdenken. Alles, was Sie lernten, stammt von jemand anderem. Es ist sehr wahrscheinlich, daß das, was Sie gelernt haben, extrem entnervend und von der Meinung anderer gefärbt war. Sie nahmen es jedoch als Ihre Realität an und projizierten es aus Ihrem Bewußtsein. Stück für Stück begannen die Umstände, die Sie in Ihrem Leben erfahren haben, das zu reflektieren, das Sie glaubten. So konnten Sie diesen Glauben mit persönlichen Erfahrungen unterlegen, zum Beispiel, wenn Sie sagten, daß Geldverdienen harte Arbeit sei.

So, jedesmal, wenn Sie gerade kurz davor sind, schnelles Geld zu machen, kommt etwas dazwischen, das dies sabotiert, und Sie leben in einer Realität, die kurz vor der letzten Auszahlung endet. Intellektuell ist dies oft nur schwer zu verstehen. Nachdem diese Art Zwischenfall innerhalb einiger Jahre drei- oder viermal passiert ist, haben Sie plötzlich Angst vor dem Leben – es sei denn, Sie widersprechen sehr energisch jener Energie.

Dollar-Tanz 5

»Geld ist ein wichtiges psychisches Symbol für Sicherheit, und jeder Gedanke, der Ihre Unsicherheit beschäftigt, beeinflußt Ihre Fähigkeit, zu Geld zu kommen. Geld fließt in Richtung Stabilität und fort von der Instabilität.«

Um ein Denken festzulegen, das stark genug ist, um das Bombardement der negativen Energie abzuweisen, bedarf es keines komplizierten Verfahrens, aber es erfordert mentale Disziplin. Es bedeutet, daß Sie ständig Ihren Verstand überwachen und Ihre eigene Negativität und die Negativität anderer überwinden müssen. Wenn Sie zum Beispiel Ihre Gedanken für eine Stunde pro Tag verfolgen, werden Sie darüber erstaunt sein, daß Sie sechs bis zehn Unsicherheitsgedanken pro Stunde haben.

Diese Gedanken können Ihre Gesundheit, Ihre Sicherheit oder eine Verletzung betreffen. Es können aber auch verschiedene Sorgen über Geld sein. »Wird mein Auto gestohlen, wenn ich es hier stehenlasse?« Oder sie werden lediglich verschiedene Ausstrahlungen der allgemeinen Unsicherheit betreffen, von denen der Verstand annimmt, daß sie real sind. Während Sie dann Ihre Gedanken sorgfältig beobachten, stellen Sie fest, wie viele dieser Unsicherheiten mit Geld zu tun haben. Sie werden bemerken, daß sich der Verstand ständig damit befaßt, daß ihm etwas gestohlen werden oder verlorengehen könnte – wird es genug geben? Was passiert, wenn alles zusammenbricht usw.

Wenn Sie weggehen, um ein Geschäft abzuwickeln, und dieses dann platzt, so kann der Verstand nicht logisch nachvollziehen, was da passiert ist. In Ihr Bewußtsein dringen dabei jedoch Hunderte oder gar Tausende negativer Eingaben, die Ihr Vertrauen zerstören und Ihre psychische Stabilität ruinieren. Wenn Sie dieses beschädigte Selbstbewußtsein in die Lebensumstände einbringen, so ist es nur natürlich, daß diese Umstände bald dieselbe Unsicherheit reflektieren werden.

Es ist für Menschen schwer zu verstehen, daß diese beiden Aspekte ihres Lebens, die anscheinend nichts miteinander zu tun haben, tatsächlich in Beziehung stehen. Da Geld ein wichtiges psychisches Symbol für Sicherheit ist, beeinflußt jeder Gedanke an Unsicherheit Ihre Fähigkeiten, an Geld zu kommen. Diese Gedanken erzeugen in Ihrer Energie Instabilität. Das Geld fließt in Richtung Stabilität und fort von der Instabilität.

Die negative Plünderung Ihres Selbstvertrauens gibt deutliche Zeichen ab, die von anderen sofort aufgenommen werden. Diese Zeichen erinnern sie an ihre eigene Verwundbarkeit. Die Menschen wollen sich von ihrem Geld nur trennen, wenn sie sich sicher fühlen. Besteht auch nur der geringste Zweifel, so machen sie sich aus dem Staub.

Um diesen Aspekt Ihres Lebens zu heilen, müssen Sie üben, sich sicher zu fühlen, selbst wenn es keine Anzeichen dafür gibt. Sie müssen sich mit der Unsicherheit der Dinge einrichten und sich dabei wohl fühlen. Äußern Sie nie Negatives, selbst wenn die Dinge nicht zum besten stehen. Ihre Welt verändert sich, es gibt immer ein Morgen, und alles wird am Ende gut laufen. Wenn Sie einen größeren finanziellen Rückschlag erlitten haben, so können Sie sich sagen, daß Sie gescheit genug waren, das Geld zunächst überhaupt einmal verdient zu haben. Nun bewegt sich Ihre Energie nach oben, und Sie werden in ganz kurzer Zeit den Verlust wieder ersetzen können. Machtvolles Bewußtsein in bezug auf Leben und Geld ist nur eine Angewohnheit. Ändern Sie Ihre Gewohnheiten, wenn dies notwendig ist. Es ist wirklich einfach.

Um es im Leben zu etwas zu bringen, müssen Sie sich wahrscheinlich anstrengen und in Bewegung bleiben, denn das System ist gegen Sie. Um wohlhabend zu werden, müssen Sie die Kraft Ihres *Willens* einsetzen und in die Kontrollblase eindringen, die uns umgibt. Es ist eine Tatsache, daß 96 Prozent der arbeitenden Amerikaner sich mit einem Nettoeinkommen von gerade 400 Dollar zur Ruhe setzen. Das ist erschreckend. Von den verbleibenden vier Prozent sind zwei Prozent wohlhabend und weitere zwei Prozent sehr reich. Warum ist das so?

Das ist so, weil Ihnen bei jeder Gelegenheit Geld abgenommen wird. Sie zahlen 24 Stunden am Tag Steuern. Alles, was Sie tun, wird besteuert. Das System ist so konstruiert, daß niemand tatsächlich herausfinden kann, wieviel Steuern er bezahlt. Man kann schließlich nicht bei jedem Kauf herausfinden, wieviel Steuern anteilig im Preis enthalten sind.

Jedesmal, wenn Ihnen ein Dollar abgenommen wird, verlieren Sie den Nutzen dieses Dollars für den Rest Ihres Lebens. Das System saugt 40 bis 50 Prozent eines jeden Einkommens jährlich ab. So kontrolliert die Regierung den größten Teil des Kapitals. Sie beschäftigt auch die meisten Menschen. Die Hälfte der Beschäftigten wird von Behörden oder von Firmen beschäftigt, die ausschließlich Verträge mit dem System schließen. Der öffentlichen Hand gehört fast der gesamte Grund und Boden – nur ein sehr kleiner Prozentsatz befindet sich in privater Hand. Zudem kontrolliert und reguliert die öffentliche Hand den Markt. Sie ist wie die Mafia.

Aber im Tick-Tock sind die Menschen zu apathisch, sich gegen diesen Blödsinn aufzulehnen und erfolgreich zu werden.

Dollar-Tanz 6

»Die beste Rache ist: Lassen Sie es sich gutgehen.«

Wie kann sich ein durchschnittlicher Mensch frei fühlen und ein Überflußbewußtsein entwickeln, wenn das System die Hälfte seines Gewinns kassiert und jeden seiner kommerziellen Schritte kontrolliert? Was tut die Demokratie unter diesen Umständen tatsächlich für Sie? Sie können vielleicht von Zeit zu Zeit wählen, was sicher besser ist, als überhaupt kein Wahlrecht zu besitzen. Aber was nutzt das, wenn Sie nicht kontrollieren können, was diese von Ihnen gewählte Pflaume erst macht, wenn sie im Parlament sitzt?

Der Durchschnittsmensch läuft schließlich, nachdem er feststellt, daß er das System nicht schlagen kann, einfach davon. Es ist nicht erstaunlich, daß die meisten Menschen politisch apathisch sind. Was können sie sonst tun? Aber Apathie ist eine Qualität, die von den Regierungen sehr geschätzt wird, denn eine schlafende Bevölkerung liest nicht das Kleingedruckte. Auf diese Weise ist Tick-Tock leicht zu kontrollieren.

Im Laufe der Jahre haben sich die Kräfte vereint, die jede unserer kommerziellen Aktivitäten einschränken und besteuern. Niemandem macht es etwas aus, einen Teil seines Einkommens für die Allgemeinheit zu zahlen. Aber im Laufe der Zeit hat im System eine wahre Inflation stattgefunden, und Tausende von regulierenden Behörden existieren inzwischen, um die Früchte unserer Arbeit zu ernten und die Kontrolle über das System zu sichern. Sie sind frei wie ein Vogel, solange Sie nicht irgend etwas wollen. Aber wenn Sie auf die andere Straßenseite wechseln und eine

Pizzeria eröffnen wollen, steigen 20 Behördenvertreter mit Ihnen ins Bett. Die unabhängigsten Geschäftsleute in diesem Land arbeiten im wesentlichen für die Behörden.

Denken Sie doch einmal an folgendes: Das gesamte Geld der Welt gehört tatsächlich der öffentlichen Hand. Es gehört ihr. Sie druckt es, und selbst wenn sie ein kleines bißchen davon an uns abgibt, damit wir damit spielen können, so hat sie doch verdammt sichergestellt, daß sie es irgendwann zurückbekommen wird. Was Sie besitzen, ist lediglich ein Kredit der öffentlichen Hand. Er kann Ihnen ohne Kündigungsfrist wieder entzogen werden.

Es ist kein Wunder, daß der Mann auf der Straße nicht wirklich daran glaubt, daß die Welt in Überfluß lebt. Denn er arbeitet in einem System, das ihm den Saft aus dem Leben absaugt und es ein bißchen öde zurückläßt. Natürlich haben die Kräfte, die die Kontrolle ausüben, nicht dasselbe Problem. Wir leben in einer Welt, in der viele immens reich sind, während der Rest sich abmühen muß oder gerade sein Auskommen hat. Aber für Otto Normalverbraucher ist es schwer, einen Überschuß zu erwirtschaften.

Was ist zu tun? Es gibt nichts, was Sie tun können. Es ist so, wie es ist. Es kostet zuviel Energie, sich darüber aufzuregen. Sie haben vier Optionen. Sie können erstens ein Rädchen im Getriebe sein und sich damit abfinden. Alternativ dazu können Sie sich vielleicht mit den privilegierten Klassen arrangieren, sich an das freie Geld hängen und dem Pentagon Kaffeekannen für 1000 Dollar das Stück liefern. Drittens können Sie als ein ›Freak‹ außerhalb des Systems leben. Oder schließlich können Sie in unvorteilhaften Umständen leben und daraus einen Erfolg machen. Die größte Revanche ist es jedoch, es sich gutgehen zu lassen.

In all diesem Unsinn gibt es aber eine erlösende Gnade. Obwohl die Regierung die Hälfte Ihres Geldes kassiert, ist es immer noch möglich, mit der anderen Hälfte, die man Ihnen läßt, ein unsagbares Vermögen zu machen. Die Steuern und Vorschriften verzögern lediglich das Erreichen Ihrer finanziellen Freiheit, können dies jedoch nicht vollständig verhindern. Es kommt also darauf an, daß Sie sich von der Situation nicht zu stark beeinflussen lassen und sich unabhängig von allem anderen Ihrem Ziel zuwenden. Also frei nach dem Motto der Römer: *Non illegitimati carburundum* – oder etwas frei übersetzt: »Laß dich von den Kerlen nicht unterkriegen!«

Auf dieselbe Weise, wie Sie sich sicher fühlen müssen, selbst wenn Sie es nicht sind, erfordert es die Situation, daß Sie sich in Ihrem Herzen finanziell frei fühlen, obwohl dies – zumindest zu Beginn Ihrer Karriere – normalerweise nicht der Fall ist. Sie müssen verstehen, daß es im Leben keine Garantien gibt, keine absolute Sicherheit und normalerweise keinen einfachen Weg zu finanziellem Erfolg. Es erfordert einige Anstrengung. Die Jagd des Verstandes nach Sicherheit ist absurd – er wird sie nie erreichen, und die Irritation des ständigen Suchens nach Sicherheit wird die bereits vorhandene Stabilität zerstören.

Deshalb ist es einfacher, sich damit abzufinden, daß man keine Sicherheit benötigt. Man braucht noch nicht einmal ein System, das einem wohlgesinnt ist. Alles, was man je braucht, ist, was man bereits besitzt, nämlich Kreativität und Energie. Sie müssen nicht unsterblich werden, um sicher zu sein. Alles, was Sie zu tun haben, ist, sich klarzumachen, daß das, was Sie jetzt sind, für Ihre Sicherheit ausreicht und mehr als genug ist, Sie für den Rest Ihrer Tage, trotz der Umstände, im Überfluß zu halten. Sie brauchen nur *sich selbst* und Ihre innere Zufriedenheit.

Als nächstes führen Sie Ihr Denken aus der Massenunzufriedenheit des Lebens, und Sie werden sehen, daß das Gesetz des Universums, das unser Schicksal bestimmt, tatsächlich absolut fair ist. Das Leben ist fair, selbst dann, wenn es nicht fair ist. Und obwohl der Verstand von Tick-Tock darauf bestehen wird, daß Unglück und Glück wirklich sind, so wird diese Ansicht, wie sie von Millionen geteilt wird, noch nicht zur Wahrheit. Es ist eine Ansicht. Ich gebe zu, daß auf bestimmten Ebenen die Tick-Tock-Menschen fast keine Kontrolle über ihre Angelegenheiten ausüben und sich so fühlen, als wenn sie den Launen des Glücks ausgeliefert seien. Es gibt jedoch eine Ebene des Tätigseins, die etwas jenseits von Tick-Tock liegt und in der man die absolute Verantwortung für die Umstände des eigenen Lebens akzeptiert und versteht, daß man durch das korrekte Projizieren von Bewußtsein und Aktionen in die Realität diese Realität beherrschen, ihre Einschränkungen überwinden und jede Richtung einschlagen kann, die man will. Die Tatsache, daß eine Million Menschen neben Ihnen dies nicht wissen, gibt denen nicht recht und Ihnen unrecht.

Zudem garantiert Ihnen die projizierte eigene Kraft die einzige Sicherheit, die Sie je benötigen werden. Denn die Metaphysik des Weltgesetzes wird in der Bewegung fair, denn Sie leben nur in einer mentalen, emotionalen und spirituellen Projektion dessen, was Sie sind. Was Sie also erhalten, gehört Ihnen. Die Ereignisse gehören Ihnen persönlich, und auf dieser Ebene wird das Leben einfach, denn Sie verschwenden keine Energie, keinen Gedanken daran, sich zu fragen, warum das so ist. Alles ist offensichtlich. Und in der natürlichen Wahrheit der Dinge ist es auch offensichtlich, was zu tun ist. Das Leben bekommt einen neuen Sinn, denn es macht Sinn für Sie, das Leben so zu leben.

Um eine Menge Geld zu machen, müssen Sie sich entscheiden, auf eine bestimmte Art etwas anormal zu werden. Denn normale Menschen sind selten erfolgreich, und der Erfolg, an dem sie sich erfreuen, wird oft durch Unbehagen in ihrem Leben verdorben. So ist also das viele Geld, das sie machen, für sie nutzlos und hält sie oft noch tiefer im Ghetto ihres Verstandes gefangen.

Mit anormal meine ich nicht, daß Sie verrückt werden sollen, sondern lediglich, daß Sie ein Überflußbewußtsein aufbauen sollen, das sich von der Denkungsart der meisten Menschen unterscheidet. Was Sie versuchen müssen, ist,

Ihr Gefühl und Agieren zu ändern – und zwar nicht nur aus monetärer Sicht, sondern auch aus der spirituellen und physischen Gesamtsicht, aus der Sie das Leben betrachten. Sie werden versuchen, ein wirklich unabhängiges Lebewesen zu werden – und Überfluß ist ein Aspekt dieser Unabhängigkeit. Wenn Sie den Gelderwerb in Ihre spirituelle Suche mit aufnehmen, so erhalten Sie dadurch einen zusätzlichen Antrieb. Der Gelderwerb nur des Gelderwerbs wegen kann fade und langweilig werden, aber wenn Ihr finanzieller Erfolg in Verbindung mit Ihrem geistigen Wunsch nach wahrer Unabhängigkeit steht, dann erhalten Ihre Gelderwerbsbemühungen eine Art Weihung.

Die Menschen beachten dies oft nicht. Das geht zurück auf das bereits angesprochene Thema, daß die Menschen dazu neigen, Geld als nicht spirituell zu betrachten. Das liegt daran, daß besonders in alter Zeit die Hauptreligionen gelehrt haben, daß Armut heilig und Wohlstand nicht heilig sei. Als vor langer Zeit die Hauptreligionen gegründet wurden, bestand die Gesellschaft aus Königen, dem Landadel und allen übrigen Menschen. Die Religionen benötigten Mitglieder, um überleben zu können. Und so wandten sie sich natürlich an das gemeine Volk, das fast ausschließlich schrecklich arm war. Um die Zuneigung der Massen zu erreichen, mußte Armut gut sein – sogar noch besser als gut. Denn wenn die Armen fragen würden: »He, warum läßt euer Gott mich hungern?«, dann gäbe es darauf keine vernünftige Antwort. Deshalb versprachen die Religionen den Armen einen besonderen Platz im Himmel, was etwas einfacher war, als herauszufinden, wie man die schrecklichen Lebensumstände der Menschen ändern könne.

Wenn Sie sich nun unseren Planeten besonders in der modernen Zeit anschauen, so können Sie erkennen, daß wir an einem Ort wohnen, der ungewöhnlich üppig ausgestattet ist. Wie bereits gesagt, gibt es von allen Dingen einen Überschuß. Das Klima ist angenehm; die Meere sind zum größten Teil voller Reichtum, und es gibt alle Energiestoffe,

Mineralien und Chemikalien, die wir je benötigen werden. Die Sonne scheint auf unser Land und garantiert uns einen riesigen Reichtum. Es gibt mehr Lebensmittel, als wir je essen können. Es gibt mehr Wohlstand, Kreativität und Mittel, als wir je aufbrauchen können.

Nun überlegen Sie: Warum sollte Gott und die Gotteskraft uns in einen solch unglaublichen Wohlstand und Überfluß – den sprichwörtlichen Garten Eden – stellen und von uns erwarten, arm zu sein und Mangel zu ertragen? Das gibt keinen Sinn. Es ist natürlich, daß wir die Mittel um uns nutzen und allmählich im Überfluß leben. Gott muß dies als eine große Wahrscheinlichkeit angesehen haben. Betrachten wir die Umstände, in denen wir leben, so ist Reichtum natürlich.

Dies philosophisch als falsch und die Armut – die so *unnatürlich* ist – als richtig hinzustellen, bedeutet eine begriffliche Verdrehung. Das kann zwar bestimmten Interessen dienen, aber nach dem Gesetz des Universums, daß das Natürliche regiert, kann es so nicht wahr sein. Stellen Sie sich einen Gott vor, der die Arbeitslosen und die Lebensmittelmarken als heilig und gut ansieht und die Eröffnung einer Fabrik, die vielleicht 100 Familien Kreativität und Wohlstand garantiert, als falsch betrachtet. Man muß das sehen – es ist einfach nicht wahr!

Aber wir glaubten das ganze Zeug, und der Grad, bis zu dem wir dies glaubten, ist wahrscheinlich der, auf dem wir uns heute finanziell wiederfinden. Gehen Sie davon aus, daß der größte Teil dessen, was Ihnen als wahr beigebracht wurde und was Sie so gern in Ihrem Bewußtsein halten, zu zwei Dritteln oder vier Fünfteln wahrscheinlich absurd ist.

Der Unsinn und die Schwäche, die Sie aufnahmen, ist jedoch ein Geschenk, denn dies erlaubt Ihnen aufzusteigen. Es ist für Sie eine Herausforderung, über sich selbst hinauszuwachsen. Innerhalb der Schwierigkeit dieses gespaltenen Bewußtseins können Sie transzendieren und sich ändern, so daß Ihr Leben zum Ausdruck massiver Energie wird. Das

Vergnügen, auf der Suche zu sein, gibt Ihrem Leben Sinn, was sich natürlich erheblich vom bloßen Überleben unterscheidet.

Denken in großem und reichem Maßstab wird Ihnen helfen, die Armut der Welt zu überwinden, aber das ist nicht alles, was Sie brauchen werden. Um wirklich finanzielle Kraft zu entwickeln, müssen Sie wahrscheinlich in einer Realität leben, die sich vom Status quo unterscheidet. Der Status quo will Sie und den Rest der Welt unter Kontrolle halten. Daraus müssen Sie ausbrechen.

Wenn Sie hinausgehen und die Preise anschauen, sehen Sie lediglich eine Gedankenform, so wie die Leute das ansehen. Es ist nicht notwendigerweise wirklich. Der Markt ist so eingerichtet, weil es im Bewußtsein der Händler vernünftig ist, Ihr Geld zu nehmen. Es gibt ein ungeschriebenes Gesetz zwischen dem Erzeuger, dem Großhändler und dem Einzelhändler, das bestimmt, wieviel sie dem Käufer berechnen können. Märkte sind darauf eingerichtet, den Status quo zu etablieren und davon zu profitieren.

Selbst in freien Märkten sind die Preise relativ fest. Wenn Sie in ein Geschäft gehen und Ihnen ein Sonderangebot mit 20 Prozent Nachlaß angeboten wird, so sieht das zunächst so aus, als wenn man Ihnen etwas schenkt. Aber worauf bekommen Sie den Rabatt? Auf die Gedankenform des Marktes. Der Preis ist ein Produkt der Emotion. Es gibt keinen wahren Wert für irgend etwas. Aber die Märkte werden so gelenkt, daß eine Ansicht oder Gedankenform – wenn ein Preis erst einmal über eine bestimmte Zeit hinweg etabliert ist – unbeweglich wird. Die etablierte ›Ansicht‹ herauszufordern wird als Ketzerei und eine Bedrohung des Überlebens angesehen. Es führt oft zu einer entgegengesetzten Reaktion, wenn Sie es wagen, die emotionale Manipulation der zahlenden Öffentlichkeit zu bekämpfen.

Würden Sie zum Beispiel an einem Freitag mittag zu Ihrem Nachbarn hinübergehen und ihm 1000 Dollar geben, so würde er sehr erfreut sein. Nehmen wir einmal an, Sie würden dieses Geschenk jeden Freitag neun Wochen lang wiederholen. Dadurch würden Sie in seinen Emotionen einen Status quo etablieren. Inzwischen hat Ihr Nachbar dieses Geldgeschenk in seinen Haushaltsplan aufgenommen. Am zehnten Freitag entscheiden Sie sich dann, kein Geschenk mehr zu machen, ohne jedoch vorher darüber ein Wort zu verlieren, und gehen deshalb auch nicht zu Ihrem Nachbarn. Ihre Entscheidung würde eine negative Reaktion auslösen. Es ist sehr wahrscheinlich, daß er Sie einen Kommunisten und eine Ratte nennen würde, da Sie sich in seinen Überlebensmechanismus eingemischt haben.

Von Zeit zu Zeit können Sie die Norm herausfordern, um sich zu bestätigen, daß Ihre Realität genauso gültig ist wie die aller anderen. In meinen Seminaren rate ich den Teilnehmern, in ein Geschäft zu gehen, ein sehr teures Produkt – vielleicht ein Fernsehgerät – auszusuchen und dann dem Geschäftsinhaber ungefähr 20 Prozent des Ladenpreises dafür anzubieten.

Versuchen Sie es. Tun Sie es eine oder zwei Wochen lang jeden Tag, bis Sie sich dabei wohl fühlen, sich gegen die Seifenblase zu stemmen. Diese Übung lehrt Sie zwei Dinge. Sie bestätigt Ihr Selbstverständnis und erlaubt es Ihnen, eine emotionale Unabhängigkeit zu praktizieren, während der Geschäftsinhaber aus der Haut fährt. Hier steht sein Fernsehgerät, sauber und strahlend, mit einer auf eine kleine Karte gedruckten ›800-Dollar-Gedankenform‹, und Sie drehen sich zu ihm um, blicken ihm gerade in die Augen und sagen: »Vielen Dank, ich nehme es. Hier sind 160 Dollar bar auf die Hand!«

In den nächsten zwei Minuten erleben Sie eine unvergleichliche metaphysische Pantomime. Beginnen Sie, sobald Sie das Angebot machen, das Geld hinzuzählen. Der erste Gedanke des Geschäftsinhabers wird sein, daß Sie Spaß machen. Blicken Sie, während Sie das Geld zählen, nach unten. Das schützt Sie gegen die psychische Kraft seiner Reaktion. Fahren Sie, unabhängig davon, was er sagt, fort und benehmen Sie sich so, als wenn der Handel abgeschlossen wäre. Fragen Sie zum Beispiel, ob er das Gerät frei Haus liefert. Indem sie diese folgenden Aktionen durchziehen, bestätigen Sie Ihre Gedankenform, nämlich: Geben Sie mir dieses Fernsehgerät für 160 Dollar. Seine Reaktion ist ziemlich vorhersehbar. Achten Sie nicht darauf. Gehen Sie zum Fernsehgerät hinüber und nehmen Sie es lächelnd vom Ladentisch. Indem Sie Ihrem niedrigen Angebot eine Aktion folgen lassen, versuchen Sie, metaphysisch in eine Gedankenform einzudringen, statt sie lediglich herauszufordern. Beobachten Sie Ihre Reaktion, wenn der Geschäftsinhaber negativ reagiert. Wir sind alle darauf trainiert, wie Schafe zu folgen. Verhalten Sie sich anders, so fließen Ihre Kindheitserinnerungen aus dem Unterbewußtsein zurück, und Sie fühlen sich als eine ungezogene, schlimme Person, die es wagt, einen Rabatt von 80 Prozent vorzuschlagen. Bleiben Sie gelassen.

Wenn Sie in diesem Spiel dann so richtig Erfahrung gesammelt haben, sollten Sie folgendes versuchen: Gehen Sie mit ein paar Freunden in ein Restaurant und bestellen Sie ein opulentes Mahl. Lehnen Sie es dann, wenn der Ober die Rechnung bringt, ab, sie zu bezahlen. Sagen Sie mit einer lauten Stimme, die jeder hören kann, so etwas wie: »Ich glaube nicht, daß das Essen so gut war. Die Kartoffeln waren etwas kalt.« Bewegen Sie Ihre Freunde dazu, Sie zu unterstützen. Es erfordert eine bestimmte *Willenskraft*, dies zu erreichen, da Sie sich absolut im Unrecht befinden. Aber strategisch gesehen haben Sie den Vorteil, daß das Restaurant das Produkt nicht zurückverlangen kann.

Die Übung besteht hier darin, eine Ansicht zu unterhalten, die der Norm widerspricht, und diese Ansicht ohne Emotionen zu verteidigen. Sie versuchen, nicht streitbar zu sein. Sie praktizieren lediglich eine Ansicht, die sich in einem diametralen Gegensatz zum Status quo befindet.

Das Knabbern am Status quo bringt eine Menge Spaß. Selbst wenn Sie das Essen nicht umsonst bekommen, werden Sie normalerweise einen erheblichen Nachlaß erzielen. Durch das Auflehnen gegen die Seifenblase bestätigen Sie Ihre Selbstanschauung, die einen lebenswichtigen Schlüssel zum Gelderwerb darstellt. Aber dies erlaubt es Ihnen auch, sich daran zu erinnern, daß Ihre Realität genauso gültig ist wie die der anderen – wenn nicht sogar gültiger. Sie üben so, Ihren Standpunkt zu behaupten.

Stück für Stück bewegt sich Ihr Denken von Tick-Tock in eine ungewöhnliche Originalität. Dies wird kritisches Denken genannt. Wenn Sie sich selbst in einer Geschäftssituation wiederfinden, werden Sie Ihr Bewußtsein so trainiert haben, daß Sie ein Dutzend Möglichkeiten erkennen, die niemand sonst bemerkt. Das Stehen außerhalb der Norm ermöglicht Ihnen kreative Freiheit, die Sie in Geld verwandeln können.

Aber wenn das Überflußdenken selbstverständlich wird, gibt es verschiedene Punkte, die Sie beachten müssen. Das Denken in großen Maßstäben ist schon in Ordnung und führt oft zu großen Ergebnissen. Aber in der Größe liegt oft auch die Neigung zum Kollaps. Erlauben Sie mir, dies zu erklären.

Nehmen wir an, daß Ihr jährliches Einkommensniveau bei 100 000 liegt. So beginnen Sie jetzt also, über eine Million nachzudenken. Auf dem Weg von 100 000 zu einer Million müssen Sie ausgeglichen und geduldig bleiben und sich auf die täglichen Dinge konzentrieren, bis Sie irgendwann einmal von Ihrer Arbeit aufschauen und plötzlich Ihre Million erkennen.

Oft jedoch tendieren Menschen, die in großen Zusammenhängen denken, zunächst dazu, sich selbst zu übertreffen, und driften dann in Fantasien ab. Wenn diese ihre Vorstellung dann über das Kontrollierbare hinaustragen, fallen die Dinge auseinander. Während Ihres Aufstiegs müssen Sie sich konzentrieren, denn im Aufsteigen ist die Neigung zum Ungleichgewicht größer. Wenn Ihre Vorstellung weit vorauseilt, neigen Sie dazu, aktuelle Ereignisse und Verantwortlichkeiten zu ignorieren, und lösen dann – wegen des Mangels an Konzentration – alles auf.

Immer wenn Sie sich in Bewegung befinden, sollten Sie sich bewußt sein, daß Sie bei der Bewegung von Punkt A nach Punkt B ein zusätzliches Gegengewicht und sogar eine stärkere Konzentration brauchen. Sie können die Umstände, die Ihnen vertraut sind – zum Beispiel das 100 000-Dollar-Niveau –, kontrollieren und dominieren, da Sie daran gewöhnt sind. Während Sie jedoch auf das Million-Dollar-Niveau zusteuern, verändern sich die Umstände, und Sie werden sich allmählich anpassen müssen, indem Sie in sich eine Energie entwickeln, die Umstände kontrollieren kann, die zehnmal größer sind.

Dollar-Tanz 7

»Konzentrieren Sie sich auf das, was Sie wissen, und auf das, was funktioniert. Erlauben Sie dem Zauber der Aktivität nicht, Sie über das hinauszutragen, was bequem und kontrollierbar ist.«

Oft werden Sie erkennen, daß jemand eine gute Idee entwickelt. Er eröffnet eine Pizzeria und hat Erfolg. Dann versucht er zu expandieren und eröffnet mit geliehenem Geld drei weitere Pizzerias. Die neuen Restaurants benötigen jetzt seine ganze Energie, und die erste Pizzeria beginnt nachzulassen. Er arbeitet jetzt 16 Stunden am Tag, und in dieser massiven Anstrengung wird er weiter aus dem Gleichgewicht geworfen.

An diesem Punkt wird unser Pizzabäcker schließlich von seiner eigenen Aktivität beherrscht. Er trifft die Entscheidung, daß er sich auf dem Zehn-Millionen-Dollar-Niveau befinden sollte, und gründet einen Lebensmittelgroßhandel mit eigener Auslieferung, obwohl er davon nur wenig oder gar nichts versteht. Plötzlich fahren vier Lastkraftwagen mit

Tomaten durch die Nacht, und der Mann ist mit sich selbst zufrieden. Jetzt kann er 24 Stunden am Tag arbeiten und fühlen, daß sich sein Einsatz lohnt. In der Zwischenzeit löst sich die erste Pizzeria langsam auf, während sich in der zweiten Pizzeria der Geschäftsführer aus den Einnahmen bedient. Dann läßt das Tomatengeschäft nach, und eines Tages schaut unser Mann nach oben und sieht, daß ihm gleich zwei Tonnen Salami auf den Kopf fallen werden. Es ist aus.

Der Trick, im großen Maßstab zu denken, ist, Ihrem Verstand zu erlauben, Sie immer weiter aufwärts zu tragen, während Ihre Augen fest auf Ihre Füße blicken. Konzentrieren Sie sich auf das, was Sie wissen, und auf das, was funktioniert. Erlauben Sie dem Zauber der Aktivität nicht, Sie über das hinauszutragen, was bequem und kontrollierbar ist. Denken Sie daran, es eilt nicht. Sie können eine Million in sechs Monaten oder in sechs Jahren erreichen. Es wird für Sie nicht einen allzu großen Unterschied machen, solange Sie auf dem Weg dahin ausgeglichen sind und Ihr Leben genießen.

Tatsächlich gibt das langsame und genußvolle Vorwärtsgehen der Reise mehr Sinn. Sich mit Windeseile auf den Weg zu machen, macht manchmal Spaß. Aber hin und wieder sollte man eigentlich anhalten, um zu bewerten, was man geschaffen hat, und sich die Zeit nehmen, Kontrollen zu entwickeln, damit die künftigen Anstrengungen nicht auf unsicherem Grund gebaut werden.

Der letzte Punkt zum Überflußbewußtsein und zum Denken in großem Maßstab sollte Sie daran erinnern, daß der Verstand nicht an seine eigene Fantasie glaubt. Er ist daran gewöhnt, herumzuwandern und sich Dinge vorzustellen, von denen er weiß, daß sie nicht real sind. Dies gehört zu seinen Unterhaltungen. Wenn Sie also von Ihren Fantasien überrannt werden, gibt Ihr Verstand nach und versagt, wenn er sich darauf konzentrieren soll, was wirklich ist. Nach und nach entwertet das Ego/die Persönlichkeit das, womit Sie gerade beschäftigt sind, und trägt Sie in eine Fantasie-Projektion Ihres Intellekts. Das Ergebnis ist dann, daß Sie mit dem, was Sie haben und was Sie sind, unzufrieden sind. Und Sie beginnen, sich fast ausschließlich darauf zu konzentrieren, was Sie nicht haben.

Während Sie sich nur auf das Irreale konzentrieren, wird es immer unerreichbarer, denn der Verstand weiß, daß Sie nicht ernsthaft auf der Suche sind. Ihre Gedanken sind nur Tagträume, und jeder einzelne von ihnen dient der Bestätigung dafür, daß Sie annehmen, daß Ihre Projektionen und Ziele unerreichbar sind. Dies entfernt Sie nach und nach immer mehr von diesen Zielen, und Sie bewegen sich auf einer Spirale nach unten in eine Stagnation. Die Energie dessen, was Sie haben, wird von Ihrem Verstand weder bestärkt noch bestätigt, so daß dessen Lebendigkeit nach und nach verbraucht wird. Was Sie um sich herum erkennen, wird leer und leblos. Dann wird es für Sie fast unmöglich, sich aus dieser selbstgeschaffenen Todeszone zu Ihren Fantasien zu bewegen. Es sei denn, Sie sind in Ihrem Bewußtsein darauf vorbereitet, sich um 180 Grad zu drehen, was dann oft nicht mehr der Fall ist.

Während die Dinge absterben, stellen sich Apathie und Negativität ein, Enthusiasmus für Ihre Suche geht verloren, was teilweise zum Versagen und oft zu Verwirrung führt. Die zurückliegenden Erfolge sind vergessen, die aktuellen Rückschläge scheinen realer zu sein, und schließlich ergibt sich eine Lebenseinstellung, die Sie für wahr halten. Während Ihre Energie nach und nach abfällt, finden Sie sich selbst im Tick-Tock wieder, und Sie müssen feststellen, daß Sie davon schon wieder voll und ganz vereinnahmt werden.

Seien Sie gewarnt. Expansion ist wünschenswert, aber sie ist auch destruktiv. Allmählich und auf bequeme Weise in Angriff genommen, ist sie eine Freude. Expandiert man jedoch zu schnell, wird der Geist überwältigt und entdeckt dann einen Weg, sich zu befreien. Also werden Sie in Konkurs gehen, sterben, oder Ihre Suche wird sich selbst zerstören. Das brauchen Sie wirklich nicht.

Schauen Sie sich die Wirtschaftsgeschichte der Welt nach dem Zweiten Weltkrieg an. Die Dinge sind wie verrückt expandiert. Es spielte überhaupt keine Rolle, ob wir das Geld dazu hatten oder nicht. Wir haben eine Gesellschaft hervorgebracht, die ruhelos ist und ständig mehr will. Also spucken unsere Regierungen Papiergeld aus, um jeden glücklich zu machen. Niemanden kümmert es, daß ein Nachkriegsdollar inzwischen nur noch vier Cents wert ist. All diese Unausgeglichenheit muß eines Tages bewältigt werden. Eine unkontrollierte Expansion ist ein sicherer Weg zum Kollaps.

Wenn Sie eine gute Idee haben, so vervollkommnen Sie diese, und vom Mikrokosmos tragen Sie sie in die Makrosphäre. Wiederholen Sie dies immer und immer wieder. Und dann bums! Plötzlich haben Sie 800 Steak-Restaurants. Tatsächlich reines Tick-Tock – aber Sie müssen sich dem anschließen, um das herauszufinden: Der einzige Weg über Tick-Tock hinweg geht durch Tick-Tock. Auf diesem Weg können Sie Ihr Denken vom allgemeinen Bewußtsein lösen und auf eine Weise arbeiten, die von Tick-Tock akzeptiert wird. Aber Sie werden frei und Ihrer Persönlichkeit entsprechend denken.

Während Sie sich da hindurchmanövrieren und Ihrer endgültigen Freiheit entgegenstreben, müssen Sie Verantwortung für die Dinge und auch für sich selbst übernehmen. Es gibt nur wenige wohlhabende Menschen, die Verantwortung nicht als natürlich akzeptieren. Wenn Sie das Tragen von Verantwortung in Ihrem Leben bisher vermieden haben, so wollen Sie sich vielleicht darauf konzentrieren festzustellen, wieviel Verantwortung Sie tatsächlich tragen können. Denn obwohl Verantwortung, oberflächlich betrachtet, wie eine zu vermeidende Belastung aussieht, Armut ist eine viel größere.

Verantwortung übernehmen ist nur dann eine Falle,

wenn Ihre Emotionen in diese Verantwortung eingeschlossen sind. Man kann für unglaublich viele Dinge verantwortlich sein, ohne daran emotional beteiligt zu sein. Dies erfordert aber Selbstvertrauen. Es scheint mir, daß der Hauptgrund, warum Leute keine Verantwortung übernehmen wollen, darin liegt, daß sie zuwenig Vertrauen oder aber Angst haben oder fühlen, daß sie sich auf etwas einlassen, von dem sie fürchten, daß es sie ein Leben lang festhält. Nichts davon ist wahr. Es hängt immer davon ab, wie man die Dinge betrachtet.

Wenn Sie sich bei der Übernahme von Verantwortung nicht wohl fühlen, legen Sie einfach dieses Buch für einen Moment zur Seite und entschließen Sie sich, Verantwortung zu übernehmen, unabhängig davon, ob Sie sich dabei wohl fühlen oder nicht. Andernfalls verurteilen Sie sich selbst zu einem ewigen Kampf. Zudem brauchen Sie nicht sofort große Brocken zu übernehmen. Akzeptieren Sie zum Beispiel die Verantwortung für ein oder zwei neue Dinge. Bewältigen Sie dies zufriedenstellend und bestätigen Sie sich selbst, daß es wirklich erfrischend war, dann öffnen Sie sich für mehr.

Es macht wirklich keinen Unterschied, ob Sie Verantwortung für kleine oder große Dinge tragen. Beides erfordert Ihre Konzentration und Ihre Hingabe. Der Unterschied besteht lediglich darin, daß Sie mehr verdienen, wenn Sie für mehr Dinge Verantwortung tragen. Wenn Sie also überhaupt für etwas verantwortlich sein wollen, sollten Sie sich gleich für etwas Großes entscheiden, denn am Ende bringt es mehr.

Wenn Sie sich entschließen, ein Steak-Restaurant zu leiten, können Sie vielleicht auch 800 betreuen. Denn die Leitung eines Restaurants wird Sie nicht frei machen, sicherlich aber die Verantwortung für 800. Um aber in diesen Stellenwert der Verantwortung zu kommen, müssen Sie sich mit Ihrem Verstand daraufhin einigen, daß Sie dies wirklich akzeptieren. Geben Sie Ihrem Bewußtsein einfach ein, daß

Sie bereit sind, immer mehr Verantwortung zu übernehmen, und früher oder später wird sich die Gelegenheit dazu ergeben. Verantwortung zu übernehmen genießen nur wenige. Wenn also einer in einer Menge Menschen zur Verantwortung bereit ist, drücken sich alle anderen so schnell wie möglich. Und wenn man Ihnen also dann Verantwortung überträgt, lächeln Sie und bitten Sie alle anderen zur Kasse!

Dollar-Tanz 8

»Während Sie sich durchmanövrieren und Ihrer letzten Befreiung entgegenstreben, müssen Sie damit einverstanden sein, Verantwortlichkeit für Dinge und selbstverständlich auch für sich selbst zu übernehmen. Es gibt nur wenige wohlhabende Menschen, die Verantwortung nicht als natürlich betrachten.«

Der nächste Schlüssel zum Überflußdenken, den wir betrachten sollten, ist die Verpflichtung. Die Verpflichtung geht Hand in Hand mit der Verantwortung. Sie werden oft finden, daß kreative Menschen eine Abneigung gegen Verpflichtungen oder Verbindungen haben. Sie fühlen, daß sie dadurch ihre Kreativität binden, so daß sie dann nicht richtig in den Strudel des Lebens eintauchen. Wir werden später in diesem Buch die Nummer eins des Schlüssels zum Erfolg diskutieren, die ich ›eine konzertierte Aktion im Markt‹ nenne. Es ist überflüssig zu betonen, daß Sie, wenn Sie im Leben vorwärtskommen oder etwas mehr erreichen wollen, sich zunächst in Gedanken darauf festlegen müssen. Mit anderen Worten, es muß für Sie wichtig sein.

Es macht keinen Sinn zu sagen, Sie wollen mehr, wenn Sie nicht ganz sicher sind, ob Sie es nun wirklich wollen oder nicht. Wenn Sie mehr wollen, müssen Sie dieser Idee Energie zufließen lassen – Energie, die Sie gegen Geld eintauschen werden. Das bedeutet oft, daß das Hin und Her am Markt verlangen wird, sich dem Geschäft etwas mehr zu widmen, als Sie es gegenwärtig tun. Das kann, wie bereits besprochen, mehr Arbeit und mehr Verantwortung bedeuten – oder aber lediglich mehr Konzentration auf das, was Sie gerade tun. Aber all dies beginnt mit der mentalen Idee, daß Sie sich dem Ziel verpflichten.

Sie werden oft hören, daß Menschen über ihren finanziellen Status stöhnen und im selben Atemzug sagen, daß sie an Geld nicht interessiert sind. Es ist wahr, daß viele Menschen wirklich nicht daran interessiert sind, wohlhabend zu werden, das verstehe ich. Viele sind glücklich, wenn sie so vor sich hinpusseln können, vorausgesetzt, daß sie viel freie Zeit zum Fischen oder für was auch immer haben. Wenn Sie sich aber dazu entschieden haben, daß Sie mehr wollen, dann müssen Sie diese Idee mit Energie erfüllen. Nur zu sagen: »Ich würde gerne in der Lotterie gewinnen«, funktioniert normalerweise nicht, da das Niveau an Energie und Enthusiasmus, auf dem dieser Gedanke empfangen wird, schon durch seine Art zu erkennen gibt, daß Sie wenig oder gar nichts tun wollen, um Ihren finanziellen Status zu verbessern. Wenn Sie jedoch sagen: »Ich will mehr. Ich verpflichte mich und setze mich dafür ein, mehr zu besitzen. Ich werde meine Energie und meinen Einsatz um 50 Prozent verstärken und auch einige Lotterielose kaufen«, dann haben Sie plötzlich einen Plan, der funktionieren wird.

Sie werden inzwischen vielleicht ein höheres Bewußtsein entwickelt und den einfallslosen Rhythmus des Tick-Tock hinter sich gelassen haben. Aber es ist wichtig, sich daran zu erinnern, daß Sie zum Umsetzen des höheren Bewußtseins in Geld höchstwahrscheinlich ins Land des Tick-Tock zurückkehren müssen, um das zu verkaufen, was Sie haben. Bei diesem Wiedereintritt werden Sie das normale Funktionieren der Dinge respektieren müssen. Sie werden das Spiel spielen und die Regeln einhalten müssen. Wenn Sie das nicht tun, dann werden Sie sich genau den Menschen entfremden, deren Geld Sie ja haben wollen. Und obwohl Sie von Ihrem Verständnis her vielleicht aus einer vollkommen anderen Perspektive kommen, werden Sie mitspielen müssen, um Ihre Pläne nicht zu sabotieren. So müssen Sie als Teil Ihrer Verpflichtung damit einverstanden sein, sich mit dem System zu verbinden – wenn auch nur für einen begrenzten Zeitraum. Es ist schwer, ohne diese Verbindung an das große Geld zu kommen. Nicht unmöglich, aber schwer.

Nehmen wir einmal an, Sie sind ein guter Rock-'n'-Roll-Sänger und haben kleine Auftritte für einige hundert Dollar pro Nacht. Um an das wirkliche Geld zu kommen, werden Sie einen Schallplattenvertrag brauchen. Das bedeutet, daß irgend jemand irgendwo eine bestimmte Geldsumme auslegen muß, um Sie bei der Produktion von Schallplatten zu unterstützen. Dabei vertrauen Sie sich am besten einer großen Schallplattenfirma an anstatt einer kleinen. In dem Moment, in dem Sie über die Türschwelle treten, werden Sie mit der Firma konfrontiert: Buchhalter, Rechtsanwälte, Verkaufsdirektoren, PR-Leute usw. Sie müssen das Spiel spielen. Selbst wenn Sie Ihre Kreativität fühlen lassen sollte, daß Sie nicht dazugehören, so verbinden Sie sich an jenem Punkt doch besser damit. Denn wenn Ihre Energie dem System zu abneigend und mißbilligend gegenübersteht, wird sich die Schallplattenfirma wieder zurückziehen. Niemand will einige hunderttausend Dollar auslegen, nur um sich dann emotional/finanziell in einem Zoo wiederzufinden.

Oft fühlen kreative Menschen, daß sie aufgrund ihres Talents nicht dazugehören. Dann werden sie Terroristen. Sie kritisieren und zerstören bei jeder Bewegung. Wenn sie dann ihre Kreativität vermarkten wollen, stoßen sie auf die negative Reaktion der Menschen. Jedesmal, wenn sie dabei sind, das große Geld zu machen, passiert irgend etwas Negatives.

Um durch das Leben zu kommen, sollte man sich daran erinnern, daß man Verbindung braucht. Und dabei sollte man darauf achten, die Gedankenformen und das Maß jener zu respektieren, die einem bei der endgültigen Befreiung helfen werden. Das bedeutet Selbstdisziplin, so daß man lange genug im System ausharren kann, um einzusammeln.

Natürlich gibt es alle möglichen verschiedenen Orte von Megaüberfluß, die sich vollkommen außerhalb des Systems befinden. Aber ein Großteil dieser Bereiche ist illegal. Und bei jenen Aktivitäten, die ehrlich sind, werden Sie herausfinden, daß – weil es sich dabei um Randbereiche handelt – die Geldmengen dort manchmal begrenzt sind.

Etwas wird Ihnen klarwerden, wenn Sie sich dem großen Geld nähern, es sitzen dort eine Menge Leute schon seit langer Zeit, normalerweise sind sie im fortgeschrittenen Alter, konservativ und auf ihre Weise gesetzt. Um diese Leute auf Ihre Seite zu bekommen, müssen Sie sich Ihrer selbst sicher und Ihren eigenen Ideen verpflichtet fühlen, sonst werden diese launisch, und Sie müssen sich dann diesen Leuten verpflichten. Sie aber in ihren eigenen Augen schlecht erscheinen zu lassen, nur weil sie die Zügel in der Hand halten, ist ein fataler Fehler. Während Sie von vielleicht 100 000 Dollar auf 300 000 Dollar aufsteigen, können Sie mehr oder weniger tun, was Sie wollen. Aber der Anstieg von dort bis auf eine Million Dollar und darüber hinaus verlangt, daß Sie das Spiel mitspielen.

Wenn Sie sich zum Beispiel 5000 Dollar leihen, interessiert es niemanden wirklich, ob Sie verrückt sind oder nicht – vorausgesetzt, es ist sicher, daß Sie die 5000 Dollar zurückzahlen. Wenn Sie sich aber der Million-Dollar-Liga nähern, ist der potentielle Verlust an Rückhalt enorm. Zudem werden die Leute, mit denen Sie dann zu tun haben, aufgrund Ihrer Geldposition sehr, sehr reich sein.

Nun denken die meisten Menschen, daß die Reichen ein ruhiges und träges Leben führen, ohne viele Rücksichten und Interessen. Dies ist weit gefehlt. Je mehr Geld Sie haben, um so mehr wird der Rest der Welt versuchen, es von Ihnen zu bekommen. Eine der Klagen der Wohlhabenden ist, daß sie sich bedrängt fühlen, weil jeder etwas von ihnen haben will. Wenn Sie sich ihnen also nähern, vermitteln Sie besser den Eindruck, daß Sie vertrauenswürdig sind, da Sie sonst mit einer Menge Ablehnung konfrontiert werden.

Lassen Sie mich Ihnen ganz nebenbei – und das hat nichts mit Verpflichtung zu tun – ein paar gute Tips geben, wie Sie mit Leuten umgehen können, die sehr wohlhabend sind. Ausgehend davon, daß die Wohlhabenden ständig unter einer Art Druck stehen, da jeder etwas von ihnen will, ist es der richtige Weg, sich ihnen zu nähern, indem man überhaupt nichts von ihnen will außer ihrer Gesellschaft. Während man Sie dann kennenlernt, wird man Ihnen vertrauen, und die Tatsache, daß Sie nichts wollen, wird Sie erfrischend anders erscheinen lassen. Es ist möglich, daß man Ihnen Rat oder Unterstützung anbietet. Aber wenn man dies tut, wird es deren Idee sein und nicht die Ihre. Dadurch sind Sie in der Lage, aus einer Position der Stärke heraus zu reagieren, was den Wohlhabenden erlaubt, sich in Ihrer Gegenwart entspannter zu fühlen.

Eine weitere Tatsache, die Sie sehr hilfreich finden werden, ist die, daß viele wohlhabende Menschen wohlhabend wurden, weil sie die Notwendigkeit fühlten, Einfluß auf die Welt zu nehmen. Sie suchten Akzeptanz und einen größeren Sinn für das Leben, so daß sie sich auf einen Aktionskurs begaben, der sie reich machte. Was sie entdeckten, war, daß alles Geld der Welt ihnen nicht ein Jota Akzeptanz kaufen kann, wenn sie sich nicht selbst akzeptieren. Was sie von Ihnen erwarten, ist, daß Sie sie als wirkliche Menschen ansehen und nicht als ein 50-Millionen-Dollar-Guthaben auf der Bank.

Darüber hinaus brauchen diese Leute keine Anhänger, die ihnen Energie entziehen. Sie brauchen wirkliche Freunde, die ihnen Energie, Anerkennung und Ermutigung geben und in deren Gesellschaft sie sich wohl fühlen können. Wenn Sie sich also in der Gesellschaft sehr wohlhabender Menschen aufhalten, dann benehmen Sie sich – unabhängig davon, wie wenig Geld Sie selbst besitzen – diesen Wohlhabenden gegenüber als gleichwertig. Behandeln Sie sie mit

Respekt als Gleichwertige, und man wird ignorieren, was Sie besitzen und was Sie nicht besitzen, man wird Sie ebenfalls als gleichwertig behandeln. Dann werden Sie Zugang gefunden haben, und diese haben dann einen wahren Freund gewonnen.

Persönlich macht mir die Gesellschaft jener Freunde, die sehr reich sind, viel Vergnügen. Denn jeder von ihnen ist ein wahrer Einzelcharakter, der im Leben schon etwas bewirkt hat. Sie sind interessant, und ich freue mich, von ihnen zu lernen. Wenn Sie sich wirklich nicht auf ihr Geld konzentrieren, werden sie sich entspannen und Sie in ihren Kreis aufnehmen. Der Hauptvorteil ihrer Gesellschaft ist, daß sie es Ihnen erlaubt, ein Gefühl, ein Verständnis dafür zu gewinnen, daß sie überhaupt nicht anders sind als Sie selbst. Und wenn die es geschafft haben, 50 Millionen in zwei Jahren zu machen, können Sie das auch. Zudem befinden sich solche Charaktere normalerweise in der Mitte des Geschehens, und allein durch die bloße Anwesenheit in ihrer Nähe erhalten Sie eine gewisse Menge dieser Energie. Und obwohl diese Menschen sicher nicht bereit sind, Ihnen beim Dinner einen Scheck auszustellen, werden Sie, wenn Sie wach bleiben, das ohnehin nicht mehr brauchen. Denn bei Kaffee und Portwein driftet das Gespräch auf die Leistung der ABC Finance Inc. ab. Und der Hauptaktionär, der Ihnen gegenübersitzt und seinen Kaffeelöffel dreht, erwähnt vielleicht gerade, daß ABC dabei ist, seine Gewinne zu vervierfachen, seine Dividende zu verdoppeln und eine Verdopplung seines Kapitals bekanntzugeben. Bingo!

Ein großer Teil des Überflußdenkens besteht darin, Ihren Verstand darauf einzustellen, zur rechten Zeit am rechten Ort die rechte Information zu erhalten. Das ist alles. Denn Gelderwerb hat sehr wenig mit harter Arbeit zu tun. Nun, harte Arbeit ist sicherlich ein Weg – aber es gibt viele einfachere Wege. Während Sie herausfinden, wie Sie selbst über Geld denken, werden Sie damit beginnen, jene Bereiche zu beobachten, in denen Überfluß herrscht, und Sie werden sich daran gewöhnen, die Energie aus Situationen herauszulesen und sich so an die Spitze der Masse zu stellen. Dies ermöglicht Ihnen schnellen Gewinn.

Zusammenfassend: Denken an Überfluß ist nur eine Gewohnheit. Und während Sie den Kreis Ihrer Möglichkeiten ausweiten, reagiert das Universum Stück für Stück darauf. Der Grund, weswegen das Überflußdenken der lebenswichtige Schritt ist, liegt darin, daß er aus der kollektiven Energie jener Gedankenformen stammt, die Sie mit einem alles umfassenden *Gefühl* innerhalb Ihrer selbst erzeugen. Und es ist dieses Gefühl, das Ihnen sagt, daß Überfluß für Sie natürlich ist, und so die Gelegenheiten heranzieht, die Sie im Leben brauchen.

»Wo Moos liegt, wartet jemand auf mich.«

6

Sich reich fühlen und es lieben

Ich war immer der Meinung, daß der metaphysische Weg zum Leben und zum Gelderwerb Sie dazu ermächtigt. Vielleicht stimmen Sie mir da zu, aber vielleicht haben Sie auch ein anderes System, das genauso gut oder gar besser funktioniert. Mein Bemühen geht nicht in die Richtung, Sie zu überzeugen, daß meine Methode die richtige ist, sondern lediglich dahin, daß Sie sich die metaphysische Methode daraufhin ansehen, ob sie Ihnen einen zusätzlichen Vorteil oder weitere Einsichten ins Leben bietet.

Aber welche Anschauung auch immer Sie haben, an einer Tatsache kommen Sie nicht vorbei. Und diese Tatsache besteht darin, daß die Ereignisse in Ihrem Leben von Ihnen selbst durch Ihre Gefühle erzeugt werden. Das bedeutet, daß die Ereignisse, die Sie erleben, genau mit der Summe der Gefühle übereinstimmen, die Sie abstützen und abgeben.

Menschen, die an sich gearbeitet und sich selbst wirklich ins Herz geschaut haben, wissen alle Einzelheiten und jeden Aspekt ihrer Gefühle. Sie wissen, wer sie sind, und überprüfen ständig, was sie bei bestimmten Dingen fühlen, so daß sie daraus mehr über die Natur der Wirklichkeit und den Weg, sie zu kontrollieren, lernen können. Ihrer selbst unbewußte Menschen neigen dazu, ihre Gefühle zu negieren, und schauen statt dessen nach draußen in die Realität, um den Sinn des Lebens zu erfassen. Sie haben vielleicht negative Gefühle schwarzen Menschen gegenüber, und diese Gefühle werden Sie jahrelang mit sich herumtragen. Und weil diese Anschauung zu einem ständigen Teil Ihrer Gefühle wird, werden alle positiven Erfahrungen mit schwarzen Menschen ignoriert und alle negativen hervorgehoben und in Erinnerung gehalten. Dann halten Sie plötzlich eines Tages mit Ihrem nagelneuen Mercedes an einer Ampel und werden von dem Pritschenwagen einer schwarzen Dame von hinten erfaßt und in einen Waschsalon geschoben. Logischerweise können Sie nicht verstehen, warum es passiert, und Sie werden sagen: »Ich hatte heute einen sehr unglücklichen Tag. Ich hielt nichtsahnend an einer Ampel an, als diese vollkommen aus der Kontrolle geratene, unverantwortliche schwarze Frau mich in den Waschsalon schob. Zwölf Feuerwehrleute benötigten drei Stunden, um mich aus dem Trockner zu befreien.«

Natürlich hat die Pritschenwagenfahrerin von diesem Ereignis einen vollkommen anderen Eindruck. Sie sieht es so: »Ich wachte an diesem Morgen mit dem Gefühl auf, daß ich meiner Gemeinde mehr dienen sollte. Also entschloß ich mich, einen Tag lang nicht den Geschäften in meinem internationalen Kosmetikimperium nachzugehen, und fuhr in die Innenstadt, um zu sehen, was in der Stadt so passiert. Als ich vor den sechs Autos in meiner Garage stand, hatte ich das intuitive Gefühl, mich nicht für meinen Cadillac Cabrio zu entscheiden. Statt dessen wählte ich den alten Pritschenwagen aus, der mit einem gußeisernen Kuhfänger ausgestattet ist. Ich weiß nicht, warum ich mich dafür entschied. Es schien lediglich die rechte Entscheidung zur rechten Zeit zu sein. Als ich die Hauptstraße hinunterfuhr, traf ich auf einen Burschen in einem Mercedes, dessen Gefühle eine konkrete Bestätigung dafür benötigten, daß schwarze Menschen Verrückte sind. Und so schob ich ihn – als Teil meiner Bestätigung dafür, daß ich der Humanität diene – in den Waschsalon. Ich hätte ihn auch in die Bushaltestelle schieben können. Aber ich dachte, daß der Waschsalon einen höheren symbolischen Wert zur Reinigung seiner Gedanken besitzt. Nachdem mein Wunsch zu helfen erfüllt war, fuhr ich wieder nach Hause, setzte mich in den Garten und dachte nach, wie wundervoll das Leben ist.«

Während wir unseren Verstand darum bemühen, das Leben zu verstehen, werden wir mit allen möglichen Ereignissen konfrontiert, die sich einer logischen Erklärung widersetzen. Aber ist es nicht merkwürdig, daß trotz dieser ständigen Erinnerung daran, daß das Leben nicht immer logisch ist, Millionen Menschen darauf bestehen, daß es logisch sein sollte? Man sollte meinen, daß jemand, der vielleicht ein Dutzend unlogischer Situationen gegenüberstand, es schließlich aufgeben und akzeptieren würde, daß es Lebensmuster gibt, die sich der Logik widersetzen. Aber nein, man hält an dem lächerlichen intellektuellen Anspruch fest und hofft darauf, daß das Problem des ›Nichtverstehens‹ vielleicht zu einem späteren Zeitpunkt gelöst wird.

Besonders im finanziellen Bereich kann man alle möglichen Muster erkennen, die intellektuell keinen Sinn machen. Aber trotzdem gibt es für alles einen Grund. Wenn also die Erklärung der Dinge sich dem Verstand offensichtlich nicht erschließt, so mag sie sich vielleicht klar wie das Tageslicht den *Gefühlen* oder der Intuition erschließen. Wenn Sie sich die erfolgreichen Menschen ansehen, die Sie kennen, werden Sie oft nicht erklären können, warum es diesen Menschen so gutgeht. Es scheint Ihnen, als wenn diese Menschen nicht besonders schlau oder gar talentiert seien. Aber irgendwie wird alles, was sie anfassen, zu Gold. Überall, wo sie hingehen, reagieren die Menschen wie magisch auf sie.

Natürlich liegt die Antwort nicht so sehr darin, was diese Menschen tun, sondern in der Art, wie sie fühlen. Dadurch, daß sie sich ihrer selbst sicher sind und an sich selbst machtvoll und positiv denken und sich zudem nur von wenigen Dingen ablenken lassen, widmen sie sich selbst dem, was real ist, was ihnen angenehm ist und was ihre Suche befriedigt. Ihr Leben erhält seine Berechtigung dadurch, daß sie sich auf ihr Leben konzentrieren und daß diese Konzentration sich als Enthusiasmus und Charisma äußert. Stück für Stück beginnen ihre Gefühle, all diesen positiven

Charakterzügen zu entsprechen. Schließlich strahlen sie durch ihre Art auf natürliche Weise Erfolg aus, ohne daß sie sich dessen überhaupt bewußt werden. Sie stehen einfach jeden Tag auf und fühlen sich lebendig – als ein Teil aller Dinge. Dann klingelt das Telefon, und ein weiterer Gewinn landet in ihrer Tasche. Es überrascht sie nicht, denn sie erwarten es. Sie verstehen ihre Welt und leben in ihr als eine dominierende Kraft. Dadurch erwarten sie auf eine natürliche Weise, daß die Dinge auf sie zukommen. Sie benutzen ihre Intuition, um Situationen und Menschen zu meiden, die diesen Fluß umkehren würden.

Dollar-Tanz 9

»Sie haben ein göttliches Recht zu wählen, mit wem und unter welchen Umstanden Sie spielen wollen. Durch das Ausschalten jeglichen Energieabzugs werden die positiven guten Dinge in Ihrem Leben eine immer stärkere Resonanz bilden.«

Der Grund dafür, warum Geld geistig so wichtig für diejenigen von Ihnen ist, die auf der Suche sind, liegt darin, daß es Ihnen unmittelbar eine bewertbare Rückkoppelung dazu gibt, wo Ihre Energie sich in diesem Moment gerade befindet. Und deshalb sind so viele der sogenannten *spirituellen* Leute so unecht. Dadurch, daß sie vorgeben, das Geld zu hassen, sich von ihm fernhalten und es, wann immer möglich, negieren, können sie sich selbst mit ihrer Heiligkeit an der Nase herumführen.

Sie können in bezug auf die Geldsucht den Zwiespalt zwischen dem, was Ihr Verstand glaubt, und dem, was wirklich sehr klar ist, deutlich erkennen. Für den Verstand ist es einfach, sich diametral gegen die eigenen *inneren* Gefühle zu stellen. Deshalb denken die Leute daran, im Überfluß zu leben, und haben Jahre später immer noch kein Geld. Um die Reife als Mensch zu erreichen und durch sein Geld fruchtbare Aktivitäten zu ernten, muß man sich seiner Gefühle bewußt sein, und diese Gefühle müssen fest von *Wohlstand* geprägt sein.

Andernfalls werden Ihre Gelderwerbsanstrengungen ständig dadurch sabotiert, was Sie in Ihrem *Innern* glauben. Deshalb sage ich ja, daß der Trick beim Geld darin besteht, welches zu besitzen. Denn besitzen Sie erst ein kleines Vermögen, wird dies von allein zu einer Bestätigung Ihres Erfolges und erlaubt es Ihnen zudem, jegliche negative Emotionen den Finanzen gegenüber auszumerzen.

Wenn Sie kein Geld besitzen, so ist es noch immer ein einfaches Verfahren, die Bestätigung in Ihren Gefühlen zu erzeugen, daß das, was Sie haben, schon Überfluß ist und daß die Welt tatsächlich ein von Überfluß geprägter Ort ist. Während Sie damit beginnen, sich zu bestätigen, daß Sie etwas *haben,* statt daß Sie *nichts haben,* beginnen Ihre Gefühle Sie zu Orten zu ziehen, wo das Haben natürlich ist. Und plötzlich *bekommen* Sie es. Und zwar nicht nur in Ihrem Bewußtsein, sondern auch tatsächlich.

Kehren wir einen Moment zu der ASW von Geld zurück, so können Sie erkennen, wie beim Ändern Ihrer Gefühle freies Geld oder leichtes Geld zu einem natürlichen Teil Ihrer Erwartung wird. Indem Sie die Energie von Menschen und Umständen *lesen,* ist es für Sie leicht, den beschwerlichen Dingen aus dem Weg zu gehen und sich auf die einfachen Dinge zu konzentrieren. Um sich daran zu gewöhnen, Ihre Gefühle einzusetzen, sollten Sie folgende Übung versuchen. Schreiben Sie alle Namen der großen Spieler in Ihrem Leben auf. Dann stellen Sie sich in einem meditativen Stadium vor, daß Sie diese Menschen mit Ihrer Hand am Herzen berühren. Das verbindet Sie. Dann spüren Sie in Ihrem eigenen Herzen, welche Energie diese Menschen abgeben. Ihr erster Eindruck ist normalerweise richtig, Ihr *Inneres* kennt die Wahrheit. Es kann nicht lügen. Halten Sie es einfach fest. Entscheiden Sie, ob die Energie dieser Menschen

Sie nach ›oben‹ oder nach ›unten‹ zieht. Schreiben Sie Ihre Schlußfolgerungen neben den jeweiligen Namen. Schreiben Sie als nächstes all Ihre größeren finanziellen Aktivitäten in Stichpunkten auf. Stellen Sie sich diese Aktivitäten mit Ihrem inneren Auge vor, und strecken Sie Ihre Hand in die Mitte der Ereignisse aus. Sind dort Menschen mit im Spiel, so berühren Sie sie. Schreiben Sie wieder ›oben‹ oder ›unten‹ auf. Schauen Sie sich dann Ihre Liste an, und geben Sie sich selbst 60 Tage Zeit, um sich aller ›unten‹ zu entledigen. Laden Sie alle ›oben‹ innerhalb des nächsten Monats zu einem Mittagessen ein.

Sie haben ein göttliches Recht zu wählen, mit wem und unter welchen Umständen Sie spielen wollen. Durch das Eliminieren jeglichen Energieabzugs werden die positiven, guten Dinge in Ihrem Leben eine immer stärkere Resonanz bilden. Es ist einfacher, etwas zu zerstören, als etwas zu schaffen. Deshalb ist ein ›Unten‹ nicht einem ›Oben‹ gleich. Das ›Unten‹ tendiert dazu, das ›Oben‹ zu stornieren, und Sie behalten nichts übrig. Durch das Ablegen der ›Unten‹ bleiben die ›Oben‹ freistehend übrig und stehen wie Felsen um Sie herum. Natürlich müssen Sie zur Entwicklung dieses soliden resonanzabgebenden Gefühls von *Wohlstand* die Grenze der Furcht ums Geld überschreiten. Denn jede zurückgehaltene Furcht, die über einen längeren Zeitraum in Ihren Gefühlen festgehalten wird, wird schnell alle positiven Ergebnisse, die Sie durch Ihre Bestätigungen des Reichtums schaffen, wieder auflösen. Es ist nicht leicht, denn irgendwie müssen Sie die Unsicherheiten überwinden, während Sie noch immer unsicher sind.

Aber welcher Mangel und welche Unsicherheit auch immer vorhanden sind – so ist dies doch lediglich eine Angelegenheit Ihrer Anschauung. Wieviel Anstrengung Sie benötigen, um diese Anschauung zu ändern, liegt an Ihnen und hängt von den Umständen Ihrer Erziehung und von hundert anderen Dingen ab. Wenn Sie aber erst einmal erkennen, daß Wohlstand lediglich eine *Anschauung* ist, eine

Anschauung der wohlhabenden Menschen, dann ist es für Sie einfach, sich diese Anschauung auch anzueignen, und zwar zuerst in Ihrem Denken und dann in Ihren Gefühlen. Haben Sie sich erst einmal gefühlsmäßig daran *beteiligt,* ist es für Sie leicht zu erkennen, was die Gewinner von den anderen trennt.

Während Sie nun damit beginnen, sich so zu verändern, wie Sie fühlen, müssen Sie jede einzelne Bewegung sehr sorgfältig beachten. Zu Beginn können Sie dazu neigen, Ihr Leben zu stark zu analysieren. Aber das ist kein Fehler. Denn dadurch, daß Sie sich jedes Detail jetzt sehr genau ansehen, kompensieren Sie den Umstand, daß Sie sich in der Vergangenheit Ihr Leben vielleicht zuwenig oder gar nicht angesehen haben. Wenn Sie es einmal fest im Griff haben, wer Sie sind und was Sie glauben, dann wird die Veränderung zu einem graduellen, befriedigenden Prozeß, in dem jeder Fortschritt Schwung für den nächsten erzeugt.

Das Sinnbild dessen, was Sie bei Überfluß *fühlen,* liegt offen zutage. Wenn Sie sich die Qualität Ihres Lebensstils ansehen, können Sie bald erkennen, ob Sie an Überfluß glauben oder nicht. Dabei meine ich nicht, wie reich Sie sind. Sondern ich meine, ob die Dinge um Sie herum Qualität und Kreativität haben oder ob sie düster, häßlich und tot sind. Sie können in einem Zimmer im abgelegensten Ende der Stadt wohnen und trotzdem von Überfluß umgeben sein.

Das *Gefühl* für die Dinge verrät, wer Sie sind. Es zeigt Ihnen selbst aber auch auf sehr dramatische Weise, ob Sie in sich selbst investieren oder nicht. Dies ist lebenswichtig, denn es drückt aus, ob ich an mich selbst glaube und bereit bin, etwas auszugeben, um mich selbst zu bessern. Tun Sie das nicht, greifen andere dieses und jenes auf, was Sie in deren Vorstellung entwertet. Zudem ist es schwer, andere um Unterstützung zu bitten, wenn Sie sich nicht selbst unterstützen. Das Wichtige beim *Fühlen* ist, daß jeder Teil Ihres Lebens mit allem übereinstimmen muß, was Sie werden wollen. Sie können nicht erwarten, daß der Überfluß Sie findet, wenn Sie von den Symbolen des Mangels umgeben sind, denn jede rostige Badewanne im Hof sagt: »Hier bitte keinen Überfluß.«

Deshalb ist es besser, daß Sie sich selbst mit wenigen hochwertigen Dingen umgeben, statt in Ihrem Leben einen Haufen Schrott anzusammeln. Damit meine ich nicht, daß Sie nicht den Vorteil eines Sonderangebots nutzen sollten. Wenn Sie sich aber ausschließlich auf das Billige und auf das Schäbige konzentrieren, halten Sie sich auch *ausschließlich* darin auf. Ein Paar teure Schuhe sind besser als ein Dutzend Paar, die von brasilianischen Strafgefangenen für zwei Dollar das Stück hergestellt wurden.

Wenn Sie jetzt noch nicht wohlhabend sind, dann werden Sie eine Atmosphäre schaffen müssen, die zu erkennen gibt, daß Sie sich im Stadium befinden, wohlhabender zu werden – aufzurücken. Damit meine ich nicht, daß Sie eine Menge Geld, das Sie nicht besitzen, ausgeben sollen, um Ihren Toaster mit Nerz zu verkleiden – oder was auch immer. Sondern Sie sollten damit beginnen, sich an den hochwertigen Dingen des Lebens zu erfreuen, von denen viele nur wenig oder gar nichts kosten. Sie können zum teuersten Hotel der Stadt gehen, sich einfach dort hineinsetzen und das Kommen und Gehen der reichen und wichtigen Leute beobachten. Das kostet Sie keinen Pfennig. Wenn der Ober Sie belästigt, bestellen Sie einen Kaffee und trinken ihn langsam. Wenn er nach drei Stunden fragt, ob Sie noch einen Kaffee wollen, antworten Sie: »Nein danke, ich liebe es, langsam zu trinken. Und im übrigen bin ich sowieso gerade dabei, das Kaffeetrinken aufzugeben.«

Ich finde es interessant, daß qualitativ hochwertige Waren oft nicht sehr viel mehr als die schäbigen Sachen kosten. Besonders, wenn man berücksichtigt, daß sie länger halten und Ihnen ein gutes Gefühl von sich selbst vermitteln. Aber oft genug wissen wir die hochpreisigen Produkte nicht zu schätzen, da wir nicht sofort erkennen, was wir für unser

Geld bekommen. Das liegt daran, daß uns nicht beigebracht wurde, die innere *Energie* als Teil ihres Wertes zu erkennen. Manchmal befürchten wir jedoch auch, daß wir mit einer Rechnung konfrontiert werden, die wir nicht begleichen können.

Wenn Sie sich für Vorzüglichkeit und Qualität entscheiden, verändern Sie natürlich die Gefühle um sich herum. Das ist, als wenn durch die Bestätigung des Schönen Ihr Leben schöner wird. Um dies zu erreichen, müssen Sie sich vielleicht an etwas teureren Produkten orientieren, denn es ist zu anstrengend, sich ständig das Schöne auf einer Müllkippe vorstellen zu müssen. Aber während Sie Ihre Energie anheben und aufpolieren, gibt jeder Aspekt dessen, was Sie sind, nach außen ein Zeichen ab, das von den Menschen bewußt oder unbewußt aufgenommen wird.

Während Sie sich in Ihren Gefühlen aufwärts bewegen, werden Sie sich selbst besser fühlen und in der Lage sein, mehr zu verlangen. Das ist für sich selbst genommen schon eine Bestätigung dafür, wie Sie sich fühlen, und früher oder später werden Sie nur mit einer besseren Klasse von Kunden zu tun haben. Sie werden weniger Arbeit für mehr Geld verrichten.

Legen Sie nun das Buch für einen Moment zur Seite, und entschließen Sie sich, Ihre Preise zu verdoppeln. Sobald Sie glücklich damit sind, bestätigen Sie einen Moment, daß Überfluß lediglich eine Gedankenform ist und daß Sie lediglich eine sehr gute, gelderzeugende Idee in Ihr Bewußtsein einbringen müssen. Es geht aufwärts ... huhu!

Wenn Sie sich bei der Verdopplung Ihres Preises nicht wohl fühlen, schlagen Sie 20 oder 30 Prozent auf, und schauen Sie, wie sich das anfühlt. Die erste Reaktion wird bei einigen Furcht sein. Denn sie meinen, daß sie durch das Heraufsetzen ihrer Preise ihren Job verlieren oder daß ihr Produkt oder ihre Dienstleistung abgelehnt werden. Das ist eine natürliche Reaktion. Und wenn Sie aus derselben Energie wie vorher kommen, so ist dies möglich. Um die

Bestätigung der Preisverdopplung funktionieren zu lassen, ist es notwendig, immer mehr Energie in das hineinzugeben, was Sie tun. Dann verdoppeln Sie Ihre Preise.

Was immer Sie verkaufen – Ihre Arbeit, Ihre Expertise, Ihr Produkt oder Ihre Dienstleistung –, Sie können es besser machen. Ich bin sicher, daß wir, wenn wir uns sorgfältig ansehen, was Sie tun, wahrscheinlich Aspekte erkennen, die negativ oder leblos sind, und andere, die nicht gerade ausgezeichnet sind. Es wird Dinge geben, die verbesserungswürdig sind. Zudem ist fast alles, was man im Leben sieht, abgestumpft und langweilig. Sie können Ihren Erfindungsgeist benutzen, um Ihre Anstrengungen mit Kreativität und Leben zu erfüllen. Wenn Sie Enthusiasmus in Ihre Kreativität investieren und die Dinge stimulierend und ungewöhnlich machen, reagieren die Menschen, denn Sie wissen, daß 99 Prozent von allem uninteressant ist und keinen Spaß macht. Wenn Sie aber einen singenden Installateur entdecken, freuen Sie sich. Stellen Sie sich vor, daß Sie eine Installationsfirma betreiben, Ihr Lieferwagen sich in tadellosem Zustand befindet, all Ihre Werkzeuge poliert sind und Ihre Arbeitskleidung gestärkt und fleckenlos ist. Stellen Sie sich vor, daß Sie immer pünktlich ankommen oder vielleicht sogar zehn Minuten früher. Stellen Sie sich vor, daß Sie tatsächlich wissen, was Sie tun, daß Sie schnell und gleichmäßig arbeiten und daß Sie Ihre Arbeiten rechtzeitig fertigstellen. Lassen Sie uns annehmen, daß Sie sogar bereit sind, zu jeder Tages- und Nachtzeit Rohre abzudichten, und daß Sie während Ihrer Arbeit Arien aus *La Traviata* singen. Stellen Sie sich vor, daß der Gesang schön ist und die Menschen inspiriert. Stellen Sie sich vor, daß Sie wirklich die Bedürfnisse der Kunden erkennen und positiv, hilfsbereit, informativ und höflich sind. Was wäre, wenn Ihre Firma ein tragbares Telefon besitzen würde, so daß Sie jeden Kundenanruf direkt beantworten könnten?

Glauben Sie nicht, daß die Leute für Ihre Dienstleistungen mehr bezahlen würden, wo andere Installateure zum

Beispiel 30 Dollar pro Stunde berechnen? Sie können verdammt sicher sein, daß dies so wäre. Ihre Dienstleistung ist ungewöhnlich und billig – eine Opernkarte kostet 45 Dollar. Die Kunden zahlen gern mehr, wenn sie dafür nicht die Unannehmlichkeiten und die nervliche Belastung in Kauf nehmen müssen, einen regulären Service zu bestellen, der dann doch nicht kommt. Zudem haben Sie, falls der Kunde *La Traviata* nicht mag, 100 weitere Songs aus den besten Musicals aller Zeiten im Kopf.

»Was würde Ihnen gefallen, Madam? *Oklahoma, The Sound of Music, Cats, Evita?* Sagen Sie es nur, ich singe es. Zudem wird der Wasserstand im Wohnzimmer in drei Minuten um zwei Fuß fallen. Überlassen Sie es nur mir. Gehen Sie zum Friseur. Ich rufe Sie an, wenn ich fertig bin.«

Es ist alles so einfach. Es ist nur *Gefühl.* Das Gefühl wird durch die Konzentration auf Ihre Arbeit gestärkt. Wenn Sie das Talent haben, nutzen Sie es. Machen Sie etwas Besonderes daraus, und Ihr Installationsservice wird von Kunden überschwemmt werden. Sehen Sie, Sie können im Leben tun, was Sie wollen, solange Sie anders sind. Sobald Sie aus einer ungewöhnlichen Energie herauskommen, bemessen die Menschen Ihre Anstrengungen nicht mehr so sehr nach Geldbegriffen. Denn man kann Sie mit nichts mehr vergleichen. Zudem können Sie nicht mehr bemessen, wieviel Sie ihnen wert sind, denn der größte Teil des Wertes besteht aus einem *Gefühl,* und dieses Gefühl erzeugt in den Menschen eine positive emotionale Reaktion, die sich außerhalb des Marktes befindet und so viel wert ist, wie jemand denkt, daß sie wert ist.

Lassen Sie mich Ihnen ein weiteres Beispiel geben. In London gibt es eine Schnellreinigung mit dem Motto: »Für uns zählt bei der Reinigung die Qualität und nicht der Preis.« Wenn Sie diese Reinigung betreten, merken Sie, daß sie anders ist als jede Reinigung, die Sie bis jetzt gesehen haben. Es gibt keine Theke, keine Reihen nach Chemikalien riechender Kleidung auf Drahtbügeln, keine Kasse, keine

Werbung an den Wänden, die Kunststopfen anbietet. Statt dessen sieht die Reinigung aus wie ein sehr elegantes Wohnzimmer. Es gibt schöne Stühle und polierte Tische. Es liegen die letzten Modemagazine aus. Der Raum ist dekoriert mit Blumen, Bildern und hochwertigen Teppichen.

Sie setzen sich also mit einem stinkenden alten Hemd in der Hand in diesen Empfang, während ein Mann im Anzug den Raum betritt und Sie fragt, ob Ihr Hemd auf eine besondere Weise behandelt werden muß. Dann bringt er Ihre Wäsche nach hinten und gibt Ihnen eine Quittung. Sie können sich die Preise vorstellen! Aber was Sie dafür erhalten, ist untadeliger Service, und alles in diesem Geschäft strahlt Resonanz aus und bestätigt Qualität und Sorgfalt. Sie wissen, daß Ihr Hemd und damit auch Sie für diese Reinigung etwas Besonderes sind. Sie geben Ihnen das Gefühl, als wäre es eine Ehre, für ein, zwei Tage der Treuhänder Ihrer schmutzigen Wäsche zu sein. Ist dieses Geschäft erfolgreich? Natürlich. Es ist immer voll.

Ich bin sicher, daß Sie inzwischen die Begeisterung aufgenommen haben, die entsteht, wenn Sie zufrieden mit sich sind und dies in Überflußgefühle übertragen, die sich aus Ihrem tiefen Innern widerspiegeln, um einen üppigen und harmonischen Lebensstil zu schaffen. Während Sie beginnen, den Überfluß der Welt in Ihrem Herzen zu erkennen, erlaubt Ihnen diese Erkenntnis und die Übereinstimmung damit eine Expansion Ihrer selbst – und zwar nicht nur in finanzieller, sondern auch in spiritueller Hinsicht. Denn wenn Sie akzeptieren können, daß das Gute unbegrenzt ist, dann beginnen Sie auch, sich selbst als grenzenlos zu betrachten. Dabei bewegt sich Ihr Überblick nach und nach von wenig und begrenzt auf viel und unbegrenzt.

Es ist, als wenn Sie die Emotionen, die Ihr Leben umgeben, einfach loslassen und das Leben dabei in Ihr Herz Eingang findet, statt daß die Ereignisse sich *außerhalb* Ihrer selbst ereignen. Es ist, als wenn Sie *größer* als das Leben werden, statt in dem Gefühl zu leben, daß das Leben sich außerhalb Ihrer selbst abspielt und daß Sie der Gnade der Umstände ausgeliefert sind. Der erste Schritt zur Verinnerlichung der Realität besteht natürlich darin, für sich selbst und für die Ereignisse des eigenen Lebens die absolute Verantwortung zu übernehmen. Dadurch treten Sie in eine intime Beziehung mit dem Symbol Ihres Lebens ein und können damit verstehen, wie sich dieses Symbol zu einigen Ihrer *inneren* Gefühle verhält. Wenn Sie sich zum Beispiel unendlich fühlen und als ein Teil aller lebenden Dinge und dabei einen Vogel im Flug beobachten, fliegt dieser in Ihrem Herzen. Sie können es fühlen. Jeder Schlag seiner Flügel beeinflußt Sie. Sie werden der Vogel, und der Vogel wird Sie.

Hat sich erst einmal das Gefühl in Ihrem Herzen festgesetzt, daß Sie größer als das Leben sind, schmelzen auch Ihre Unsicherheiten dahin. Diese beiden Aspekte gehen Hand in Hand und stehen in einer Wechselbeziehung zueinander. Zunächst ist es für Sie schwer, sich selbst größer als das Leben zu sehen, denn wir sind so erzogen worden, der Welt zu erlauben, uns an der Nase zu ziehen. Unsere Kinder werden gelehrt, daß sie Opfer des Schicksals sind. Aber je mehr Sie das Gefühl der Unendlichkeit in Ihrem Innern ausdehnen, um so mehr lassen Sie das Schicksal hinter sich. Wenn Sie sich dann selbst unendlich fühlen, schrumpft die Welt, und Sie können Ihr Leben beherrschen.

Vor zwanzig Jahren schenkte mir ein Freund ein kleines Modell der Welt in einem Onyxwürfel. Eine Zeitlang trug ich es stets bei mir. Ich werde es nie vergessen. Es half mir, mich daran zu erinnern, daß die Welt wirklich sehr klein ist und daß das Leben sich in dieser kleinen Welt abspielt. Es war nicht schwer, sich vorzustellen, daß man selbst größer ist. Stellen Sie sich, wenn Sie das nächste Mal meditieren, den Planeten Erde in Ihrer Handfläche vor. Stellen Sie sich alle Menschen auf dieser kleinen Erde vor. Und bewahren Sie dann diese Vorstellung in Ihrem Herzen, und lassen Sie sie um die Sonne kreisen. Es wird nicht lange dauern, bis die Ereignisse auf ihre wahre Größe schrumpfen und Sie selbst zu der Unendlichkeit wachsen, die Sie tatsächlich sind.

Irgendwann erreichen Sie dann den Punkt, an dem Sie *wissen*, daß sich alles im Fluß befindet und daß das, was Sie darstellen, perfekt ist, selbst wenn Sie noch Unzulänglichkeiten aufweisen. Und Sie werden verstehen, indem Sie sich in diesen *Fluß* des Lebens einstimmen, daß Sie immer zur rechten Zeit am rechten Ort sein werden. Die Qualität Ihres Lebens wird durch die Tatsache garantiert, daß Sie die Dinge so annehmen, wie sie auf Sie zukommen, und Sie darüber Kontrolle haben. Auf diese Weise festigt Ihr Leben diese Kontrolle ohne Anstrengung auf natürliche Weise.

Lassen Sie uns als letzten Punkt des Überflusses an *Gefühlen* für einen Moment die Gefühle des Festhaltens und des Loslassens betrachten. Damit begeben wir uns ins Reich der reinen Metaphysik, aber es ist ein lebenswichtiges Verständnis, besonders wenn Sie mehr und mehr Fortschritte dabei machen, Ihr Bewußtsein so einzusetzen, daß Sie die Dinge, die Sie wollen, materialisieren.

In meinem Buch ›*Die Kraft ohne Grenze*‹ habe ich geschrieben, daß Sie, wenn Sie von jemandem um etwas gebeten werden, es ihm auch geben sollten. Vielleicht hätte ich dies näher erläutern sollen, denn es gab hier etwas Verwirrung. Das Konzept sieht wie folgt aus. Wenn Sie sich wahrhaftig so fühlen, als wären Sie ein Teil aller Dinge, und sich das Leben in Ihrem Innern – statt außerhalb von Ihnen – abspielt, dann wird der gesamte Überfluß der Welt im *Gefühl* Ihr Überfluß, obwohl er Ihnen im Moment vielleicht nicht vollkommen zugänglich ist. Wenn Sie auf diese Weise fühlen, daß Sie alles sind und daß alles wiederum Sie selbst sind, erlaubt Ihnen dies eine Einstellung von unendlichen Möglichkeiten, so daß Sie unbegrenzte Mengen von überall und zu jeder Zeit erhalten können. Um in diese Art des Empfangens einzutreten, müssen Sie in bezug auf die Dinge, die Sie *besitzen*, eine Haltung des Fließens und nicht des

Festhaltens einnehmen. Das bedeutet, daß, wenn Sie einen bestimmten Besitz haben, der Ihnen nützlich und angenehm ist, und Sie diesen Besitz mit dem Gefühl des Festhaltens umgeben, dieses Gefühl Sie vom Fluß und dem ungezügelten Gefühl abschneidet, das Ihnen sagt, daß Überfluß überall vorhanden ist und die Dinge zu Ihnen auf natürliche Weise und ohne Anstrengung kommen.

Die Idee des Loslassens und Nichtfesthaltens bedeutet nicht, daß Sie dadurch unausgeglichen werden müssen. Wenn Sie also zum Beispiel 2000 Dollar auf Ihrem Konto haben und in der nächsten Woche Verpflichtungen in derselben Höhe auf Sie zukommen, müssen Sie dieses Geld nicht hergeben, wenn Sie jemand danach fragt. Es besteht für Sie keine Notwendigkeit, unausgeglichen zu werden, um im Fluß zu bleiben, denn diese Unausgeglichenheit würde Sie aus dem Fluß werfen.

Das gesamte Eigentum, das Sie besitzen, ist im Grunde genommen von der Gotteskraft gemietet. Es wird irgendwann freigegeben, entweder weil Sie sterben und es nicht weiter brauchen, oder weil Sie es verbrauchen oder einem anderen übertragen. Viele dieser Elemente bilden einen Teil Ihrer Bedürfnisse, und das Abgeben könnte zu einem Problem führen. Müssen Sie deshalb zum Beispiel, wenn jemand Ihre Hosen bewundert, diese sofort hergeben und in Unterhosen mit dem Bus nach Hause fahren? Nein, denn das würde für Sie eine bestimmte Unausgeglichenheit verursachen. Wenn Sie aber 60 Hosen in Ihrem Kleiderschrank hängen haben und jemand bittet Sie um eine Hose, so geben Sie sie ihm. Denn in einem solchen Moment fällt die Hose nicht in die Kategorie des unmittelbaren Bedarfs. Und vor Ihrem Hintergrund des Nichtfesthaltens können Sie dieses Kleidungsstück als ein Teil einer Bestätigung freigeben, die Ihnen sagt, daß der Überfluß der Gotteskraft Sie mit einer weiteren Hose versorgt, wenn Sie sie je benötigen sollten.

Passen Sie auf, daß Sie das, was Sie *besitzen,* nicht mit einer Emotion belasten, die das begrenzte Gefühl ausstrahlt:

»Dies ist alles, was ich habe, und ich sollte besser bis zum bitteren Ende daran festhalten.« Denn andere Menschen fühlen dies, und man kann nicht einfach von den anderen Menschen erwarten, daß diese Ihnen ihren Wohlstand übertragen, wenn Sie nicht dieselbe Einstellung haben. Wenn Sie alles Vorhandene als unendlich betrachten, sind Ihre Emotionen ausgeglichen, denn Sie wissen, daß in Zukunft immer mehr vorhanden sein wird. Wenn Sie auf diese Weise empfangen und geben, sind Sie frei. Sie können ohne Emotionen empfangen, und Sie können auf dieselbe Weise geben.

Was ist spiritueller Überfluß? Er kann nicht darin bestehen, lediglich einen Scheck für Äthiopien auszustellen. Es ist mehr. Es ist dieser Punkt des reifen Bewußtseins, in dem Sie in allen Dingen Werte erkennen. Es gibt einen spirituellen Bach der Energie, der alle Dinge bestimmt und, da er durch alle Realität fließt, seinen Wert untermauert und gewährleistet. Wenn Sie sich diesem Verständnis anschließen und danach leben, ihm vertrauen, so ist das aus meiner Sicht spiritueller Überfluß.

Um Ihr Bewußtsein anzuheben und das *Gefühl* des fließenden Überflusses zu praktizieren, versuchen Sie – zumindest eine Zeitlang – nicht ›danke‹ zu sagen, wenn Menschen Ihnen Dinge geben. Nehmen Sie das Teil einfach, und akzeptieren Sie es, wie der Tiger seine Mahlzeit im Wald verspeist, ohne ein ›Würden Sie bitte ...‹ oder ein ›... wenn es Ihnen nichts ausmacht‹. Dem liegt die Idee zugrunde, das Kommen und Gehen der Dinge als natürlich und unemotional anzusehen. Sie haben es erwartet. Wenn Sie dann von Ihrem Eigentum etwas abgeben, sollten Sie auch nicht irgend etwas dafür erwarten. Geben Sie einfach, und gehen Sie weiter. Auf diese Weise entwickelt sich ein Ausgleich in Ihrem Geben und Nehmen. Je weniger Widerstand Sie erzeugen, um so größer ist der Fluß. Das ist natürlich der Schlüssel zum Leben. Durch das Ablegen Ihres Widerstandes erscheinen Sie vielleicht zunächst etwas verwundbarer, obwohl der Mangel an Widerstand Sie schließlich in den Fluß stellen wird. Wenn Sie auf diese Weise an nichts festhalten, erhalten Sie alles.

Soviel über Denken und Fühlen. Lassen Sie uns nun unsere Aufmerksamkeit der Aktion widmen, ohne die Ihr Bewußtsein in einem Stadium verbleibt wie zwei sich liebende Skelette in einer Keksdose – alles nur Schütteln und Wind, aber keine Substanz.

»Auf zum Markt.« Lassen Sie uns in die menschlichen Affären einsteigen und dazugehören!

7

Konzertierte Aktion im Markt

Die wesentlichen physischen Aspekte des Überflusses sind Ihre Aktionen im Markt des Lebens. Das Gesetz des Universums kann Ihnen keinen Scheck aus den Wolken zustellen. An einem bestimmten Punkt müssen Sie auf den Markt gehen, andere Menschen finden, ihre Bedürfnisse befriedigen und sie dazu bewegen, etwas Symbolhaftes auf Ihr Bankkonto zu überweisen. Das ist der erkannte Weg.

Während Sie neue Möglichkeiten eröffnen und sich selbst erweitern, müssen Sie ›dort hinaus‹ gehen und entdecken, was tatsächlich in der Welt passiert. Es ist sinnlos, Ihre Energie anzuheben und eine Menge Leute anzuziehen, wenn Sie nichts haben, was Sie ihnen verkaufen können, wenn sie kommen.

Das bedeutet ganz einfach ausgedrückt, daß Sie eine Fähigkeit, ein Wissen oder ein Produkt haben müssen. Es gibt sonst nichts, was die Menschen haben wollen. Von diesen drei Begriffen scheint mir eine Fähigkeit der am wenigsten attraktive Begriff zu sein. Denn damit haben Sie das Problem, daß Sie für diesen Begriff jeden Tag dasein und etwas Persönliches tun müssen. Dies kann sehr zeitraubend sein und möglicherweise den Umfang dessen einengen, was Sie mit dieser Fähigkeit verdienen. Eine Fähigkeit hat jedoch auch einen Vorteil. Und zwar besonders in einer Welt, in der die meisten ihrer Tätigkeiten nutzlos sind. Wenn Sie Ihre Fähigkeit exzellent und sorgfältig anbieten können und dies von den Menschen verstanden wird, werden Sie unmöglich verhungern. Denn der Wettbewerb in seiner Mittelmäßigkeit erlaubt es Ihnen ohne große Anstrengung, aus der Menge herauszuragen. Und solange Sie effektiv sind und darin investieren, die Menschen wissen zu lassen, wer Sie sind und was Sie tun, ist Ihre Zukunft bombensicher.

Damit kommen wir wieder zu dem Punkt, an dem Sie in sich selbst zu investieren haben. Der Grund dafür, daß viele Menschen so armselig sind, liegt einfach darin, daß sie sich nicht die Zeit nehmen, ihre Fähigkeiten zu entwickeln und zu verfeinern. Es herrscht solch ein Gehetze, es im Leben zu etwas zu bringen, um einen modernen Lebensstil aufrechtzuerhalten, daß die Leute hinausstolpern und versuchen, sich zu vermarkten, bevor sie irgendeine reale Berufserfahrung in ihrem Bereich haben.

So verurteilen Sie sich selbst zu einem immerwährenden Kampf, denn Ihre Anstrengungen sind von derselben Mittelmäßigkeit wie die der anderen. Ich glaube, daß das alte europäische System, in dem die Menschen bis zum Meister eines Handwerks eine Lehrzeit von sieben Jahren durchlaufen mußten, durchaus seine Vorteile hatte. Denn obwohl der einzelne während dieser Jahre auf einem sehr niedrigen Niveau lebte, schloß er diese Erfahrung doch mit Stolz und einer gut ausgebildeten Fähigkeit ab. Dieses Können wurde von der Gesellschaft als etwas Besonderes anerkannt.

Es ist wichtig, daran zu erinnern, daß Qualität immer überleben wird. Wenn Sie eine Funktion gut ausführen können, haben Sie nicht nur das Vergnügen zu wissen, daß Sie verdammt gut sind, sondern Sie werden auch irgendwann im Markt eine Nische haben, aus der Sie nie wieder verdrängt werden.

Um etwas Besonderes zu werden, müssen Sie sich umdrehen und gegen den Strom schwimmen. Die Massen, die in der Apathie gefangen sind, leben in einer verstandesstarren Existenz völlig geistlos und erwarten einen ständigen Nervenkitzel und sofortige Befriedigung. Wenn deren Kinder dann Teenager werden, reagieren sie natürlich genauso und kümmern sich wenig um hervorragende Leistungen. So leben sie langfristig dann von einer schalen Diät unmittelbarer Einkommen und leiden unter dem Mangel an Substanz.

Aber warum sollte sich irgend jemand Sorgen machen? Wenn diese Menschen es nicht schaffen und es ihnen schlechtgeht, wird schon irgendeine anonyme Körperschaft die Dinge richten.

Im alten China wurden die Fähigkeiten hoch geschätzt, und obwohl ein Gärtner sozial unter dem Kaiser stand, erfüllte er sich selbst durch seine Fähigkeit als Gärtner und erreichte so sein Ziel im Leben. Im japanischen Zen, das von der alten taoistischen Philosophie abstammt, entsteht die Aktion aus der Einstimmung eines Menschen in den Fluß der Dinge. Eine Anzahl von Umständen oder selbst eine Fähigkeit enthält in sich eine Perfektion nur um ihrer selbst willen, und das Endprodukt dieser Perfektion wird durch den Gesamtausgleich der Dinge honoriert. Auf diese Weise wird ein Zen-Meistertöpfer belohnt, weil er Schönheit schafft. Und dieses Schöne hilft – da es perfekt ist – den Menschen, die Gotteskraft in allen Dingen zu sehen. So ist seine Arbeit ewig und gottähnlich – sie besitzt Geist und Bedeutung. Sie besitzt einen Wert, der von jedem erkannt wird, da in der Form und der Qualität seiner Töpfe ein materieller Beweis der Unsterblichkeit und der Unendlichkeit aller Dinge ruht.

Aber für die meisten Menschen ist das Durchdringen ihrer Arbeit mit Hochwertigkeit lediglich ein intellektuelles Konzept. Diese Hochwertigkeit muß im Laufe der Zeit erworben werden. Die meisten wollen die erforderliche Zeit und Anstrengung nicht investieren, da sie nicht erkennen, daß das Produkt ihrer Fähigkeit einen wesentlichen Wert ausmacht, der weit über das hinausgeht, was dafür berechnet werden kann. Es gibt eine spirituelle Göttlichkeit, die auf natürliche Weise durch die Angelegenheiten der Menschen driftet. Sie ist aber *nur* sichtbar, wenn Tätiges mit dieser Göttlichkeit im Bewußtsein vorgenommen und ausgeführt wird.

Wenn Sie eine Fähigkeit im Markt des Lebens anbieten und diese Fähigkeit leblos und mangelhaft ist, so nimmt

Ihre gesamte Energie durch die tagtägliche Ausführung dieselbe rhythmische Langeweile an. Allmählich drängt Sie diese Langeweile, sich anderswo umzusehen, so daß Sie sich ständig verändern werden und nie Ihre Fähigkeit zur Meisterschaft bringen. Deshalb ist es besser, eine spirituelle Sicht in Ihre Arbeit einzubringen und darauf zu achten, daß Ihre Tätigkeit eine Qualität aufweist, die sowohl spirituelles Wachstum als auch finanziellen Ertrag bietet. Auf diese Weise wird das, was Sie tun, heilig und bekommt Sinn. Es ist nicht wichtig, wie lange eine bestimmte Sache dauert, vorausgesetzt, daß ein Gesamtausgleich stattfindet. Für die Menschen ist es schwierig, etwas Besonderes in dem zu sehen, was hauptsächlich düster und nüchtern erscheint. Aber befindet sich die Gotteskraft nicht in den Menschen? Und wenn das so ist, warum zeigt sich dann nicht diese Gotteskraft in den Taten und in den Produkten dieser Menschen?

Liegt es Ihnen nicht, eine Fähigkeit oder ein Handwerk anzubieten, so besitzen Sie vielleicht ein Wissen, das Sie anbieten können. Wir leben im Informationszeitalter. Es gibt Milliarden von Menschen, die danach lechzen zu erfahren, wie bestimmte Dinge bewältigt werden. Wenn Sie also wissen, wie etwas zu bewerkstelligen oder wo etwas zu finden ist oder was mit einer bestimmten Sache getan werden oder wann man etwas Bestimmtes bekommen kann, so können Sie diese Informationen mit anderen teilen.

Was so angenehm am Wissen ist, ist die verschiedene Art, wie es übermittelt werden kann. Meist sind Sie nach dem ersten Produktionszeitraum nicht mehr mit einbezogen. Dies gilt besonders in unserer Zeit, mit den so weit fortgeschrittenen Nachrichten-Übermittlungsmethoden. Wissen kann auf 100 verschiedene Arten weitergegeben werden: über das Fernsehen, auf Kassetten, in Büchern, in Handbüchern, auf Disketten, auf CDs, auf Mikrofilm, in Seminaren und natürlich auch auf persönliche Art. Wissen ist unglaublich wertvoll. Doch oft wird dies von manchen Leuten nicht erkannt, da sie sich nicht vorstellen können, daß andere für eine Gedankenform zahlen werden. Aber Wissen ist eine Ware, und man kann sie verkaufen. »Ich weiß, wie man dies macht, bezahlen Sie mich, und ich zeige es Ihnen.« »Ich weiß, wo der letzte Laib Brot in New York zu finden ist, geben Sie mir 1000 Dollar, und ich sage es Ihnen.«

Wenn Sie jedoch keine Informationen besitzen, an denen jemand interessiert sein könnte, sind Sie wieder gezwungen, in den Erwerb von Informationen zu investieren. Einige Leute glauben an die alles beherrschende Macht des Erziehungssystems und denken, daß man es ohne einen College-Abschluß im Leben zu nichts bringen kann. Das Problem ist jedoch, daß das meiste, was in Colleges gelehrt wird, niemand wirklich brauchen kann. Da außerdem allen anderen, die ein College besuchen, das gleiche gelehrt wird, weiß das jeder. Ich sehe lediglich, daß ein College-Abschluß dabei helfen kann, anderen zu helfen, einen College-Abschluß zu erreichen, den sie dann jedoch nicht nutzen können. Und ich denke, daß ein College-Abschluß hilfreich ist, wenn Sie darauf hoffen, Gehirnchirurg oder dergleichen zu werden. Aber wahrscheinlich bekommt man für die Hälfte der College-Abschlüsse nicht mal einen Job in einer Pommes-frites-Bude. So müssen Sie sich also entscheiden, ob Sie drei oder fünf Jahre vergeuden wollen, in denen Sie etwas studieren, das anschließend vielleicht niemand kaufen will.

Ich traf einmal einen Mann, der ein Stipendium bekommen hatte, um eine bestimmte Käferart in Südamerika zu studieren. Ich fragte ihn, was er damit zu erreichen hoffe, denn ich hatte das Gefühl, daß die Nachfrage nach dieser Art von Arbeit nicht besonders groß war. Er sagte mir, daß er die Untersuchungen um ihrer selbst willen vornehmen wolle – nicht mehr und nicht weniger. Ich sagte ihm, wenn er klug genug sei, ein paar Idioten aufzutreiben, die ihm ein Stipendium zum Studium irgendeines uninteressanten Käfers geben, sei er auch klug genug, irgend etwas anderes zu machen und eine Menge Geld damit zu verdienen. Wem nutzt also dieser ganze Käferkram etwas? Schließlich verstand ich es. Der Grund dafür, daß der Mann einen Käfer studieren würde, an dem niemand interessiert war, lag darin, daß er auf diese Weise für einige Jahre verhindern konnte, sich in den Markt des Lebens zu stürzen. So bedeutete der Käfer Sinn, nicht weil es irgend jemanden wirklich interessierte, was der Käfer tat oder nicht tat, sondern weil dieser Mann es brauchte. So trottete er zweifelsohne irgendwo zu irgendeiner Palme und zählte Käfer, bis das Geld ausgegeben war. Aber was war das für eine Verschwendung.

Natürlich brauchen Sie keinen Universitätsabschluß, um reich zu sein. Sie müssen nur Ideen haben. Vielleicht wirft Sie ein solcher Abschluß sogar zurück, da er Sie in Tick-Tock einbindet und damit vielleicht Ihren kreativen Verstand unterdrückt. Tatsache ist jedoch, daß viele Millionäre über wenig Ausbildungsqualifikationen irgendwelcher Art verfügen. Aber sie haben Wissen. Der Unterschied liegt darin, daß sie Wissen verkaufen können, während andere die ›Allgemeinbildung‹ des Tick-Tock haben, die nicht soviel wert ist – wenn überhaupt etwas.

Das Interessante am Wissen ist, daß man es in einer Art Ausbildungs- oder Informationsform verkaufen kann. Man kann es benutzen, um sich selbst in eine gewinnerzeugende Situation zu bringen, oder man kann das Endprodukt verkaufen. Wenn Sie sich zum Beispiel die Zeit nehmen, sich über die verschiedenen Bedingungen des Marktes zu informieren, werden Sie bald Preisunterschiede feststellen, die zwischen verschiedenen Orten existieren. Diese Information ist für Sie wertvoll, denn Sie können sich dann damit beschäftigen, Artikel an Orte zu schaffen, wo die Menschen sie haben wollen, um dort Preise zu erzielen, die dort bezahlt werden. Aber es geht immer wieder darauf zurück: Was wissen Sie, das andere nicht wissen, oder wen kennen Sie?

Etwas anderes scheint mir im Zusammenhang mit Wissen sehr interessant zu sein. Sie brauchen notwendigerweise nicht mit einer umwerfenden Idee herauszukommen, um ins Wissensgeschäft einsteigen zu können. Sie können auch lediglich das überprüfen, was bereits bekannt ist, dies in einer neuen Verpackung anbieten, und die Leute werden darauf reagieren. Wenn Sie Wissen verkaufen wollen, so werden Sie sich nicht allzuweit von dem Hauptstrom entfernen wollen, da sonst die Leute dort nicht verstehen würden, was Sie ihnen eigentlich verkaufen wollen.

Nun, wenn Wissen nicht zu Ihrem Betätigungsfeld zählt, so sind Sie vielleicht der geborene Kaufmann. Dieser Weg geht über das Produkt. Natürlich ist der Spaß am Verkaufen der, daß es keine reale Grenze dafür gibt, wieviel Sie von einem Produkt verkaufen können. Haben Sie erst einmal ein erfolgreiches Produkt am Markt, produzieren Sie es immer weiter und verkaufen es an immer mehr Menschen. Das Angenehme darin ist, daß Sie dabei nicht für den Umfang Ihrer Arbeit bezahlt werden, sondern für die Menge des Umsatzes. So steigen Sie in ein Energiepotential, für das es keine Grenze gibt.

Der Trick beim Kaufen und Verkaufen ist, daß Sie das Produkt interessieren sollte. Wählen Sie etwas aus, das Sie wirklich lieben. Denn wenn Sie sich in der Situation finden, daß Sie etwas verkaufen, das Sie überhaupt nicht interessiert, wird Ihre Motivation früher oder später nachlassen. Die Negativität und der Kampf des Marktes werden Sie dann hinunterdrücken, und schließlich werden Sie nicht mehr genug verkaufen können, um davon anständig leben zu können. Alles driftet dann in eine endlose miese Spirale.

Wenn Sie also Plastik-Toilettensitze verkaufen, die den *River-Kwai-Marsch* spielen, sobald sich der Benutzer niederläßt, müssen Sie diese Musik lieben. Sobald Sie das Pfeifen des ›Colonel-Bogey-Marsches‹ hören, muß Ihre Gesamtaura vor Ehrfurcht und Inspiration glitzern, so daß Sie wie Tinkerbell im Verkaufsraum herummarschieren. Andernfalls werden die Sitze langweilig, und Ihr Verkauf wird lediglich zu einer Art Lebenserwerb, dessen Eintönigkeit Ihren Verstand verrotten läßt.

Natürlich sind Toilettensitze vielleicht nicht Ihre Wahl, aber das ist nicht wichtig. Irgendeiner wird es tun, und zwar gut. Lassen Sie mich von einem bestimmten englischen Gentleman mit dem Namen Thomas Crapper erzählen. Der alte Tom lebte irgendwann im letzten Jahrhundert. Mitte der fünfziger Jahre des letzten Jahrhunderts stellte der alte Mister Crapper Toilettenschüsseln (die zu jener Zeit als Wasserklosetts bekannt waren) her, vertrieb sie und löste im viktorianischen England einen Sturm der Begeisterung aus. Dies ging so weit, daß die Abkürzung seines Nachnamens im Volksmund schließlich für die Schüsselbewegung stand. Thomas Crapper hatte seinen Namen einer flügge gewordenen Branche aufgedrückt, so daß sein Produkt und sein Name für ein und dasselbe standen. Über 100 Jahre später arbeitet die Firma, die seinen Namen trägt, noch immer in derselben Branche und liefert weltweit den unterschiedlichsten Kunden Toiletteninstallationen. Denn für jeden alten Socken gibt es auch einen Schuh. Alles, was Sie für sich selbst finden müssen, ist eine Nische. Dann müssen Sie Ihren Anstrengungen einen bestimmten Stil verleihen, und schon sind Sie auf dem Weg.

Wenn Sie Ihr Produkt lieben, geben Sie jedem Teil, das Sie anbieten, auch ein Stück von sich selbst mit. Das lebt dann sein eigenes Leben weiter, das nach Ihnen geformt ist. Wenn die Leute es kaufen, kaufen sie auch einen Teil von Ihnen. Es ist, als wenn sie durch das Forttragen dieses Teils einen Teil des Gefühls mit forttragen, das Sie schätzen. Haben Sie sich je gefragt, warum Urlaubssouvenirs sich so gut verkaufen, obwohl sie so billig und schäbig sind? Es liegt daran, daß der Kunde seine emotionalen Erinnerungen an eine glückliche Zeit damit verbindet. So wird aus dem grotesken Plastikbullen, der in einem Aschenbecher steht, ein Symbol positiver, sorgenfreier Tage – vielleicht sogar einer Urlaubsromanze. Nun können Sie diese Plastikbullen-Routine auf alles übertragen, was Sie haben, sobald Sie sich mental in dieses Produkt projizieren. Dabei kann es sich um eine bewußte Meditationsart oder um eine unbewußte Energie handeln, die Sie Ihrem Produkt verleihen, da Sie sich darum kümmern und es lieben.

Ich kenne einen heruntergekommenen Typen mit sehr zweifelhaftem Ruf, der in Kalifornien einen Naturkostladen betreibt. Wann immer Ihnen danach ist, seinen Laden zu betreten, ist er nicht da. Aber abgesehen davon, lernte ich zwei sehr interessante Verkaufstricks von ihm. Zudem wurde ich durch diese Bekanntschaft an wichtige Tatsachen im Leben erinnert, nämlich, daß jemand – selbst wenn er zu zwei Dritteln oder gar zu vier Fünfteln ein Revolutionär ist – noch über versöhnliche Eigenschaften verfügt und uns auf diese Weise etwas lehrt. Wenn schon nichts anderes, so lehrt er Sie doch, zu erkennen und sich daran zu erinnern, welche Art von Energie Sie nach oben bringt.

Was jedoch an seinem Laden interessant ist: Er spielt klassische statt New-Age-Musik, und zwar sehr laut. Dies erweckt Ihre Aufmerksamkeit. Denn die meisten New-Age-Läden spielen diese alkalische Blechmusik, die sich so anhört, als wenn drei Hunde in eine Konservenbüchse pinkeln. Seine Musik jedoch entzündet und fordert Sie, was den Umsatz anhebt. Zudem habe ich bemerkt, daß er immer wieder im Laden herumgeht und jedes Teil berührt. Er war besonders darum bemüht, alle Teile zu berühren und zu drehen, die im Sonderangebot waren oder auf denen er sitzengeblieben war. Er erklärte mir, daß nur wenige Tage, nachdem er ein Produkt berührt oder sich darum gekümmert hat, es unausweichlich auch gekauft wird. Durch das Eingeben Ihrer Energie in Ihre Produkte verändern Sie diese.

Vor Jahren kam ich auf einer Reise in den westlichen Vereinigten Staaten in einen Laden, der Wohnungsaccessoires verkaufte: Porzellanfiguren, Kirchenfensterglas und dergleichen Dinge mehr. Interessant an diesem Geschäft war, daß es so gut dekoriert war. Es hatte eine so magische Atmosphäre, daß jeder hineingehen und sich darin umsehen wollte. Also nahm der Ladeninhaber von seinen Besuchern Eintrittsgeld.

Welch fantastische Idee und sehr metaphysisch! Denn wenn Sie von jedem, der Ihren Laden betritt, vielleicht einen Dollar kassieren, sind Sie emotional nicht daran beteiligt, ob Sie Ihre Produkte verkaufen oder nicht. Denn Sie können so 30 000 Dollar im Monat einnehmen, ohne etwas zu verkaufen, tatsächlich könnten sogar alle Produkte in einem solchen Geschäft Ladenhüter sein. Aber warum sich darüber Sorgen machen? Sobald Sie keine Emotionen über Verkaufen oder Nichtverkaufen haben, lösen Sie sich los. Und während sich Ihre Gefühle lösen, schafft dies ein Energievakuum um Sie herum, das die Menschen auf eine natürliche Weise anzieht. Wenn Sie mental nicht daran beteiligt sind, ob Sie etwas verkaufen oder nicht, ist der Kunde entspannter. Er kann das Magische in Ihrem Geschäft ohne Druck genießen. So wird der Kunde von der Energie des Ortes gefangen und kauft tatsächlich zweimal soviel – unabhängig davon, ob er das nun haben will oder nicht. So verkaufen Sie Magie und nicht das Produkt. Ich ging oft in diesen Laden, hauptsächlich, um das System zu verstehen. Ich bemerkte, daß viele Kunden Urlauber waren. Sie zahlten ihr Eintrittsgeld und gingen in den Laden ohne bestimmte Absicht. Dabei wurden sie in eine Art meditativen Entzückens versetzt, hervorgerufen durch das Parfum, die Musik und die märchenhafte Atmosphäre des Ortes. Die angebotenen Produkte waren unglaublich ungewöhnlich. Dazu gehörten sicherlich nicht Dinge des täglichen Bedarfs. So würden Sie bestimmt nicht morgens aufwachen und sagen: »Wir brauchen ein zwei Fuß hohes Porzellanei, das Leben geht so nicht weiter.« Aber es passiert Ihnen, daß Sie aus diesem Laden gehen und ein Keramikei für 600 Dollar mit zurück nach Detroit nehmen, ohne überhaupt zu wissen, warum Sie es gekauft haben. Und Ihr Mann wird Ihnen sagen: »Wofür zum Teufel brauchen wir dieses Ei?« Und Sie werden antworten: »Ich weiß es nicht, es war die Magie des Ortes, die mich gefangennahm. Ich wollte davon etwas mit nach Hause nehmen, so kaufte ich eben dieses Ei.« Und Ihr Mann wird mit den Schultern zucken und denken: Wir sind hereingelegt worden!

Ich habe nie den Inhaber des Ladens kennengelernt. Aber zwei Dinge wußte ich über ihn. Erstens war er ein lebender Meister in der subtilen Kunst, ›das Zischen und nicht das Steak zu verkaufen‹. Und zweitens war er ein Experte in dem von ihm gewählten Bereich. Er kannte sein Produkt.

Beim Verkaufen von Dingen sollte man daran denken, sowohl eine Atmosphäre als auch eine Begeisterung um die Produkte herum zu schaffen, man muß wissen, was man verkauft. Und Sie müssen sich auskennen. Es ist lebenswichtig, ein Experte in dem von Ihnen ausgewählten Bereich zu werden. Die Leute brauchen Informationen, um Kaufentscheidungen zu treffen. Und je mehr Sie den Leuten sagen können (besonders wenn Sie diese Informationen auf eine unvoreingenommene Weise anbieten), um so mehr Leute werden darauf reagieren. Vertrauen baut sich auf, und die Leute werden immer wiederkommen.

Denken Sie daran, daß Sie als Kaufmann, der hergestellte Produkte oder irgendeine Art besonderen Service verkauft, immer etwas reserviert und argwöhnisch betrachtet werden. Dies liegt daran, daß auf Kaufleute immer als auf profitierende Trickkünstler herabgeblickt wird. Wenn Sie denken, daß ein Kaufmann seine Arbeit ohne besondere Fähigkeiten tun kann, wenn es sein muß, sicher auch ohne das meiste Wissen, lassen Sie die Welt doch einmal ohne die Produkte funktionieren. Drei Wochen ohne Gas, Bier, Glühlampen oder was auch immer, und der ganze Ort würde sich auflösen. Persönlich glaube ich, daß das Leben eines Kaufmanns ein ehrenwertes ist. Ich kann das Gute in der Arbeit erkennen, die den Menschen die Dinge liefert, die sie brauchen.

Die Tatsache, daß auf Verkäufer und Kaufleute herabgeblickt wird, geht auf alte Zeiten zurück. Die Aristokratie dachte damals, daß es unter ihrer Würde liege, Handel zu treiben oder zu arbeiten. Die Intelligenz und der Klerus waren glücklich, wenn sie nur ihren Verstand in Ruhe arbeiten lassen konnten, so daß es den Kaufleuten überlassen blieb, die Menschen zu versorgen. Unternehmer wurden als soziale Außenseiter angesehen und galten nur etwas mehr als die Bauern, die auf der niedrigsten Stufe standen. Schließlich ging der Aristokratie das Geld aus, die Intelligenz schwebte über dem Gelderwerb, der Klerus war damit beschäftigt, das Volk zu manövrieren, und so hatten sie keine Möglichkeiten, irgend etwas Besonderes zu produzieren. Eines Tages stellten fast alle fest, daß den Kaufleuten die Welt gehört.

Das brachte diesen wenig Respekt, aber eine Menge Freiheiten ein. Denn nun waren sie in der Lage, sich aus den Manipulationen und Restriktionen des Lebens freizukaufen. Ich mag Kaufleute. Besonders solche, die wissen, was sie tun, und die in ihrem Bereich Experten sind. Die Tatsache, daß sie sich mit Aspekten des Lebens beschäftigen, die mich nicht interessieren, erlaubt es mir, mich auf Dinge zu konzentrieren, die mich interessieren.

Ich persönlich fühle mich in Eisenwarenhandlungen unwohl. Irgend etwas an diesen kleinen grünen Schachteln und den kleinen Ölpapierstücken stört mich, ohne daß ich weiß, warum. Vielleicht liegt das an meinem Mangel an Geschicklichkeit, denn ich habe die mechanische Begabung einer Kaulquappe. Ich weiß nie, was ich tue, wenn ich in einem dieser Geschäfte bin, die in mir ein Gefühl der Hilflosigkeit auslösen. So sage ich: »Hören Sie, ich brauche dieses Ding, um dieses Dingsda in meinem Badezimmer anzukleben«, und der Verkäufer antwortet: »Nun, wollen Sie den Multi-Schwingknebelflansch mit Rückwärtsgewinde oder mit Rechtsgewinde ...«, und ich weiß dann nie die Antwort darauf. Ist es nicht eine Freude, jemanden zu treffen, der in einem solchen Geschäft arbeitet und alles über Flansche weiß und Ihnen alles erzählt, was Sie wissen müssen, und Ihnen dann auch noch dabei hilft, das Richtige auszuwählen? Sie fühlen sich dann beruhigt. Die Tatsache, daß Sie ein manueller Spastiker sind und daß Sie Unterricht benötigen, nur um einen Nagel in die Wand zu schlagen, entschwindet Ihrem Gedächtnis, und Sie kommen sich wie ein Pyramidenerbauer früherer Jahrtausende vor.

Dollar-Tanz 10

»Um Menschen erfolgreich bedienen zu können, müssen Sie sich psychologisch unter sie stellen, was bedeutet, daß Sie, während Sie sie bedienen, Ihr Ego den Bedürfnissen der anderen unterordnen müssen (jedenfalls so lange, bis Sie deren Geld haben).«

Der Trick – unabhängig davon, ob Sie eine Fähigkeit, ein Wissen, ein Produkt oder gar eine Kombination all dieser drei Dinge verkaufen – ist Qualität und Service. Es gibt wenig über Qualität zu sagen, außer vielleicht – eine ganze Menge. Die Menschen kaufen sie immer wieder.

Und hier ist der Trick für Service. Es ist schwierig, aber wenn Sie ihn lernen und ihn gut lernen, wird Ihnen das viele profitable Jahre sichern. Zunächst haben die meisten Menschen überhaupt keine Ahnung davon, wie man bedient, denn ein Diener zu sein ist heute nicht modern. Jeder will seine eigene Person und seine Unabhängigkeit herausstellen. Wenn Sie zum Beispiel in ein Restaurant gehen, erzählt die Bedienung über sich selbst, statt sich auf Ihre Wünsche zu konzentrieren. »Hallo, ich bin Maisy. Ich muß Ihnen sagen, ich habe gerade einen Kurs in transzendentaler Meditation abgeschlossen. Ich kann Ihnen sagen, daß mir das eine Menge mit meinem PMS geholfen hat. Ich kann jetzt wieder einen normalen Orgasmus bekommen, und zudem nimmt mich mein Freund in ein oder zwei Wochen mit nach Maui. Sind Sie schon mal in Maui gewesen?« Und Sie sitzen da und denken: Was bin ich eigentlich? Eine Ziegelsteinmauer, ein Psychiater, ein verdammter Reisekatalog? Ich bin nur hierhergekommen, um zwei Eier und eine Scheibe Toast zu essen. Was hat das alles mit diesem PMS, dem Orgasmus und Maui zu tun?

Worauf es hierbei ankommt, ist, daß Sie sich, um Menschen erfolgreich bedienen zu können, psychologisch *unter* sie stellen müssen. Das bedeutet jedoch nicht, daß Sie weniger bedeuten als diejenigen, die Sie bedienen. Es bedeutet lediglich, daß Sie, während Sie bedienen, Ihr Ego/Ihre Persönlichkeit den Bedürfnissen der anderen unterordnen müssen. Das ist für die meisten Menschen schwierig, da sie das Gefühl brauchen, dem Kunden *überlegen* oder zumindest *gleichgestellt* zu sein.

Wer aber wem überlegen ist, wer schlauer oder wer reicher ist, ist für die Abwicklung des Geschäfts vollkommen irrelevant. Durch Unterordnung, Ruhe und Konzentration auf die Wünsche des Kunden gibt man sich selbst. Der Kunde fühlt diese Übertragung von Energie und reagiert darauf. Dienen zu lernen ist einer der großen Gelderwerbstricks im Leben. Sie ordnen Ihre Beklemmung, Ihre Ängste und Ihre Bedürfnisse lange genug zugunsten des Kunden unter, um das Geschäft abschließen zu können. Im Dienen liegt die Zufriedenheit darüber, die Dinge gut zu tun. Sie lernen Demut und machen gleichzeitig eine Menge Geld.

Einmal war ich in einem schicken Hotel in Washington D.C. und wartete darauf, ein Seminar zu beginnen. Als ich beim Ober eine Flasche Perrier bestellte, fragte dieser mich ganz nebenbei: »Worin liegt eigentlich das Geheimnis, Trinkgelder zu bekommen? An einigen Tagen klappt es ganz gut und an anderen überhaupt nicht.« Ich sprach zu dem Jungen über die Unterordnung des Egos. Er verstand es aber nicht ganz, und so bat er mich, ihm an einem Beispiel zu erläutern, was ich meine. Ich sagte zu ihm: »Stellen Sie sich vor, ein Mann kommt mit seiner Frau an Ihre Bar. Warum sind sie hier? Zuerst und vor allem: Das Leben macht den Menschen angst. Die meisten bewegen sich ständig in verschiedenen Stadien scheußlichen Terrors. Ihr Kunde betritt also diese elegante Bar, um dem Terror zu entfliehen. Er will seine Ruhe haben, sich entspannen und einen ruhigen Moment genießen, in dem er sich selbst erfrischen kann, bevor er zurück in die Schlacht der Dinge muß. Gehen Sie sofort, wenn er eintritt, auf ihn zu. Sagen Sie nichts, außer: ›Guten Morgen, mein Herr. Was kann ich für Sie tun?‹ Wenn er etwas bestellt, hören Sie zu. Sprechen Sie nur über seine Bedürfnisse, außer wenn Sie angesprochen werden. Sagen wir einmal, Ihr Kunde möchte einen Wodka mit Tonic. Fragen Sie ihn: ›Mit Eis, mein Herr? Etwas Zitronensaft, noch eine Serviette, eine Schale Nüsse? Was kann ich für Sie tun? Kann ich Ihnen ein zusätzliches Kissen bringen? Hätten Sie gerne die Morgenzeitung? Was hätte Ihre Frau gern? Tomatensaft, Orangensaft, eine Liste der örtlichen Friseure?‹ Mit anderen Worten: Der Ober muß sich aus einem Ort der Konzentration, der Unterordnung und des vollständigen und unbegrenzten Dienens dem Gast nähern. Nichts verursacht zuviel Umstände. Der Kunde hat immer recht, selbst wenn er nicht recht hat. Es gibt keine Grenze für das, was Sie tun werden, um zu dienen, solange sich diese Person in Ihrer Bar und in Ihrer Fürsorge befindet.«

Der junge Bursche verstand nun, was ich meinte, und ich verließ ihn, um mein Seminar zu beginnen. Nach vier Stunden kam ich zurück. Derselbe Ober kam zu mir herüber und strahlte glühend vor Begeisterung. »Fantastisch!« sagte er. »Ich habe getan, was Sie sagten. Ich habe mich darauf konzentriert, mich meinen Kunden unterzuordnen. Ich kann es kaum glauben! Bis jetzt lag mein Trinkgeldrekord in einer Vierstundenschicht bei 42 Dollar. In dieser Schicht habe ich 162 Dollar geschafft. Von einem Mann allein bekam ich schon 40 Dollar!«

Dienen ist ehrbar. Es erfordert aber auch Geschick. Es gibt im Leben den harten Weg, auf dem Sie sich unsicher fühlen, so daß Sie sich auf der Suche nach Zuneigung und Bestätigung durch andere Menschen befinden. Und dann gibt es den leichten Weg. Sie sind zufrieden mit sich selbst. Sie können in Ruhe dienen, ohne daß dies Ihr Selbstverständnis beeinflußt. Sie sind stolz, zu dienen und eine gute Arbeit auszuführen. Sie brauchen keine Bestätigung, denn Sie haben sich diese Bestätigung bereits selbst gegeben, in Ruhe. Sie wollen nichts für sich selbst. Und dadurch, daß Sie nichts wollen, als dem Kunden zu dienen, bekommen Sie alles und mehr. Das Leben ist einfach. Oft braucht man nur in die entgegengesetzte Richtung wie der Durchschnitt zu gehen. Das ist alles.

Vor Jahren hatte ich einen Partner mit dem Namen David. Wir arbeiteten als ›Jobber‹ in der Bekleidungsindustrie. Unsere Aufgabe bestand darin, Fabriken aufzusuchen und Kleidungsstücke zweiter Wahl mit kleinen Fehlern, auslaufende Modelle usw. aufzukaufen. Der Sinn der Sache liegt darin, der Fabrik sowenig wie möglich für die Sachen zu geben, so daß es ganz egal ist, in welch schlimmem Zustand sich die Kleidung befindet. Dann kann man zumindest mit einem Teil davon noch einen Gewinn erzielen und den Rest zum Einkaufspreis oder knapp darüber verkaufen.

Wir suchten also eines Tages jemanden in seinem Büro auf, und ich begann über den Handel zu reden. Währenddessen legte sich David – ein großer Mann mit einem Gewicht von über 200 Pfund – auf den Fußboden vor den Schreibtisch des Mannes. Ich versuchte, mich nicht darum zu kümmern, aber Davids riesige Gestalt, die dort wie Moby Dick lag, war nur schwer zu ignorieren. Einige Momente später legte ich mich neben ihn auf den Teppich. Es schien irgendwie genau das Richtige zu sein. Wir verhandelten beide von der Ebene Null aus, mehr oder weniger unter dem Schreibtisch des Fabrikbesitzers. Wir schlossen den Handel ab und nahmen die Sachen mit zum Parkplatz. Sobald wir da waren, fragte ich David, was zum Teufel los war. Und er erklärte mir die schwierige Kunst des Verhandelns, indem man sich dem Verkäufer unterordnet und eine nichtdrohende Position einnimmt. Sie können nicht einfach zwei Tölpel übergehen, die auf Ihrem Teppich liegen. Ironischerweise haben wir an dem Tag einen wahnsinnigen Handel abgeschlossen. Die Fabrik besaß eine ganze Menge Jeans mit schiefen Nähten. Die äußere Naht dieser Jeans begann an der Hüfte und verlief langsam um das Knie und endete dann als zusätzliche innere Naht, was bar jeder rationalen Erklärung war. Wir kauften das Ganze, schnitten die Hosenbeine ab und verkauften den Rest als Denim-Shorts. Bingo! Es gibt keine Grenze für den kreativen Verstand.

8

Originalität: Das Rezept für schnelles Geld

Während Sie nun darüber im einzelnen nachdenken, was Sie anderen verkaufen können, sollten wir, meine ich, einmal Originalität diskutieren, denn das ist Ihr Rezept zum schnellen Geld. Es gibt nur wenig Originelles. Aber wenn die Leute etwas wirklich Ungewöhnliches finden – vorausgesetzt natürlich, daß es funktioniert –, dann wollen sie ein Teil davon sein. Schauen Sie sich Disneyland an. Es gibt diese Art von Parks auf der ganzen Welt, aber Disneyland ist etwas Besonderes. Die Menschen reisen Tausende von Meilen, um dort nur einige Stunden zu sein.

Haben Sie je bemerkt, daß viele Dinge für den Benutzer gar nicht bequem sind? Es scheint, daß die Bedürfnisse der Menschen für die Design-Entscheidungen oft irrelevant sind. Wie oft haben Sie zum Beispiel einen Wasserhahn an einer Badewanne gesehen, den man mit dem Fuß bedienen kann? Es ist doch nachvollziehbar, daß Sie sich nicht aus einem warmen Bad erheben wollen, nur um am anderen Ende der Badewanne den Wasserhahn abzudrehen. Aber trotzdem hat fast jede Badewanne der Welt einen kleinen Wasserhahn, der schwer zu bedienen und Meilen entfernt ist. Es ist schon schwer genug, ihn mit einer eingeseiften Hand zu drehen – aber mit Ihren Füßen? Vergessen Sie es. Selbst ein Schlangenmensch würde dabei Schwierigkeiten haben. Der erste Bursche, der mit einem Wasserhahn auf den Markt käme, der sich mit dem Fuß bedienen läßt, wäre sofort Millionär.

Wenn ich mir Dinge ansehe, die nicht allzu gut funktionieren, so begeistert mich das. Ich sehe das schnelle Geld winken. In den letzten Jahren bin ich relativ viel geflogen. Addiert man die Flugstrecken, so kommt man dabei auf ungefähr 83 Erdumrundungen. Dabei habe ich festgestellt, daß die Fluglinien voller Beispiele sind, die emotional nicht für den Kunden arbeiten.

Dabei interessiert es den Kunden überhaupt nicht, mit wem er oder sie fliegt – vorausgesetzt, daß man ankommt. Von der Warte der Öffentlichkeitsarbeit aus betrachtet wirkt vieles wie ein Steinballon. Wenn ich ein Flugzeug besteige, das ölig und schmutzig ist, erweckt dies bei mir unmittelbares Interesse. Denn mein Verstand fragt sich ganz natürlich, ob all diese Teile auch funktionieren. In den USA sind Continental Airlines ein gutes Beispiel dafür. Aus irgendeinem Grund, den ich nicht verstehe, ölt diese Gesellschaft ihre Maschinen vor jedem täglichen Einsatz. Aber bei so viel Öl außerhalb des Flugzeugs fragt man sich natürlich, ob überhaupt noch Öl im Triebwerk vorhanden ist. Was würde es ausmachen, diese Flugzeuge einmal in der Woche zu waschen? Nicht viel. Wie viele Kunden verlieren die Fluggesellschaften dadurch, daß sich die Leute wie in einem Müllsack vorkommen?

Etwas anderes, was mir an Continental Airlines auffiel, ist die Tatsache, daß sie das Wort CACA in ihrem Besteck eingraviert haben. Ohne Zweifel steht diese Bezeichnung für irgend etwas Logisches wie zum Beispiel Continental Airlines Catering Administration oder was auch immer. Aber für die meisten Leute bedeutet *CACA* Scheiße. Ich würde gerne das Genie bei Continental Airlines treffen, das 100 000 Dollar im Jahr damit verdient, daß es CACA in die Löffel eingravieren läßt!

Nachdem man also dann komfortabel in seinem Sitz eingeklemmt ist, wird man als nächstes mit den Sicherheitsanweisungen der Stewardeß konfrontiert. Der Anblick dieser jungen Dame, die ihre Plastikkarten schwenkt, bringt mich enorm hoch. Ich weiß zwar, daß sie ihr Bestes tut. Aber während sie mit ihren Armen auf die Flugzeugtüren und die

Notausgänge hinweist, fällt mein Blick auf einen 300 Pfund schweren Passagier, der im Notfall den Gang versperren würde. Und ich weiß, daß ich es dann nicht mehr schaffen könnte. Als nächstes kommt die gelbe Schwimmweste, die einen an wenig erfreuliche Möglichkeiten erinnert. Aber – es gibt ja noch eine Trillerpfeife an der Schwimmweste. Wenn Sie also im Dunkeln 600 Meilen östlich von Fidschi treiben, können Sie darauf zumindest die eine oder andere fröhliche Melodie pfeifen, um sich selbst aufzumuntern.

Während die Stewardeß vor Ihnen mit ihrer Pantomime fortfährt, sehen Sie zufällig auf den Fußboden und auf die kleine Schraube, mit der der Sitz vor Ihnen auf dem Fußboden befestigt ist. Die Schraube entspricht ungefähr der Größe Ihres Fingernagels am kleinen Finger. Besonders beunruhigend an dieser kleinen Schraube ist zunächst ihre Größe und dann die Vorstellung, daß genau die gleiche Schraube *Ihren* Sitz am Boden hält.

In der Zwischenzeit läßt die junge Dame vor Ihnen zeremoniell das Gurtschloß einklicken, wobei Sie sich fragen, wieviel Ihnen der Gurt helfen würde, wenn das Flugzeug gegen irgend etwas Ungewöhnliches fliegt. Wenn Sie das nächste Mal fliegen, schauen Sie sich diese Schraube besonders gut an. Vielleicht können Sie mit Papier und Bleistift die Größe der Schraube festhalten. Wenn Sie dann zu Hause sind, werden Sie feststellen, daß die Schraube ungefähr die gleiche Größe aufweist wie jene Schraube, die Ihre Kühlschranktür hält. Aber Ihr Kühlschrank wird wohl kaum um die 400 Meilen pro Stunde durch die Gegend fliegen!

Die Fluggesellschaft sagt Ihnen, daß Sie im Notfall Ihre Schuhe ausziehen, sich nach vorne beugen und Ihre Fußgelenke umfassen sollen. Die Logik dieser Anweisung entzieht sich mir jedoch vollkommen. Wenn Sie mit einem auf Ihren Rücken geschnallten Flugzeugsitz durchs Flugzeuginnere fliegen, so ist wohl das letzte, was Sie sich dann wünschen, dabei dumm auszusehen. Ich kam schließlich zu dem

Schluß, daß der Grund dafür, daß man Sie mit dem Kopf zwischen Ihren Knien durch die Gegend fliegen lassen will, ist, daß dies eine handliche Stellung ist, um sich mit einem Kuß auf Ihr Hinterteil zu verabschieden. Was würde es kosten, eine anständige Schraube in den Fußboden zu setzen? Pfennige. Wird man es tun? Wahrscheinlich nicht.

Es ist schwer, jemandem zu sagen: »Sei originell.« Genauso könnten Sie jemandem sagen: »Sei ein großer Sänger.« Entweder kann jemand singen, oder er kann es nicht. Und trotzdem gibt es Wege des Denkens bei der Präsentation Ihrer Dienstleistung oder Ihrer selbst, die frisch und ungewöhnlich sind, so daß sie die Aufmerksamkeit der Menschen erwecken. Oft ist es nur ein Nachdenken darüber, was andere erwarten, und dann ein Versuch, dies auch zu geben. Es gehört nicht viel dazu.

So dekorieren zum Beispiel heutzutage bestimmte Restaurants ihre Räume mit Pflanzen und Blumen. Dabei meine ich nicht die häßlichen Arrangements, die man hier und da immer wieder antrifft. Nein, die Restaurants, die ich meine, lassen die Blumen zu einem Teil der Atmosphäre werden. Es gibt buchstäblich Hunderte von Blumenampeln, Bäumen usw. – über den ganzen Bereich verteilt. Ich bin nie in ein derartiges Restaurant gegangen, ohne daß sich dort was rührte. Menschen lieben Pflanzen und Blumen. Die Energie, die diese abgeben, ist frisch, sauber und verjüngend.

Manchmal kann jedoch Ihre Originalität gerade das *nicht* tun, was alle anderen tun. Wie oft sind Sie zum Beispiel in einem Restaurant gewesen, in dem die Bedienung so aussah, als wenn sie sich ein oder zwei Monate nicht gewaschen hätte? Wenn Sie sie anschauen, entsteht automatisch eine Spannung in Ihnen. Sie schauen Ihren Suppenlöffel an und denken: Lecke daran und stirb. Vielleicht könnte Ihre Originalität darin bestehen, daß alles in Ihrem Restaurant jederzeit absolut sauber ist.

Ich selbst mag Dinge, die etwas bizarr sind. Ich liebe es, Szenarien zu veranstalten, die niemand versteht. Tatsächlich ist die Verwendung bizarrer Inszenierungen oft eine gute Vermarktung, da die Vorstellung eines Menschen dadurch stimuliert wird. Die Werbekampagne für Heineken-Bier, die in Europa jahrelang lief, gehört zu den erfolgreichsten Kampagnen. Man liest: »Heineken erfrischt die Teile, die ein anderes Bier nicht erreichen kann.« Die Abbildung zeigt dann normalerweise in einer bizarren Szene einen Burschen, dem ein blühender Busch aus dem Kopf wächst. Niemand weiß, was diese Anzeigen eigentlich bedeuten, aber jeder erinnert sich daran.

In Westkanada gibt es eine kleine Brauerei, die ein Bier mit dem Namen Kokanee herstellt. In der Fernsehwerbung wird für dieses Bier ein Hund mit dem Namen Brew (Brau) eingesetzt, der Freunden von mir gehört. In der Werbung nimmt sich der Hund ein Taxi zum Spirituosenladen und läuft dann über Stock und Stein zurück, um seinem Fernsehbesitzer, der im Wald vor einem Zelt sitzt, einen Sechserpack Kokanee-Bier zu bringen. Die Vorstellung ist emotionsgeladen und lustig. In weniger als einem Jahr gelang es Kokanee, sich von einer obskuren kleinen Brauerei zu einer Haushaltsmarke in Kanada zu entwickeln.

Die Originalität ermöglicht es Ihnen, sich aus der Masse hervorzuheben. In Amerika wird die Bevölkerung mit 600 oder mehr Werbenachrichten pro Tag bombardiert. Ihr Angebot kann fantastisch sein. Aber wie können Sie sich aus der Masse herausheben? Etwas Originalität am Anfang bringt Ihnen später ein Vermögen. Es ist teuer, wenn man versucht, ein langweiliges Produkt ins Bewußtsein der Öffentlichkeit zu bringen.

Eine Idee kam mir für ein Restaurant mit einer großen Grube am Eingang. In diese Grube würde ich einige Alligatoren werfen – mächtige mit großen Zähnen und offenen Mäulern. Dann würde ich eine Brücke über die Grube bauen, und alle meine Kunden müßten über diese Brücke zu den Tischen gehen. Ich würde die Brücke etwas riskant gestalten. Zwar nicht allzu viel, aber doch so, daß die Leute anfangen, darüber nachzudenken. Als nächstes würde ich jemanden vom Zoo kommen und ihn kalkulieren lassen, wie hoch ein Alligator bestenfalls springen kann. Danach würde ich die Brücke um einige Zoll höher hängen, als der beste Alligator je wird springen können.

Die Menschen würden bestimmt von weit her kommen, nur um über die Alligatorgrube zu gehen. Und wenn sie hereinkommen, würden sie fragen: »Ist es nicht gefährlich?« »Ja, wir verlieren einige Kunden«, würde ich sagen, »aber der Rest der Kunden ist sehr hungrig, wenn er die andere Seite der Brücke erreicht.« Wieviel würde es kosten, einige Alligatoren zu kaufen? Vielleicht ein paar tausend Dollar. Vielleicht könnte man die Alligatorengrube sogar durch das Restaurant verlaufen lassen. Den Kunden würde es gefallen, ihr Brot in die Grube zu werfen und zuzuschauen, wie es mit einem Biß verschlungen wird.

Unterschwellig ist diese Idee enorm. Können Sie sich ein besseres Symbol für Essen vorstellen als einen Alligator mit weitgeöffnetem Maul, der nur wenige Zoll von Ihrem Bein entfernt nach Futter schnappt? Die Leute würden in dieses Restaurant zum Essen kommen, selbst wenn das Essen ›lousy‹ wäre – nur der Aktion wegen. Es passierte etwas Interessantes. Sie könnten verlangen, was Sie wollten.

Hin und wieder könnten Sie die Stimmung noch dadurch anheizen, daß Sie eine Kleiderpuppe ins Wasser werfen. Dies würde alle Aufmerksamkeit auf sich ziehen, Adrenalinstöße auslösen und den Appetit erhöhen. »Was passiert?« würden sie fragen. »Oh, nicht viel. Wir haben gerade unseren Weinkellner verloren. Es ist der dritte in diesem Monat.« Denken Sie nur an all das Geld, mit dem die Menschen Restaurants dekorieren! Was dabei herauskommt, ist zum größten Teil Chrom und Glas – langweilig. Sie brauchen nur ein halbes Dutzend Boa Constrictors vor die Ventilatoren zu hängen – das reicht.

Die Dinge müssen das Interesse der Leute wecken. Sie wollen etwas lernen, sie wollen irgendwie herausgefordert werden oder einfach dabeisein. Sie müssen die Menschen in die Aktion mit einbeziehen. Sie werden begeistert sein. Wenn Sie einen Fotokopierladen haben, fragen Sie sich vielleicht: »Wie kann ich das Fotokopieren originell und interessant gestalten?« Es gibt immer einen Weg. Befestigen Sie einen Ihrer alten Fotokopierapparate an der Decke. Wenn dann Leute in Ihren Laden kommen und nach einer Fotokopie fragen, zeigen Sie nach oben und lassen Sie sie einen Moment darüber rätseln. Wenn sie dann die offensichtliche Frage stellen: »Warum befindet sich das Gerät an der Decke?«, sagen Sie ihnen, daß Sie auch für die Decke Miete bezahlen und das Gerät an der Decke befestigen, um das Geschäft kosteneffektiver zu betreiben. »Wie viele Kopien hätten Sie gerne, mein Herr?«

Ich persönlich denke, daß die Menschen reagieren, wenn Dinge unbeschwert und amüsant sind. Nun können Sie zwar einen Bankmanager nicht wie einen Clown aussehen lassen, denn im Finanzbereich sind die Leute wirklich sehr ernsthaft. Hier handelt es sich zu sehr um eine Frage des Überlebens, als daß man es ins Spaßige ziehen könnte. Der alte Rockefeller sagte einmal: »Geldmachen ist ein ernstes Geschäft.« Er muß es gewußt haben, denn er besaß mehr Geld als sonst irgend jemand. Beschäftigen Sie sich also auf dem Niveau von Tick-Tock mit Geld, sollten Sie sich sehr konventionell verhalten. Alles andere kann ein bißchen verrückt sein.

Ich habe so eine Idee für eine Arztpraxis. Wenn man zum Arzt geht, ist das nicht gerade wie ein Picknick. Am besten fühlt man sich, wenn man wieder gehen kann. Kaum eine Erleichterung ist so groß nachher wie das Überqueren des Parkplatzes, fußwippend aus Freude, weil Sie wissen, daß Sie in der nächsten Zeit noch nicht abkratzen werden. Aber der Arztbesuch vorher zieht Sie erst einmal nach unten, er bedeutet eine Spannung. Wie kann man dies lustig gestalten? Wie wäre es mit einer kleinen Theateraufführung?

Kommt der Patient zum Beispiel ins Sprechzimmer, legt

er sich auf die Couch, und der Arzt untersucht ihn. Neben der Couch läuft eine kleine Maus in einem Laufrad. Nach jeder Drehung des Rades ist eine Medizin oder eine Behandlung angeschrieben. Nach dem Abschluß der Untersuchung sagt der Arzt dann zur Maus: »Was glaubst du?« Die Maus läuft weiter in ihrem Rad, und der Arzt liest beim Stillstehen des Rades einfach ab, was er in das Rezept einzutragen hat, und die Maus wippt kurze Zeit, bevor sich der Arzt zu ihr hinüberlehnt und anschließend zum Patienten sagt: »Nun, was Sie brauchen, sind 100 Milligramm Toxy-poxy-tetra-cycline.«

Dies würde sicher das Interesse des Patienten wecken. »Wie kann die Maus wissen, wo sie anhalten muß?« fragt der Patient. »Oh, sie ist sehr qualifiziert«, sagt der Arzt. »Erstaunlich«, sagt der Patient, »ich habe so etwas noch nie gesehen.« Natürlich würde der Patient, der auf der Couch liegt, nicht in der Lage sein, jede Drehung des Rades mitzulesen, so daß der Arzt es manipulieren und damit sicherstellen könnte, daß der Patient die richtige Behandlung erfährt. Aber es wäre großartig. Schließlich würde die Maus berühmt werden. Absolut gesunde Menschen würden sich einer Untersuchung des Arztes unterziehen, nur um die Maus arbeiten zu sehen.

Würde Ihnen diese Idee nicht gefallen, habe ich eine weitere. Was halten Sie von einem Versicherungsvertreter, der auf einem Elefanten von Tür zu Tür reitet? Die Menschen erwarten von Versicherungsgesellschaften, daß sie grundsolide sind. Was ist solider als ein zwei Tonnen schwerer Elefant?

Schließlich kommt es immer auf den Enthusiasmus an. Ihre Kreativität ist im wesentlichen Ihr Ausdruck der Gotteskraft. Es gibt nichts Herrlicheres, als das zu tun, was Ihnen Spaß macht, und dafür auch noch bezahlt zu werden. Damit hört es auf, Arbeit, Geld und Anstrengung zu sein, und wird Spaß, Ihr Ausdruck der Freude am Leben. Ich habe immer versucht, alles in einer Art Spiel zu machen.

Nun werden die Menschen vielleicht sagen, daß das kindisch ist. Aber was kümmert es Sie, solange Sie dabei eine Million Dollar verdienen und Spaß haben? In einer Welt, in der alles so verdammt ernst ist, brauchen wir einige selbstsichere und unbeschwerte Einzelgänger, die die Dinge am Laufen halten.

Wenn jedoch ein Mensch das Leben zu ernst nimmt, so kann er nur sagen: »Ich schaffe es nicht, es ist alles zu überwältigend.« Er fühlt sich dann unsicher. Sie können dies am besten in Büros erkennen, wo ein unreifer kleiner Junge die Position eines Managers einnimmt. Dieser engstirnige Trottel macht jedem das Leben schwer, weil er selbst unsicher ist. Wenn Sie für eine dieser Pappfiguren arbeiten, gehen Sie morgen mit einem großen Zitronenkuchen zur Arbeit und sagen Sie in Ihrem ernsthaftesten Tonfall: »Guten Morgen, mein Herr.« Dann klatschen Sie dem Idioten den Zitronenkuchen auf den Mund. Natürlich kann dies Ihre letzte kreative Tat in dieser Firma sein, aber es ist besser, irgendwo anders hinzugehen und mit Menschen zu leben und zu arbeiten, die glücklich und lebendig sind, als sich abzumühen, ein Säurebad zu unterstützen.

9

Die Projektion Ihrer Willenskraft

Die Qualität Ihrer ›konzertierten Aktion im Markt‹ wird tatsächlich von der Kraft Ihres Willens oder dessen Fehlen beherrscht. Die meisten Menschen denken, daß Wille bedeutet: »Ich werde mein Bestes tun.« Wenn Menschen dies zu mir sagen, renne ich weg. »Ich werde mein Bestes tun«, damit drückt der Verstand aus: »Ich werde hinaustrotten und mich für ein oder zwei Stunden ein wenig beschäftigen, und wenn das Projekt dann nicht erfolgreich ist oder sein volles Potential nicht zeigt, so ist das okay, denn ich habe meine Entschuldigung ja bereits an die Wand geschrieben.«

Ihr Verstand ist Ihr bester Freund, aber er ist auch ein Feind, nicht nur, weil er ein Interesse daran hat, Ihren Glauben an Ihr Können zu begrenzen, sondern auch, weil er dazu tendiert, Sie unter Preis zu verkaufen.

Ist es nicht interessant zu sehen, daß, wann immer eine Gruppe von Menschen sich zusammenschließt, um ein Projekt zu entwickeln, dieses Projekt gewöhnlich nicht den Erwartungen entspricht? Im realen Leben stellen sich die Dinge nie so dar, wie man es von ihnen erwartet. Warum? Es liegt daran, daß das Ego/die Persönlichkeit zufrieden ist, vier Stunden in einer Besprechung über den Bau von Apartments am Strand zu reden, aber überhaupt nicht glücklich damit ist, acht Stunden lang Zement zu transportieren oder Grundstücke an Interessenten zu verkaufen. Die Vorstellung und die ›konzertierte Aktion‹ wohnen nicht nebeneinander.

Deshalb sollten Sie, bevor Sie Ihren Schlachtplan ausarbeiten, sorgfältig analysieren, was Ihre Vorstellung ist. Ist dieser Plan nur ein Wischiwaschi, wird die Realität des Lebens Wege finden, Ihr Projekt nicht funktionieren zu lassen. Ihre Intention muß in Ihrem Denken vorne stehen und dann von der rechtzeitigen Aktion gefolgt werden, um sie umzusetzen.

Sehen Sie, Sie können einfach auf den Platz hinausgehen und zu sich selbst sagen: »Ich hoffe, daß ich heute ein paar Autos verkaufen werde.« Oder Sie können 15 Minuten früher an Ihrem Arbeitsplatz erscheinen, Ihren Schreibtisch organisieren, Ihre Prospekte und Ihre Auftragsformulare zurechtlegen, Ihren Bleistift spitzen und zu sich selbst sagen: »Ich rechne damit, sechs oder mehr Autos zu verkaufen. Weniger ist nicht akzeptabel.« Ein anderer Autoverkäufer mag vielleicht sagen, daß es unmöglich ist, für sechs Autos an einem Tag Kunden zu finden, denn es sind durchschnittlich zwei Stunden notwendig, um ein Auto zu verkaufen. Aber dann kommt dieser von einem Ort, wo es normal ist, ein Auto zu verkaufen, aber wenn Sie aus der Intention heraus agieren, die sich keine Gedanken darüber macht, wie viele Fahrzeuge an wen verkauft werden sollen oder wie lange dies dauern mag, heißt es einfach: Mindestens sechs Autos!

Sie verkaufen also bis Mittag zwei Autos, und dann passiert drei Stunden lang gar nichts. Dann kommt plötzlich jemand und fragt: »Wieviel kostet der Rolls-Royce?« Sie sagen: »Etwas über 120 000 Dollar, mein Herr.« Er sagt: »Ich nehme vier. Einen in Rosa, einen in Blau und zwei in Grün.«

Sie können also erkennen, auf der einen Seite Tick-Tock und auf der anderen Seite Intention. Im Tick-Tock ist jede alte Entschuldigung gut, solange Sie Ihr Ziel nicht erreichen müssen. Die Intention sagt: »Keine Begrenzung hier. Nichts kann mich aufhalten. Ich fühle es. Ich kann es vor meinem inneren Auge erkennen. Ich habe meinen *Willen* als Laserstrahl meiner Absicht darauf konzentriert. Ich bin dabei. Ich bestehe darauf. Nichts ist zu schwierig. Mein Plan muß zum Erfolg geführt werden.«

Dollar-Tanz 11

»Denken Sie bei Ihrer Suche an das Sinnbild eines Spechtes. Ein Hacken mit dem Schnabel bringt nicht viel, aber schließlich und endlich fällt dann der ganze Baum.«

Beharrlichkeit und Geduld sind die Schlüssel zur Absicht. Um dies funktionieren zu lassen, müssen Sie sich auf das Ziel ausrichten und sich konzentrieren. Die meisten Menschen geben auf, bevor es sich auszahlt, was zwar traurig ist, aber so ist das Leben. Es war in einer Silbermine, wo die alten Minenarbeiter jahrelang nach Silber suchten und nur hier und da kleine Brocken fanden. Als sie schließlich mit dem Graben aufhörten, befanden sie sich nur zwölf Fuß vor einer Multimillionen-Dollar-Silberader. Der heutige Besitzer der Mine ist glücklich darüber. Er trieb die Mine ein paar Meter weiter und – Bingo!

Ich habe mich immer sehr für die Philosophie der alten Mongolen interessiert. Ein Teil meiner Seminare basiert auf ihrer Lebensart. Was wir von diesen Leuten gelernt haben, ist – ob wir es mögen oder nicht – die Intention.

Wenn diese Burschen sich vorgenommen hatten, etwas zu erreichen, so erreichten sie es. Sie eroberten nicht nur das Land, sondern sie rollten es auf und nahmen es mit sich! Die Mongolen waren brillante Organisatoren. Tatsächlich stammt das englische Wort *Order* (Befehl, Auftrag) von ihrem Begriff *Orda* ab. Was wir von ihnen lernen können, ist ihre Fähigkeit, ohne Wenn und Aber an einem Projekt festzuhalten. Sie konnten unter großen Schmerzen und Qualen reiten. Die Umstände spielten für sie keine Rolle. Die Intention war das einzige, was für sie wichtig war.

Wie oft erwarten wir von den Dingen im Leben, daß sie angenehm und sicher sind? Wir verlangen, daß sie in einer bestimmten Form oder auf eine vorbestimmte Weise geschehen. Und wenn dies nicht geschieht, betrachten wir sie als gescheitert. Sie können alle Intention der Welt haben, aber manchmal stellt sich der Erfolg aus einer ganz anderen Richtung ein. Was Sie bei der Intention beachten müssen, ist, sich auf das Ziel zu konzentrieren und es nie aus den Augen zu verlieren – unabhängig davon, wie lange es dauert. Die großen Vermögen der Welt wurden nicht über Nacht erworben. Die Dinge brauchen Zeit, und Sie müssen fähig sein zu warten. Und wenn Sie nicht gut warten können, fangen Sie an, es zu lernen. Fähig zu sein, das Ende der Opposition zu erwarten, ist ein weiteres der großen Geheimnisse des Lebens. Es ist Taoismus. Und es ist zudem schlau. Wenn Sie wissen, daß alle Welt in Hast ist, nehmen Sie den anderen Gesichtspunkt ein.

Ich mag die Symbolik der Spechte. Ein einzelnes Hacken mit dem Schnabel führt zu nichts. Aber schließlich kann am Ende der ganze Baum fallen. Wenn Sie sich auf Ihr Ziel konzentrieren, denken Sie dabei an den *Specht.* Er wird Ihnen ein guter Freund werden. Während Sie den Gesamtplan in Erinnerung behalten und sich auf das Schnabelhakken konzentrieren, werden Sie schließlich das bekommen, was Sie wollen. Und wo bleibt, wenn Sie darüber nachdenken, nun das Vorwärtshasten? Wenn Sie ausgeglichen sind, gibt es keines. Wenn Sie nicht ausgeglichen sind, wird die Hast von sich aus das von Ihnen fortschieben, was Sie erreichen wollen. Immer nur ein Schritt zur selben Zeit. Zwingen Sie sich dazu, eine Pause einzulegen, das Erreichte zu festigen und dann weiterzugehen.

Ich lernte von den europäischen Okkultisten, daß die größte Kraft, über die wir Menschen verfügen, unser *Wille* ist, wenn dieser richtig projiziert wird. Nun haben Sie wahrscheinlich noch nicht viel an die Kraft Ihres *Willens* gedacht. Dabei handelt es sich aber um dieselbe Kraft, die die alten Magier benutzten, um übernatürliche Ereignisse in ihrem Leben zu verwirklichen. Der Unterschied zwischen *Wille* und Intention liegt darin, daß für viele Menschen die Intention lediglich eine mentale Aktion ist, eine Art

Wunschdenken, während die Kraft des *Willens,* die aus dem Bewußtsein projiziert wird, nicht nur ihre Gedanken und Wünsche enthält, sondern auch mit dem Enthusiasmus ihrer eigenen Lebenskraft verbunden ist. Ihr *Wille* wird, wenn er richtig projiziert wird, den vitalen Bestandteil enthalten, Ihren *Geist,* die Essenz Ihres Seins.

Die Kraft dieses *Geistes,* klar definiert, wird Ihnen den Brennpunkt Ihres *Willens* liefern, weil die Klarheit seiner Konzentration auf eine so unbeeinträchtigte Reinheit zurückgeht, daß er direkt durch die Realität schneidet und die volle Wucht seiner Kraft auf jedes Ziel feuert. Denken Sie daran, daß Ihr Bewußtsein in einem Bewußtseinssee enthalten ist, der grundsätzlich die Energie und die Gedankenformen der Welt um Sie ist. Zum größten Teil wird die Energie der Menschen um Sie schwach und schlecht sein. Die geringe Kraft, die sie besitzen, wird oft noch durch Emotion unterminiert.

In dieser Erbsensuppe des Murmelns und Nörgelns erscheint plötzlich der Magier: mächtig, klar, unbeeinflußt durch Verlangen oder Abschweifen der Vorstellungen. Losgelöst, wie er ist, von den Emotionen der Menschheit, steht er auf einer herausgehobenen Plattform, die bereits ein oder zwei Stufen höher als die Menge ist. Von dort feuert er seinen *Willen* in die Lebensumstände, wissend, daß seine Kraft nicht aufzuhalten ist.

Wie könnte das Lebensgesetz des Universums diesen Mann ablehnen? Das kann es nicht. Seine Kraft ist zu groß. Sein *Wille* ist unbeeinflußt durch irgendwelche Gedanken des Wertseins, des Guten und des Bösen, des Besitzens oder Nichtbesitzens. Sein Wille zielt nur auf das, was er will. Sein Wunsch entstammt nicht irgendeinem höheren Ausleseverfahren, sondern allein der Kraft seines Wollens. Weil er es will und weil dieser Gedanke in seinem *Willen* ruht, gestärkt durch den Geist seines Seins, kann ihm sein Wunsch nicht verweigert werden.

Als ich das erstemal mit dieser Idee konfrontiert wurde,

spürte ich eine natürliche Reaktion gegen die Aggression, die zum Erreichen dieses bestimmten Niveaus der Intention notwendig ist. Es schien mir, daß es irgendwie ›falsch‹ war, seine Macht auf okkulten Begriffen aufzubauen, das Leben zu zwingen, einem jeden Wunsch und jede Laune zu gewähren. Aber allmählich habe ich mich an diese Idee gewöhnt und eine Theorie der Moral für meine besondere Methode entwickelt. Bald wurde mir klar, daß meine Ziele für mich wichtig waren, die Dinge, von denen ich wußte, daß ich sie in meinem Leben zu erledigen hatte. Wie ich diese Dinge erreichte, war irrelevant, solange ich dabei niemanden verletzte.

Man muß also überlegen, was man will und wieviel Energie man bereit ist, dafür einzusetzen. Wenn die Stufe des Enthusiasmus, den Sie bei Ihrer Suche aufzubringen bereit sind, nicht groß ist, wollen Sie offensichtlich das, was Sie zu tun gedenken, gar nicht, oder aber Ihr Streben ist Ihnen nicht so wichtig. Wenn aber irgendein Aspekt für Sie etwas sehr Besonderes darstellt, wird er für Sie durch den Wert seiner Integrität heilig. Dann ist das Niveau Ihres Bereitseins für dieses Ideal vital, denn Sie wissen, daß der einzige Grund für Ihr Leben in dieser einen Suche oder in diesem einen Ziel enthalten und zentriert ist.

Wenn das so ist, werden Sie, allein durch seine Heiligkeit, gefordert, jede Faser Ihres Seins durch physische Anstrengung, mentale Schärfe und okkulte Macht einzusetzen, um den Kern Ihrer Intention zu erbringen. Irgendwo in Ihrem Leben wird es ein alles beherrschendes Thema Ihrer Suche geben, einen Teil Ihres Verlangens, der nicht abgelehnt werden kann ohne schrecklichen Verlust der Essenz dessen, was Sie sind. Werden Sie es ignorieren, oder haben Sie den Mut und das Vertrauen zu fordern, daß das Leben, die Menschheit oder die Umstände Ihnen geben, was Sie wollen, mit keiner anderen Ausflucht oder Entschuldigung, keinem anderen Grund, außer, daß Sie es verlangen?

Wenn das Niveau Ihrer Intention dem entspricht, haben

Sie die Idee der Kraft des *Willens* erfaßt. Wenn jedoch Ihre Bereitschaft weniger kraftvoll ist, wird das Leben Ihnen nicht geben, was Sie wollen, denn es kümmert sich nicht um Ihr Wohlergehen und weiß auch nicht, was Sie wollen. Der einzige Weg besteht für Sie darin, Ihren Wunsch aufzuzeigen, ihn im Vordergrund Ihrer Gedanken zu halten und aggressiv zu fordern – besser noch, darauf zu bestehen –, daß das Leben ihn erfüllt.

Einige mögen jetzt vielleicht sagen, daß dies nicht spirituell ist, sondern aussieht wie das Abreißen einer Gedenktafel von einer Museumswand. Vielleicht ist das unter bestimmten Umständen sogar wahr. Aber folgert daraus, daß Sie, während Sie bestimmte Dinge vom Leben fordern, auch gleichzeitig kein freundlicher und liebevoller Mensch sind? Nein, das ist nicht so. Es besagt lediglich, daß Sie in einem oder zwei Bereichen Ihres Lebens keine Kompromisse schließen werden. Es scheint mir sogar, daß Ihrem Leben eine spirituelle Definition fehlen würde, wenn Sie erkennen, daß ein bestimmter Aspekt Ihrer Suche vital ist, aber trotzdem versäumen würden, den vollen Druck Ihrer Intention auf die Suche dieses vitalen Aspektes zu lenken. Sie schauen vielleicht zurück auf Ihr Leben und sehen diese freundliche, großzügige und liebevolle Person, die immer nachgiebig war, wenn sie gebeten wurde, die Bedürfnisse eines anderen zu befriedigen. Sie würden sehen, daß Sie tatsächlich gelernt haben, andere zu lieben, aber dabei der Welt erlaubt haben, über Sie hinwegzugehen. Sie haben versäumt, Ihre Träume zu verwirklichen, infolge Ihrer sich selbst mißbilligenden Haltung. Beim Lieben der Welt vergaßen Sie, sich selbst zu lieben. So haben Sie die Hälfte der Lektion gelernt, und die andere Hälfte bleibt für einen möglichen späteren Zeitpunkt. Was für ein Hemmschuh.

Das ständige Problem der Kraft des *Willens* beim Projizieren ist die Frage, was eine Verletzung ist. Wenn Sie zum Beispiel einen Gedanken in den Verstand eines anderen Menschen feuern und diese Person damit zwingen würden, gegen ihren Willen mit Ihnen sexuell in Verbindung zu treten, wäre dies eine Verletzung, denn die erforderliche Manipulation zur Erreichung Ihres Wunsches ist zu stark. Was aber, wenn die Macht Ihres *Willens* (die Energie, die uns umgibt) so überwältigend kraftvoll ist, daß sie in der anderen Person den nicht bezwingbaren Wunsch erzeugt, bei Ihnen zu sein und dafür absolut alles zu tun? Wenn diese Person also auf Sie zugeht und sagt: »Ich werde alles tun, um bei Ihnen zu sein«, so könnten Sie sagen: »Gut, aber die Bedingung ist, daß Sie an jedem zweiten Donnerstag mit mir schlafen.«

Das ist für mich keine Verletzung, denn Sie haben das Recht, für sich selbst alles zu verlangen, was sich in einem vernünftigen Rahmen bewegt. Die Tatsache, daß die vor Ihnen stehende Person ein überwältigendes emotionales Bedürfnis hat, bei Ihnen zu sein, bedeutet nicht, daß von Ihnen verlangt werden kann, dieses Bedürfnis zu erfüllen. Und es bedeutet auch nicht, daß Sie die Wünsche dieser Person erfüllen müssen, ohne dafür etwas zu bekommen. Für einige wäre es vergleichsweise nur eine kleine Unannehmlichkeit, mit Ihnen jeden zweiten Donnerstag zu schlafen, verglichen mit dem erhaltenen Vorteil, bei Ihnen sein zu dürfen. Bevor Sie nicht danach fragen, werden Sie nicht wissen, ob Ihr Wunsch als vernünftig oder unvernünftig angesehen wird. Aber in jedem Fall sind Sie deutlich gewesen und haben Ihre Bedingungen gestellt, so daß der andere sich entscheiden kann.

Wenn Sie die Kraft Ihres *Willens* ins Leben projizieren, schafft sie durch Ihre ungewöhnliche Macht für die Menschen unangenehme Situationen. Denn sie zwingt diese, ihre Bedürfnisse im Lichte Ihrer Bedürfnisse zu bewerten. Für die Menschen ist es natürlich, daß Sie Ihre Energie und Ihr Wissen oder Ihr physisches Selbst, kostenlos und unabhängig davon, ob es Ihnen genehm ist oder nicht, mit ihnen teilen. Es gibt für uns die Neigung zu fühlen, daß wir ständig geben müssen. Aber das ist nicht notwendigerweise so, denn Sie sind ein Individuum, und auch Sie haben Bedürfnisse.

Wenn Ihr *Wille* jedoch klar, stark und konzentriert ist, neigen die Leute dazu, sich dagegen aufzulehnen. Er zwingt sie, Bedingungen zu akzeptieren, an die sie vorher nicht gedacht haben. Vielleicht dachten sie, daß Sie sich zu ihnen gesellen und Ihre Freizeit kostenlos mit ihnen verbringen sollten. Für die Menschen ist es natürlich, von Ihnen etwas umsonst zu erwarten, da Sie es ihnen in der Vergangenheit angeboten haben. Warum sollten sie bezahlen oder handeln, wenn sie dies nicht müssen? Wenn etwas jedoch nichts kostet, wird es vom einzelnen normalerweise als wertlos angesehen. Warum sollten Sie jedoch, wenn für sie Ihre Gegenwart wertlos ist, Ihre Zeit dafür verschwenden?

Der feine Unterschied hierbei ist, daß Sie darauf achten, daß Ihr *Wille* andere nicht zu Aktionen zwingt, die ihre Moral verletzen (selbst wenn ihre Moral etwas dumm ist) oder gegen ihren Willen erfolgen. Solange Sie ihnen einen Ausweg lassen, ist es ihnen freigestellt zu wählen. Und wenn ›der Beischlaf jeden zweiten Donnerstag‹ für Sie nicht akzeptabel ist, können Sie dies immer ablehnen oder einen anderen Vorschlag machen.

Die magischen Praktiken, die ich bei den europäischen Okkultisten beobachten konnte, waren zum größten Teil *Hokuspokus.* Bei jeder Methode besteht das Prüfen des Puddings darin, ihn zu essen. Aber was ich sah, war eine Menge sturer, kleiner Kerle, die von der Macht ihrer Magie quasselten, während sie in Wirklichkeit gar keine Ahnung hatten.

Dann wieder von Zeit zu Zeit traf ich einen wirklich Professionellen, einen, der wohlhabend, machtvoll und erfolgreich war. Diese Leute waren sehr verschlossen, und es war schwer, ihnen eine Methode zu entlocken. Eines Tages war ich in einem besonders feinen Restaurant zum Lunch eingeladen, wo einer jener haarigen kleinen Typen seinen Banker unterhielt. Der Okkultist bestellte eine Flasche d'Yquem, was mich beeindruckte, da d'Yquem einer der feinsten und teuersten Weißweine der Welt ist. Als das Essen serviert wurde und die Unterhaltung so dahinfloß, merkte ich, daß der Okkultist mit dem Verstand des Bankers spielte. Es dauerte nicht lange, bis der Okkultist den Banker mit einer Energiedecke überzog, die eine unbändige Menge der Macht und seines ganzen *Willens* enthielt.

Es war eine Gedankenform, die aus dem Bereich des Herzens über den Kopf des Bankers wie eine Decke geworfen war. Die Energie der so projizierten Gedankenform war von graublauer Farbe. Ihre Macht besteht aus der Kraft des *Willens* und der Klarheit der Intention. Der Banker reagierte, indem er sich vom Tisch mit einem irgendwie losgelösten und glasigen Blick in den Augen zurücklehnte. Er verlor seine Konzentration und stotterte. Dann stieß er ein Brot vom Tisch. Es schien mir, als wenn seine Fähigkeit zu widerstehen wie fortgewischt wäre. In den nächsten zwei Minuten brachte der haarige kleine Okkultist den Banker dazu, ihm einen ungesicherten Kredit über 300 000 Dollar zu geben. Einige Monate später, als ich bereits in Amerika lebte, rief mich der Banker von Europa aus an und beschwerte sich, daß der haarige kleine Kerl mit seinem Geld verschwunden war. Ein ziemlich vorhersehbarer Verlauf der Ereignisse, dachte ich.

Das Ungewöhnliche daran war, daß, obwohl der Okkultist nach normalen Begriffen ein Dieb war, er sich selbst nie als ein solcher ansah. Er glaubte so vollständig an seine Macht (und er hatte ein Recht dazu), daß er seine Gegenwart als ein Geschenk für die Welt ansah. Diese Anschauung wurde von fast allen bestätigt, die ihn kennenlernten. Menschen gaben ihm freudig ihr Geld, und während der Zeit, in der ich mit ihm beisammen war, sah ich, daß er Leute von Vermögen um die 2,5 Millionen Dollar erleichterte. Wenn sie sich von ihrem Geld trennten, schien sich keiner von ihnen zu beschweren. Erst später, als er nicht mehr da war und die Spender nicht mehr länger von seiner

Macht beeinflußt wurden, kamen diese plötzlich auf andere Gedanken.

Gauner oder nicht? Er war auf eine sonderbare Weise die spirituellste Person, die ich je getroffen habe, denn er war wirklich er selbst – ein Individuum. Ob man es mag oder nicht, er hatte eine Methode, eine Regel, einen Code, nach dem er lebte. Die Kraft seines *Willens* forderte, daß das Leben ihn auf dem von ihm gewohnten Niveau unterstützte, und die Menschen reagierten gern darauf. Er selbst war hingegen eine sehr großzügige Person. Er würde sein Hemd ausziehen und es Ihnen geben, denn er sah seine Zufuhr an Überfluß grenzenlos. Er dachte keinen Augenblick an auch nur die geringste Möglichkeit, ohne Geld dazustehen.

Wenn er je einen Fehler begangen hatte, so war es dann, wenn Menschen durch seine Energie durchdrehten, wenn sie sich seinem *Willen* ergaben. Wenn er dies etwas gezügelt und nur hier und dort etwas genommen hätte, hätte sicher niemand darauf reagiert. Aber der Bursche ließ sich ein bißchen von seinem Ego forttragen, und er begann daran zu glauben, daß die höheren Mächte ihn für irgendeine große Mission ausgewählt hatten, die das Schicksal der Welt verändern könnte.

Natürlich würde die Bürde einer solchen karmischen Verpflichtung riesige Mengen des Geldes anderer Leute erfordern, um ihn in die Lage zu versetzen, einen von den Göttern akzeptierbaren Plan zu vollbringen. Und statt einige fünf- oder zehntausend Dollar zu nehmen, verlangte er von den Leuten 100 000 Dollar oder soviel, wie er bekommen konnte. Ein idiotischer Rancher in Oregon gab ihm 700 000 Dollar. Als die Geldsummen größer und größer wurden, verlangten die Geldgeber ihr Geld immer dringlicher zurück. Eine Zeitlang suchte ein kleines Team zusammen mit dem Betrugsdezernat nach ihm. Aber unser kleiner Gnom war einfach zu schnell. Als immer mehr Zeit verstrich, ließ der Ärger der Leute nach, und sie akzeptierten ihre Verluste als ›Investitionen‹, die Art, die wir alle kennen, während wir das Spiel des Lebens lernen.

Dies zeigt, daß die Menschen Schlange stehen, um Ihnen zu geben, was Sie wollen, wenn Ihre Intention kraftvoll und Ihr *Wille* deutlich definiert ist. Sie müssen von sich selbst überzeugt sein. Sie müssen an Ihre eigene Macht glauben. Wenn Sie nur den geringsten Zweifel an Ihrem Wert haben, trägt Sie dies unmittelbar von unbegrenzten Möglichkeiten zu viel kleineren Ergebnissen.

Stellen Sie sich den Tiger im Wald vor. Wundert es Sie, daß der Hirsch auf seinem Weg ihm gehört? Gibt es irgendeinen Zweifel an dem Wert des Tigers? Verbunden wie alle Dinge sind, so trägt Tao sich selbst. Die kleinen Geschöpfe ergeben sich dem Tiger, wie sich auch die Natur selbst ergibt, um die Geschöpfe zu unterhalten. So erhält sich die vollkommene Ausbalancierung.

Der Verstand schafft Grenzen, die falsch und ungöttlich sind. Wenn Sie keine wirkliche Emotion mit Ihrem Besitz verbinden und wenn Sie nicht in verzweifelter Weise am Leben hängen, strömt das Tao aus Ihnen aus. Das Ausgeglichensein ist das Geschenk, das Sie bieten. Was, wenn Sie in der Bestätigung des Überflusses plötzlich auf eine mit Bargeld vollgestopfte Handtasche stoßen? Lassen Sie uns, um die Diskussion zu erleichtern, annehmen, daß die Tasche keinen Ausweis enthält. Sie müssen in einem solchen Fall den Überfluß als eine natürliche Ausweitung Ihrer Energie akzeptieren, sonst würden Sie Ihre Verbindung mit dem Unendlichen vollkommen verleugnen.

Dabei ist jedoch darauf zu achten, daß man nicht der Gefahr erliegt, zu weit zu gehen und unangemessene Vorteile von anderen zu nehmen oder sich vom Ego forttragen zu lassen. In einer Welt, in der jeder jeden anderen manipuliert oder kontrolliert, wäre es doch sicher schön, wenn Sie Erfolg hätten, ohne sich derselben miesen Techniken bedienen zu müssen, nicht wahr?

Es scheint mir, daß wir zumeist nur Treuhänder einer

Macht sind. Wir sind nicht die Macht selbst, und wir sollten daran denken. Wenn wir ausgeglichen sind, fließt die Kraft spontan und bestätigt uns die reine Spiritualität der Dinge. Aber manchmal wird die Energie im Innern eines Menschen so mächtig und so intensiv, daß der einzelne jede Sicht von der demütigen Sterblichkeit verliert und gestattet, sich vom Ego in ein Denken forttragen zu lassen, das sagt, daß er hier sei, um die Welt in Ordnung zu bringen, ein Orakel der Götter, oder was auch immer, zu werden.

Sie können diesen Unsinn sowohl im New Age als auch in den großen Religionen erkennen. Die Führer beginnen zu glauben, daß sie von Gott ausgewählt wurden. Es gibt einen Gebrauchtwagenhändler in Amerika, der in das Guru-Geschäft abgeglitten ist und nun zwei Menschen neben sich gehen läßt, damit niemand von seinen Anhängern ihn berührt und ihm ein Volt seiner neugefundenen Göttlichkeit raubt. Was die meisten seiner Anhänger nicht wissen, ist, daß ihr Autoverkäufer-Guru schwul ist. Er hat nichts dagegen, wenn einige Jungs ihn die ganze Nacht lang ausrauben, wenn es denn sein muß. Ah! Die Tücke des menschlichen Verstandes ist grenzenlos.

Wenn Sie sich auf sich selbst und Ihr Leben konzentrieren, werden Sie bald viel mächtiger werden als 99 Prozent derjenigen, mit denen Sie zu tun haben. Sie sollten darauf achten, Ihre Energie zu zügeln und sich nicht durch den Wohlstand oder Ihre Position beeinflussen zu lassen. Wenn Sie nicht sorgfältig darauf achten, ist es möglich, daß Sie sich früher oder später selbst zerstören werden. Oder noch schlimmer, Sie könnten die Erfüllung eines jeden Ihrer Wünsche erreichen und beim Rückblick auf Ihr Leben die Häßlichkeit erkennen, die sich darin widerspiegelt, daß Sie Ihr Ziel auf materielle Art erreicht haben, aber darin versagten, diese materiellen Vorteile in einen ehrbaren Code des Lebens oder der spirituellen Essenz zu übertragen. Das wäre traurig. Aus meiner Sicht ist Wohlstand um seiner selbst willen nur ein Egotrip, von Wünschen angetrieben, um die eigenen Überlebenswünsche zu sättigen. In der schlimmsten Form ist das Geld der Weg der Ichsucht, hilflos nach der eigenen Unsterblichkeit zu greifen. Deshalb bauen die sehr Reichen Monumente. Dies befriedigt erstens das Ego, und zweitens: In Steinen und Mörtel suchen sie dummerweise das Fortbestehen ihrer eigenen Existenz.

Sie müssen sich selbst fragen: »Will ich wirklich reich sein?« Wenn die Antwort »Ja« ist, dann sollte Ihre nächste Frage lauten: »Wofür will ich das Geld?« Was werden Sie tun, wenn Sie reich sind? Wenn diese Fragen in Ihrem Verstand einmal klar werden, liegt das Ziel in nur einigen Jahren vor Ihnen. Wenn Ihr Verlangen nach Reichtum egoorientiert ist und wenn Sie zur gleichen Zeit versuchen, einen spirituellen Aspekt in Ihrem Leben zu entwickeln, werden Sie erleben, daß Ihre Gelderwerbsbemühungen ständig versagen. Ihr *Inneres* wird Sie vor der Möglichkeit der Selbstzerstörung schützen, vor dem Verlust der Sicht Ihres wahren Ziels durch die Verlockung des Egos.

Wenn Sie kein alles überragendes spirituelles Verlangen haben, werden Sie wahrscheinlich schneller zu Geld kommen, aber was Sie erreichen, wird leer sein. Sie sollten in Ihr Herz schauen und diese Fragen beantworten, denn all die Intention und die Kraft des *Willens* in der Welt werden für Sie nutzlos sein, wenn Sie nicht glücklich sind oder wenn Ihr bewußter Verstand Ihrem inneren Verlangen genau entgegensteht.

Wenn jemand fragt: »Wollen Sie wirklich reich sein?«, werden die meisten Menschen antworten: »Ja.« Aber nicht viele dieser Antwortenden werden es tatsächlich ernst meinen. Sie können sich Wohlstand und einen luxuriösen Lebensstil vorstellen, aber sie glauben nicht wirklich, daß sie ihn haben werden, oder sie glauben nicht, daß sie es wert sind, oder sie sind zufrieden, daß diese Fantasien nur in ihrer Vorstellung ruhen, und haben nicht tatsächlich die Kraft der Intention, daranzugehen und zu bekommen, was sie wollen.

Wenn Sie sehr reich werden, müssen Sie Verantwortung übernehmen, und zwar eine Menge. Sie werden auf besondere Weise in das Leben eingebunden werden. Reichwerden bedeutet, alles fest in den Händen zu halten. Es bedeutet ein endloses Reagieren und eine Menge Streß und Belastung. Ist es das, was Sie wollen?

Es ist üblich, daß man die Reichen in einem lässigen, sorgenfreien Leben sieht, Cocktails am Strand schlürfend, während der Chauffeur an der Kurve wartet. Dies stimmt vielleicht bei einigen, aber die meisten müssen hinausgehen und ihren Wohlstand schaffen. Haben sie einmal ein gewisses Vermögen erwirtschaftet, müssen sie sich darum kümmern, es investieren und es bis zu einem gewissen Grad verteidigen. Dazu bedarf es eines großen Energieeinsatzes, und Sie sollten sich fragen, ob Sie so viel Energie besitzen oder ob Sie bereit sind, so viel davon einzubringen, um ein solches Talent zu entwickeln. Wenn Sie darauf antworten: »Ja, ich werde alles tun« und Sie dies auch ernsthaft meinen, sind Sie auf dem halben Weg. Sind Sie aber nicht ganz sicher, sollten Sie innehalten und darüber nachdenken.

Vielleicht, wenn Sie tief in sich hineinschauen, werden Sie feststellen, daß alles, was Sie benötigen, etwas mehr Überfluß ist, so daß Sie Ihr Leben etwas freier gestalten können. Vielleicht würde Sie massiver Reichtum sehr krank machen. Vielleicht reicht es, wenn Sie etwas mehr haben als jetzt. Ist das der Fall, sollten Sie sich fragen, warum Sie es nicht bereits haben. Warum ist alles so eng? Die Antwort wird irgendwo tief in Ihrem Innern liegen. Sie können diese Antwort finden und das Problem schnell beheben, solange Sie sich selbst gegenüber ehrlich sind. Vielleicht fürchten Sie sich vor Verpflichtungen. Oder Sie können sich auf Dinge nicht richtig konzentrieren. Oder aber, und das kommt häufig vor, Sie haben einen Lebensstil gewählt, der relativ frei ist, da Sie sich nie mit dem System verbunden haben. Aber weil Sie sich den Eintritt in das System versagten, hatten Sie Schwierigkeiten, dieses System dazu zu bringen, all

Ihre Bedürfnisse zu befriedigen. Vielleicht verbannten Sie sich dazu, eine Existenz in einer Barackensiedlung am Rande der Stadt zu führen, statt mitten im Strom zu schwimmen.

Viele haben das gleiche Problem. Doch manchmal muß man sich bloß anschließen. Obwohl ›Anschließen‹ Ihnen vielleicht nicht am Herzen liegt, sollten Sie doch zumindest das Spiel mitspielen, um vom System das zu bekommen, was Sie wollen. In jedem Fall, wenn alles, was man will, nur ein bißchen mehr ist, ist es gut, dies zu erkennen, und dann ist es die Aufgabe, auf das Ziel zuzuarbeiten.

Es ist nicht schwer, kleine Geldmaschinen zu entwikkeln, die Bargeld ausspucken, sobald Sie die ›Intention‹ haben und sobald Sie sich dem Markt stellen und herausfinden, was sich tut. Dabei spielt es eigentlich keine Rolle, wie Sie dieses zusätzliche Geld verdienen. So können Sie zum Beispiel in Toiletten von Fernfahrerstops Kondome verkaufen, wenn nötig. Vielleicht können Sie aber auch das, was Sie zur Zeit tun, einfach besser machen und dafür mehr verlangen.

Der ganze Trick beim Geld ist der Ausgleich. Der Ausgleich bei 1000 im Monat oder bei einer Million im Monat. Der große Wert dieser Balance liegt darin, daß er das Spirituelle untermauert und der inneren Schönheit und Kreativität erlaubt, zum Vorschein zu kommen. Deshalb ist für die meisten Menschen Geld die eine Lektion, die sie – anders als vielleicht die Liebe – hier erlernen sollen.

Sie sollten sich mit Ihren Lieben zusammensetzen und Ihre finanziellen Bedürfnisse diskutieren, so daß jeder von Ihnen sagen kann, was er will und wo sein jeweiliges Intentionsniveau liegt. Dann können Sie Ihre Hoffnungen und Ihre Träume Ihrer Intention anpassen und erkennen, ob das Niveau Ihres projizierten *Willens* stark genug sein wird, das zu erreichen, was Sie wollen.

Wenn Ihre Intention nicht wirklich so hoch ist, müssen Sie dies als Tatsache annehmen und vielleicht Ihre Erwartungen an das Leben anpassen. Oder aber Sie können durch Konzentration und Disziplin an Ihrer Intention arbeiten und sie verstärken. Denn ist sie einmal stark genug, wird die Kraft Ihres in das Leben projizierten *Willens* Ihnen die Wünsche Ihres Herzens erfüllen.

Naturlich sind die Dinge manchmal finanziell so unausgeglichen, daß ein neuer Start fast unmöglich scheint. Dieses Problem kommt daher, daß es heutzutage so leicht ist, einen Kredit zu erhalten. Als ich das erstemal nach Amerika kam, war ich verwirrt zu erfahren, daß man in ein Geschäft gehen und nur mit seiner Unterschrift bezahlen konnte, ohne daß man überhaupt bekannt war. Ein Dollar – und schau, wie du uns fängst!

Dollar-Tanz 12

»Wenn ein Aspekt (Ihres Lebens) für Sie sehr, sehr wichtig ist, wird er aufgrund der Integrität für Sie heilig. Dann ist die Ebene Ihrer Verpflichtung diesem Ideal gegenüber vital, da Sie wissen, daß der Sinn Ihres Lebens in dieser einen Frage oder Erfüllung enthalten und zentriert ist.«

Bei so viel Kredit ist es leicht zu erkennen, warum so viele Menschen Probleme bekommen. Wenn Ihre Schulden außer Kontrolle geraten, haben Sie eine Krankheit – eine finanzielle Krankheit. Dies wird mehr als alles andere Ihr Ungleichgewicht erzeugen. Die Emotion im Zusammenhang mit Schulden ist ein sicherer Weg, jede günstige Gelegenheit zu blockieren.

Wenn Sie Ihre Finanzen im Griff haben, bezahlen Sie jede Rechnung. Wenn Sie aber die Kontrolle über Ihre Finanzen verloren haben, müssen Sie sich eine gewisse Zeit in das Krankenhausbett der Finanzen legen, da Sie sonst nie geheilt werden. Sie brauchen Ruhe und müssen sich zurückziehen. Der Kampf, offene Rechnungen in einem unausgeglichenen Zustand zu bezahlen, ist der dümmste Weg, die Dinge in Ordnung zu bringen. Das ermutigt Gläubiger nur, noch mehr zu verlangen, das bringt Sie noch mehr durcheinander und ist keine Hilfe für die Gläubiger. Zurückziehen ist die einzige Antwort.

Natürlich hängt es davon ab, wie viele Schulden Sie haben. Wenn es nur wenig ist, können Sie Ausgaben einsparen und nach und nach das Geld zurückzahlen. Aber gehen wir einmal von einer starken Verschuldung aus, dann müssen Sie sich das zunächst einmal selbst eingestehen. Als nächstes lassen Sie Ihre Gläubiger wissen, daß sie nicht so schnell etwas bekommen. Sobald Sie das deutlich mitgeteilt haben, wird man Sie von der ›kurzfristigen Liste‹ nehmen und Sie in die Kategorie ›Nachbrenner‹ einreihen, wo die Emotion sehr viel geringer ist und Ihnen nicht ständig jemand im Genick sitzt.

Ihre erste Reaktion wird vielleicht sein: »Wird es nicht meine Kreditwürdigkeit zerstören, wenn ich die Leute nicht bezahle?« Tatsache, mein Lieber, ist, daß Ihre Kreditwürdigkeit bereits zerstört ist! Was haben Sie zu verlieren? Jedenfalls brauchen Sie keinen weiteren Kredit. Denn Kredit ist lediglich ein Instrument, Ihr Verlangen zu befriedigen, wenn Sie das nicht unmittelbar mit Bargeld tun können.

»Aber was ist, wenn ich meine Kreditkarte verliere?« Na und? Sie brauchen keinen Kredit, wenn Sie Geld haben. »Das stimmt, aber Kreditkarten sind beim Reisen oder für Mietwagen sehr nützlich.« Kein Problem. Es gibt Banken, die haben sich darauf spezialisiert, Kreditkarten an Leute mit mieser Kreditwürdigkeit auszugeben. Diese Kreditkarten werden durch ein Sparkonto bei der Bank gedeckt. »Aber wenn ich meine Schulden nicht bezahle, mögen mich die Leute nicht mehr.« Vergessen Sie das! (Sehen Sie sich das Kapitel 3 an, und lesen Sie noch einmal den Abschnitt über die Akzeptanz Ihrer selbst.)

Es ist besser, eine Bankrotterklärung abzugeben, als zu

versuchen, eine unhaltbare Position einzunehmen. Nachdem Sie dann alles geregelt haben, müssen Sie den Grundfehler ablegen – keine weiteren Kredite. Oder lediglich kleine Kredite, die Sie leicht unter Kontrolle halten können. Wenn Sie mit den alten Problemen aufräumen und damit beginnen, neue zu schaffen, haben Sie sich selbst (auf einem Energieniveau) für die Situation keine Absolution erteilt, da Sie sich auf denselben alten Unsinn wieder einlassen. Karmisch gesehen wäre dies unehrenhaft. Aber jedem ist es zugestanden, den ausgefallensten Fehler im Leben zu machen und wieder neu zu beginnen. Ihre Gläubiger sind genauso verantwortlich für Ihre Schuldensituation, wie Sie es sind. Es gibt keine unschuldigen Opfer. Sie trafen die Geschäftsentscheidung, Ihnen Kredit einzuräumen, in der Hoffnung auf einen Gewinn, und täuschten sich. Das passiert immer wieder.

Nehmen wir hypothetisch an, daß Sie seit 20 Jahren eine Kreditkarte besitzen und zusätzlich zu den jährlichen Gebühren für diese Karte 19 Prozent Zinsen über den gesamten Zeitraum gezahlt haben. Die Kreditkartengesellschaft weiß genau, wie groß der Prozentsatz der Leute ist, die ihre Rechnungen jedes Jahr nicht bezahlen. Nehmen wir einmal an, er liegt bei zwei Prozent. Also kalkuliert die Gesellschaft ein, daß alle Kunden wenigstens einmal alle 50 Jahre ihre Rechnungen nicht bezahlen (2 % × 50 = 100 %). Dies wird bei den jährlichen Zinsen und Gebühren bereits mit berechnet. Also haben Sie bereits 20 Jahre lang für das mögliche Versäumnis bezahlt. Warum sollen Sie sie dann enttäuschen? Wenn Sie nicht alle 50 Jahre einmal nicht bezahlen, bringen Sie die ganze Mathematik dieser Leute durcheinander. Das kann eine Panik verursachen!

Wenn Sie Schulden haben, verfolgen die Leute Sie, und Sie fühlen sich wie ein faules Ei. Dabei vergessen Sie, daß Sie ein Kind Gottes und unsterblich sind – und all diese guten Dinge. Sie neigen dann dazu, all das zu glauben, was Ihre Gläubiger über Sie sagen. Zunächst scheint es ja vielleicht so zu sein, daß die Gläubiger im Recht sind und Sie keine Macht mehr besitzen. Tatsächlich ist jedoch genau das Umgekehrte der Fall. Die Gläubiger sind im Recht, aber *sie* haben keine Macht mehr. Denn Sie sitzen nun als Schuldner auf dem Fahrersitz, und das sollten Sie nie vergessen.

Die Emotion liegt immer bei den Gläubigern, die versuchen, den Schuldner in denselben emotionalen Whirlpool zu ziehen. Und was passiert, wenn Sie sich dagegen sträuben? Die Tatsache, daß Sie jemandem Geld schulden und es nicht zurückzahlen können, ist kein Grund, sich aufzuregen. Es kann nichts wirklich Ernsthaftes passieren. Wenn Sie noch Kapitalwerte haben, kann der Gläubiger diesen nachjagen. Viel Glück! Haben Sie jedoch keine Werte, so sind Sie frei.

Zudem ist die Zeit normalerweise auf Ihrer Seite. Nachdem er einmal einen Verlust hingenommen hat, kann der Gläubiger nur einen bestimmten Teil seiner Energie darauf verwenden, ein totes Pferd zu schlagen. Schließlich wird es ihm klar, daß er sich besser gewinnträchtigen Geschäften zuwendet. Im Laufe der Zeit heilen sich Schulden selbst.

Schließlich sind in jeder Transaktion Kosten und Hoffnung auf Gewinn enthalten. Die anfänglichen Kosten sind real, aber der erhoffte Gewinn ist nur Gedankenform. Als Schuldner gibt Ihnen dies zusätzliche Macht. Geschäftsleute hassen es, ihre ursprünglichen Einsätze zu verlieren, da diese Dollars dann für immer verloren sind und nicht mehr für weitere Geschäfte in der Zukunft benutzt werden können. Oft genug sind sie jedoch darauf vorbereitet, auf Gewinne zu verzichten, auf die sie gehofft hatten. Dies versetzt Sie in die Lage, Ihre Schulden zu begleichen durch Bezahlung nur eines Prozentsatzes dessen, was Sie schulden. Zudem haben Sie die Möglichkeit, nicht mit Geld zu bezahlen. Sie können schachern. Sie können Ihre kostenlose Arbeit anbieten und auf diese Weise bezahlen. Oder Sie können Beträge, die man Ihnen schuldet, Ihren Gläubigern als Zahlung anbieten. Es gibt eine Menge Optionen, die Ihnen offenstehen.

Lassen Sie uns nebenbei für einen Moment über Schulden innerhalb der Familie reden – also Geld, das Sie von Familienmitgliedern geliehen oder an Familienmitglieder ausgeliehen haben. Die Familie ist eine machtvolle metaphysische Einheit, in die wir inkarniert wurden, um über das Leben zu lernen. Ihr Wert besteht darin, daß sie einen Schutz um uns bildet und es dem einzelnen erlaubt, seine karmischen Angelegenheiten in einer freundlichen Umgebung abzuarbeiten. Ich glaube an Reinkarnation. In jeder Familienumgebung gibt es, metaphysisch gesehen, Äonen von angehäuftem Karma, das innerhalb nur weniger Jahre behoben werden kann. Das Schöne an einer Familieneinheit ist, daß sie eine Brutstätte bildet, in der wir Liebe lernen können. Und Liebe ist schließlich die rettende Gnade der Menschheit.

In dieser Sicht können wir Familienschulden nicht störend dazwischenkommen lassen. Ich glaube, daß Sie Ihrer Familie nichts schulden und Ihre Familie Ihnen nichts schuldet. Welche finanziellen Transaktionen auch immer stattgefunden haben – sie sind alle Teil eines großen karmischen Schmelztiegels, in den Sie und Ihre Familienangehörigen geworfen wurden. Wenn Sie die Theorie der Reinkarnation akzeptieren, dann können Sie nie wissen, wer wem etwas schuldet. Deshalb ist es traurig, wenn Sie Ihre Mutter nicht besuchen können, nur weil Sie ihr 1000 oder 2000 Dollar schulden. Der Familiengläubiger ist genauso gefangen wie der Schuldner, da die Emotion von Familienschulden oft zu solchen Schwierigkeiten führt. Damit jeder frei wird, müssen Sie die Dinge klären. Die beste Lösung ist, daß jeder jedem verzeiht. Also gehen Sie zu Ihrem nahen Verwandten und sagen Sie einfach: »Ich liebe dich, aber du wirst dein Geld nicht bekommen. Du mußt mir meine Schulden erlassen. Diese Familie muß ungebunden sein.«

In einer Welt, in der die Menschen durch das System so

manipuliert und kontrolliert werden, sollte die Familie als ein Symbol der Spiritualität und des Selbstvertrauens stehen – sie sollte voll Liebe, stark und ungebunden sein. Es ist wichtig, daß die verbindende Kraft dieser Einheit von ihren Mitgliedern genutzt wird, sich selbst zu befreien, und nicht, sich gegenseitig zu binden. Wenn alle großzügig die Dinge aus einer eher unendlichen, liebevollen Perspektive verstehen würden, könnten wahre Höhen der Spiritualität und Freude erreicht werden. Aber wie es sei, ob sie Ihre Schulden vergessen oder nicht, ich würde einfach weitergehen und mir selbst vergeben.

Natürlich schaffen nicht alle familiären Transaktionen Negativität. Wenn ein Arrangement liebend und hilfreich ist und sich jeder dabei wohl fühlt, dann sollte man es durchhalten. Aber oft genug ist dies nicht der Fall. Teil Ihrer Intention sollte das Erkennen dieser Tatsache sein und dann das Bereinigen!

Sie müssen sich selbst heilen, bevor der Druck all Ihrer finanziellen Verpflichtungen Sie krank und deshalb für sich selbst und andere nutzlos werden läßt. Wir halten uns in diesem Leben nur kurze Zeit auf – vielleicht 20 000 Tage. Warum sollten Sie sich nur an einem dieser kostbaren Tage mit Dingen quälen, die nicht wirklich existieren? Geld ist eine Gedankenform – und auch Schulden. Warum Zeit damit verschwenden, die Anschauung der Leute zu verändern. Die Bank sagt, Sie schulden etwas – das ist die Anschauung der Bank. Sie haben eine andere Gedankenform, die sagt: »Ich schulde etwas, aber du wirst es nicht bekommen.« In der Unendlichkeit der Dinge sind diese kleinen Meinungsverschiedenheiten irrelevant.

Natürlich stimmt es, daß die Welt zum Stillstand käme, wenn keiner zahlen würde. Tatsache ist aber auch, daß dies nur ein geringer Prozentsatz tut. Wenn es Ihnen bestimmt ist, zu diesem Prozentsatz zu gehören – was soll's? Wenn Sie eine Weile im Krankenhausbett der Finanzen liegen, können Sie sich selbst heilen und den Rest Ihres Lebens fortsetzen. Die Kraft Ihres *Willens* wird sofort verstärkt, wenn Sie neue Ausgeglichenheit finden. Wenn dann diese durch finanzielle Disziplin gestützt wird, wird sie Ihnen Wohlstand bringen. Sehr wahrscheinlich wird dieser Wohlstand für Sie und für jene um Sie Arbeit, Energie und Enthusiasmus hervorbringen. Was Sie also aus dem Topf (des Energieniveaus) genommen haben, indem Sie Ihre Schulden nicht bezahlten, können Sie später durch Ihren Erfolg zurückgeben.

Während der nächsten zehn Jahre werden Sie eine gewaltige Umstrukturierung der Weltwirtschaft erleben. Seit dem Zweiten Weltkrieg haben die westlichen Demokratien wie verrückt Papiergeld gedruckt. Und von den verschiedenen Regierungen wurden enorme Schulden angehäuft, die nie zurückgezahlt werden. Eines Tages werden alle damit aufhören müssen, sich etwas vorzumachen, und eine Lösung muß gefunden werden. Wenn dieser Tag kommt, wird das Vertrauen zeitweise verlorengehen, und wir werden eine dramatische Finanzkrise erleben. Es wird zu einem Zustand kommen, der von Wirtschaftswissenschaftlern als Stagflation bezeichnet wird, das bedeutet Inflation bei Nullwachstum oder ein negatives jährliches Wachstum. In dieser Situation wird jeder, der Bargeld hat, sofort ein König. Während die Preise in einigen Bereichen, wie bei Lebensmitteln, steigen werden, sinken sie in anderen Bereichen. In den dreißiger Jahren fielen die kommerziellen Immobilien in einigen Gebieten um bis zu 90 Prozent. Warum für eine Villa am Meer heute fünf Millionen Dollar ausgeben, wenn Sie in fünf oder sieben Jahren das gleiche für 50 000 oder 100 000 bekommen können?

Wichtig ist, daß Sie beginnen, sich von Schulden zu befreien und auf Bargeld zuzugehen. Das ist nie ein Fehler – denn Bargeld ermöglicht Ihnen Möglichkeiten. Wenn all Ihre Mittel gebunden sind oder Sie kein verfügbares Geld haben, schränkt Sie dies ein. Wenn die Finanzkrise kommt, werden sich fantastische Gelegenheiten bieten, so brauchen

Sie nichts zu fürchten. Viele der großen Vermögen in Amerika wurden in den dreißiger Jahren geschaffen. Ganze Industrien wurden für wenig Geld erworben.

Natürlich hängt alles von Ihrer Intention ab. Wenn Sie sich selbst finanziell heilen, auf Bargeld zugehen und etwas Geduld haben, wird Ihnen in wenigen Jahren alles gehören, wovon Sie je geträumt haben. Aber Sie müssen Vorstellungskraft haben und die Fähigkeit, die Worte an der Wand zu lesen. In den frühen dreißiger Jahren gab es in Deutschland und Österreich wohlhabende Familien, die die Entwicklung der Situation *lasen,* als die Nazis an die Macht kamen. Sie verkauften alles zum vollen Preis und verließen das Land. Man ist nicht verpflichtet, sich in einer sich verändernden Situation verschlingen zu lassen. Es gibt immer Warnzeichen. Die metaphysisch Erfahrenen werden immer zu den *LG* (Long Gone) gehören, wie wir sie nennen.

Das einzige, was Ihnen im Weg steht, ist die Klarheit Ihrer Intention und die Klarheit des Adlerauges, das Sie auf Ihren Aktionsplan werfen. Lassen Sie uns dies jetzt betrachten.

Dollar-Tanz 13

»Reichwerden ist ein Weiterreichen.«

10

Des Kriegers Adlerauge

Die Klarheit der Intention erlaubt es Ihnen, all Ihre Energie in die richtige Richtung zu führen, so daß sich Ihre volle Kraft auf Ihren *Willen* konzentrieren kann. Mir scheint es, daß die meisten Leute stark genug sind, die Dinge zu verwirklichen, die sie haben wollen. Es liegt nur an dem Mangel an Klarheit in ihrem Leben, was sie durcheinanderbringt.

Unser Leben ist ein Wirrwarr. Deshalb muß unser Bewußtsein als Kraftwerk unseres Schicksals hier und da etwas Energie abgeben. Nichts wird schnell oder leicht erreicht.

Ich hatte die Ehre, mit einer unglaublich großen Anzahl von Menschen – tatsächlich mit Millionen Menschen – zu kommunizieren, und das einzige, was ich übermittelt zu haben hoffe, ist die Notwendigkeit für wilde Intention und ungetrübte Klarheit. Was die Mongolen so verdammt gut machte, war, daß sie sich klar darüber waren, was sie wollten, und sich diesem mit wilder Entschlossenheit verschrieben. Die mongolischen Truppen zogen mit ihrer ganzen Habe, mit Frauen und Kindern in den Krieg. Und so wurde jede Schlacht geschlagen, als wäre es die letzte. Da gab es keinen Raum für Irrtümer, denn man kann sich nicht so leicht mit seinen Ziegen, mit Frau und Kind zurückziehen. Die Krieger stellten Bedingungen auf, unter denen sie es sich einfach nicht leisten konnten zu verlieren. Deshalb verloren sie nie.

Das beeindruckte mich beim Studieren ihrer Geschichte. Ich war fasziniert von ihrem hohen Ehrenstandard, denn sie lebten nur innerhalb ihres eigenen Individualismus. Sie brauchten keine Stütze. Sie wurden aufgrund der schieren Stärke, die sie darstellten, selbsterhaltend. Ich dachte, wenn wir die Menschen dieselbe Klarheit des Blicks und Kraft des *Willens* lehrten, verbunden mit moderner Magie (nachdem wir den Verstand so viel besser verstehen als die Leute damals im 12. Jahrhundert), könnten wir ein stilles Reich von Individuen aufbauen, die die Erde auf einem Energieniveau eroberten. Dies jedoch nicht, um die Erde zu binden oder auszurauben, sondern um diese Kraft zu nutzen, um sich selbst und andere zu befreien.

Deshalb entwickelte ich mein Fünf-Tages-Intensivseminar *The Warrior's Wisdom* (Die Weisheit des Kriegers) und legte es so an, daß das Ego oder die Persönlichkeit des Teilnehmers dem nicht wirklich widerstehen kann. Ich habe festgestellt, daß man, um jemanden in eine sehr geschmeidige klare Persönlichkeit einzubauen, von ihm zunächst den alten Rahmen abziehen muß. Statt diesen durch Dogma und ›Mambo-Jumbo‹ zu ersetzen, ersetzt man ihn mit nichts und läßt die Person fast unbedeckt in einer freien Zone ungetrübter Energie stehen. Wenn man sie dann dazu bringt zu erkennen, daß ihre Furcht fast nur Illusion ist und daß sie die Furcht als Helfer benutzen kann, wird sie leichtfüßig und stark. Wenn Sie sich einmal über Ihre Intention im Leben klar sind, haben Sie alles, was Sie brauchen. Sie werden wie ›Ninja-Mörder‹, für die nichts weiter als ihr Ziel existiert.

Glücklicherweise hatte ich mit meiner Vermutung recht, und die Technik bestätigte sich immer wieder. ›Die Weisheit des Kriegers‹ wurde zu einem der ungewöhnlichsten und machtvollsten Seminare, die auf der Erde stattfinden. Aber Sie benötigen nicht unbedingt die ›Krieger‹. Alles, was Sie benötigen, ist der Wunsch, mehr zu werden, als Sie im Moment sind.

Ich möchte Ihnen eine Analogie vorstellen, die ich sehr mag. Stellen Sie sich vor, daß Sie auf dem Grund eines Bassins schwimmen, während Sie etwas sehr Wuchtiges am Bein faßt und unter Wasser hält. Es bleiben Ihnen nur ein oder zwei Minuten, sich von diesem Griff zu befreien, oder Sie werden ertrinken. Wie hoch wird das Niveau Ihres Wunsches sein, die Oberfläche zu erreichen? Wieviel Anstrengung werden Sie aufwenden, um sich von dem Griff zu befreien, um wieder frische Luft zu atmen? Stellen Sie sich das vor. Dann überlegen Sie, ob Ihr Wunsch, aus den gegenwärtigen Umständen auszubrechen, genauso stark oder weniger stark ist. Denn oft scheint es mir, daß alles abzulegen und auszubrechen große persönliche Kraft und viel Mut erfordert.

Während Sie sich emotional vom Leben lösen, werden Sie sich natürlich von denen entfernen, die Sie kennen und lieben. Sie werden auf sich selbst gestellt sein. Das kann angst machen. Die Menschen würden lieber mit Freunden und bekannten Dingen in einem Gefängnis leben, als frei, aber auf sich selbst gestellt zu sein.

Wenn Sie sich nicht von den meisten Emotionen im Leben trennen, wird es Ihnen schwerfallen, sich wirklich klar darüber zu werden, wer Sie sind und was Ihre wahre Aufgabe ist. Sie können sehen, wie verwirrt die Leute im allgemeinen sind, was – jedenfalls für mich – bestätigt, daß Klarheit als Konzept nicht von vielen verstanden wird.

Sie sind ein Individuum, und Sie kamen allein als Kind auf diese Erde, und Sie werden auch allein wieder sterben. Die Tatsache, daß Sie in einer Gemeinschaft oder mit Ihrer Familie leben, ändert nicht die Einsamkeit Ihres spirituellen Weges. Durch das Verstellen Ihres Lebens mit vielen Dingen verlieren Sie bald die Sicht dafür, wer Sie sind und weshalb Sie hierherkamen.

Was dem Adler seine Macht verleiht, sind nicht seine Krallen, sondern ist seine ausgezeichnete Sehkraft. Ihr Enthusiasmus und Ihre Energie sind Ihre Klauen, aber ohne eine ›höhere Vision‹ sind Sie machtlos – Sie irren im Wald umher und suchen verzweifelt nach Ihrer Brille. Die Vision ist die Fähigkeit, sich über eine Situation zu erheben und sie genau zu ›erkennen‹.

In jeder geschäftlichen Transaktion gibt es Dinge, die die Menschen tun und sagen – und dann gibt es die *Energie* des Handelns. Die *Energie* stammt aus den tiefwurzelnden Gefühlen und den Gedanken der Beteiligten. Die *Energie* wird auch durch die darunterliegenden Motive der menschlichen Aktionen geschaffen. Oft unterscheidet sich das, was die Menschen sagen, sehr von dem, was sie denken, oder sogar von dem, was sie wollen. Wenn Sie mit sich selbst im klaren sind und sich über eine Situation erheben, können Sie schnell auf den Kern einer Sache stoßen. Alternativ dazu können Sie sehen, in welche Richtung sich die Dinge entwickeln, und Sie stellen Ihre Truppen so auf, daß Sie bereits im Tal sind, wenn die anderen endlich eintreffen.

Nehmen wir an, daß Sie sich in einem verwickelten Handel befinden und nicht sicher sind, was die beteiligten Personen dabei fühlen, auch können Sie nicht sehen, wie es ausgehen wird. Versuchen Sie dann einfach diesen kleinen Trick: Legen Sie sich mit Ihrem Kopf nach Norden auf den Fußboden und gehen Sie in einen meditativen Zustand – ein Theta-Gedankenwellen-Metronomband würde Ihnen dabei helfen. Atmen Sie, nachdem Sie sich entspannt haben, einige Male tief ein und aus. Stellen Sie sich beim Einatmen vor, daß Ihr ganzes Sein sich wie ein Luftballon aufbläst. Beobachten Sie, wie dieser Ballon größer und größer wird.

Allmählich sehen Sie dann, wie Sie vom Boden abheben, Ihren Körper verlassen und nach oben schweben, bis Sie eine Höhe von ungefähr 100 Meilen über der Erde erreicht haben. Geben Sie an diesem Punkt Ihrem Verstand die Persönlichkeit oder das *Gefühl* der Zentralperson in dem Handel ein, den Sie gerade untersuchen. Dann lassen Sie sich von dieser erhöhten Position wieder herunter, bis Sie gerade über den Ereignissen schweben. Beobachten Sie dann sorgfältig, was *tatsächlich* vor sich geht. Legen Sie besonderes Gewicht darauf zu lesen, wie sich alles anfühlt.

Als nächstes versetzen Sie sich in die Hauptperson und lassen Sie sie über ihre wirkliche Einstellung zu dem Ereignis sprechen. Stellen Sie dieser Person irgendwelche Fragen, die relevant sind. Halten Sie die Fragen einfach. Dann gehen Sie in alle anderen Personen hinein und stellen Sie auch diesen Fragen. Halten Sie Ihren Verstand und Ihre Meinung heraus, und hören Sie sorgfältig zu. Merken Sie sich die Antworten. Überprüfen Sie nach der Rückkehr in den Wachzustand, welche Informationen Sie während dieser Übung erhalten haben. Achten Sie darauf, daß Sie das, was Sie erfahren haben, nicht negativ sehen, nur weil es das Gegenteil dessen ist, was Sie hören wollten.

Jede Person besitzt ihr intellektuelles Selbst, was die offizielle PR-Ausgabe dessen ist, was sie jeden glauben machen möchte. Wir besitzen jedoch auch unser *inneres Selbst*, das tief in uns liegt und unsere wahren Motivationen und all jene archetypischen Motive enthält, die die Basis unseres Seins formen. Durch das Eindringen in eine meditative Stufe und in die Gefühle und die Persönlichkeit eines anderen berühren Sie dessen *innere Seele.* Diese kann nicht lügen oder betrügen.

Wenn man diese Übung über einen längeren Zeitraum durchführt, kommt man an einen Punkt, wo man sich nicht mehr hinlegen und meditieren muß. Dies trifft besonders dann zu, wenn sich die Person, die Sie durchschauen wollen, direkt vor Ihnen befindet. Entspannen Sie sich, während gesprochen wird, und stellen Sie sich selbst in einer ländlichen Szene vor, die Sie kennen. Ich sehe mich selbst in einer solchen Situation in einem Bergsee schwimmen oder an dem Bergsee sitzen, den ich sehr gut kenne.

Sehen Sie sich dann selbst im Innern des Körpers der Person, und kehren Sie diese mentale Vorstellung so um, daß Sie von ihr angeblickt werden. Natürlich wird die Person, zu der Sie sprechen, Sie höchstwahrscheinlich ansehen, sitzt Sie Ihnen aber in einem leichten Winkel gegenüber, so verändern Sie das mentale Abbild diesem Winkel entsprechend. Halten Sie dann eine von Ihrem eigenen Verstand unbeeinflußte Konzentration aufrecht, und schauen

Sie mit Ihrem linken Auge in das rechte Auge der Person, und während Sie das mentale Abbild im Innern der Person stehend noch aufrechterhalten, stellen Sie Ihre Fragen. Wenn in diesem Moment über den fraglichen Handel gesprochen wird, um so besser. Aber selbst, wenn deren bewußter Verstand woanders ist, wird Sie dies nicht aufhalten.

Beginnen Sie Ihre Frage mit Worten, die die Erinnerung des *Innern* der anderen Person ansprechen. Nehmen wir einmal an, daß der diskutierte Handel den Bau einer Brücke über eine Lagune zwölf Meilen außerhalb von Lagos in Nigeria betrifft. Beginnen Sie in diesem Fall Ihre Frage mit den drei Rufworten: ›Brücke, Lagos, Lagune‹. Dies verschafft den Zugang zu dem Teil des Verstandes, der alle Gefühle über das Projekt enthält. Warten Sie einen kleinen Moment, und stellen Sie dann Ihre Frage. Die Antwort kommt dann zu Ihnen in Ihren Verstand wie Worte.

Hält sich die zentrale Person in diesem Handel jedoch an einem anderen Ort auf, wenden Sie wieder die Ballontechnik an. Die beste Zeit für Ihre Überprüfung ist deren Schlafzeit. Geht die Person also zum Beispiel um 22.00 Uhr ins Bett und wacht um 6.00 Uhr auf, so ist Ihre beste Zeit für die Übung um 4.00 Uhr ihrer Zeitzone. Denn zu dieser Nachtzeit ist die Verstandesaktivität am wenigsten aktiv. Sie befindet sich am nächsten dem wahren Selbst, denn der Haupttraumzyklus REM, der kurz vor dem Aufwachen einsetzt, hat zu dieser Zeit noch nicht begonnen. Haben Sie es jedoch eilig, können Sie die Ballonmethode zu jeder Zeit anwenden. Gehen Sie lediglich sicher, daß Ihr Verstand, während Sie sich auf Ihr Ziel konzentrieren, klar und ungetrübt ist, so daß Sie die mentale Verbindung lange genug halten, um Fragen zu stellen und Antworten erhalten zu können.

Bei der Anwendung dieser Methode werden Sie herausfinden, daß Sie die Gedanken der Menschen lesen können. Lassen Sie mich dies verdeutlichen. Was ich damit meine, ist, daß Sie in der Lage sein werden, genau die Gedanken aufzunehmen, die der Betreffende selbst fühlt. Sie werden vielleicht nicht die jeweilige präzise Gedankenform deutlich erkennen, aber Sie werden herausfinden, welchen Einfluß diese Gedanken auf die Person bezüglich der jeweiligen Frage haben. Durch die Benutzung dieser Art von Techniken (von denen in meinem Buch *The Quickening* noch weitere zu finden sind) werden Sie zu einem schlauen Krieger. Viele Menschen denken, daß diese Geschicklichkeit Unehrenhaftigkeit bedeutet. Das ist nicht meine Meinung. Geschickt zu sein ist lediglich die Ausnutzung aller Ressourcen Ihres Menschseins, um Sie selbst in eine starke Position zu bringen. Das bedeutet notwendigerweise nicht, daß Sie Menschen ausnutzen. Es bedeutet lediglich, daß Sie Macht und Klarheit besitzen wie nur wenige.

Was mich bei den alten esoterischen Traditionen in Europa besonders anzog, war, daß in diesen Praktiken eine Kraft war, die man sonst nicht fand. Meine Motivation war nicht, zu kontrollieren, sondern war, mich selbst zu befreien. Warum sollte man sich bei seiner Suche anstrengen, wenn die Ergebnisse dieser Anstrengungen zu nichts führen? Das ist der Grund, weswegen ich mich wenig für Religionen begeistern kann. Wenn sie auch einiges Gute lehren, versäumen sie es doch, den Menschen zu sagen, wie sie wirklich mächtig sein können. Tatsächlich tendieren die meisten religiösen Menschen dazu, etwas verweichlicht zu sein, da sie ihre Macht an ein verstaubtes Symbol abgegeben haben, das *außerhalb* ihrer selbst existiert. Die Religion wird wichtiger als sie selbst, und das ist das Rezept für einen langen, harten Kampf.

Die Okkultisten, die guten, die ich traf, besaßen alle eine sehr mächtige, unbeeinflußbare Konzentration. Sie wußten, wie sie den Verstand zu einem perfekten Werkzeug ihres Willens einsetzen konnten. Unter Benutzung ihrer Vorstellungskraft erhielten sie das, was sie wollten, mit sehr wenig oder gar keiner Anstrengung. Wohlstand war für sie nie ein

Thema, denn sie lasen in jedem Menschen so gut, daß sie immer gewannen. Das ist der Grund, weswegen Intention, Klarheit und Einfachheit für Sie in Ihrer Konzentration so lebenswichtig sind. Sie können ein verwickeltes Leben führen und doch klare Einfachheit besitzen, denn Sie überwinden Komplexitäten mit der Kraft Ihrer Konzentration. Um diese Art des feinen Gespürs Ihrer Macht zu erreichen, müssen Sie sich selbst von allem Unsinn befreien, mit dem Sie sich vorher beschäftigt haben.

Stellen Sie sich vor, daß jemand nach Ihrer Geburt einen endlos langen Strick an Ihr Bein gebunden hat. Während Sie Ihr Leben lebten, wand sich dieser Strick um alle Gegebenheiten, denen Sie begegneten, und verschlang und verknotete sich dabei. Um frei zu werden, müssen Sie zunächst den Strick von Ihrem Bein lösen, was bedeutet, daß Sie sich selbst in eine Leere versetzen müssen, in der Sie sich in einem ständigen Zustand von ›Nichtwissen‹ befinden, wo Sie nur mit sich selbst existieren. Dann müssen Sie den Strick entlang sorgfältig zurückgehen und ihn von allen Dingen lösen, um die er sich geschlungen hat.

Zunächst scheint dies eine unmögliche Aufgabe zu sein, denn vielleicht hat sich dieser Strick bereits die letzten 30 oder 40 Jahre Ihres Lebens verwickelt. Aber während Sie diesen Weg zurück beschreiten, werden Sie erfreut feststellen, daß Sie jedesmal, wenn Sie den Strick von einem Hindernis befreien, ihn auch gleichzeitig von allen ähnlichen Situationen losmachen, die Ihnen je begegnet sind. Auf diese Weise werden große Stücke des Stricks sofort frei.

Dies ist die Geschichte unserer Leben. Wir verbringen Jahre damit, uns selbst in Knoten einzuschließen, und dann stellen wir entweder eines Tages fest, daß wir davon genug haben, und wir befreien uns selbst, oder wir merken es nie. Dann wird der Strick zu einem Freund, und wir sterben wie der Fisch im Netz.

Vielleicht bin ich inzwischen vom Hauptthema dieses Buches – dem Gelderwerb – etwas abgekommen. Aber wenn Sie darüber nachdenken: Intention und Klarheit sind die Grundpfeiler Ihrer Gelderwerbsanstrengungen. Ohne diese werden Sie unweigerlich versagen. Es ist interessant, daß 60 Prozent aller kleinen Firmen in Amerika in den ersten zehn Jahren Konkurs anmelden.

Schaut man sich diese Zahl an, kann man sehen, daß die Inhaber unerfahren waren oder zuwenig Geld hatten, aber meist erkennt man in diesen Geschichten des Versagens, daß ihnen Klarheit gefehlt hat. Es ist so leicht, eine kleine Firma zu gründen, ohne sich vorher zu überlegen, wozu man sich dabei verpflichtet oder ob es für diese Dienstleistung oder das Produkt einen Markt gibt. Nach dem ersten Erfolg kann man dann leicht von der Konzentration auf das Geschäft fortgetragen werden. Und in dem tagtäglichen *Trott* des Geschäfts vergißt man das Geldzählen.

Aus keinem anderen Grund betreibt man eine Firma, als das Geld zu zählen. Ich denke, daß jeder Geschäftsmann diese Worte in zwei Fuß hohen Buchstaben an seine Bürowand schreiben sollte. Denn Herstellung, Erzeugung, Verkaufen, Öffentlichkeitsarbeit und der Transport sind nicht das Geschäft, sondern das Geldzählen ist es. Das muß man nicht notwendigerweise wundervoll finden, aber wenn man klar sieht, weiß man, daß es im wesentlichen nichts anderes gibt. Wenn Sie sich nicht auf das Zählen von Geld konzentrieren, werden die Leute bald merken, daß das Geld nicht im Mittelpunkt Ihres Bewußtseins steht, und Ihnen dann alles außer Geld geben: Renommee, Zustimmung, Lob usw., usw. Und früher oder später gibt es Schwierigkeiten.

Auf der anderen Seite bin ich sicher, daß viele der Inhaber dieser kleinen Firmen nie wirklich durchdacht haben, auf was sie sich einlassen. Ich kann nicht mehr zählen, wie viele Menschen mir erzählt haben, daß sie eine Buchhandlung eröffnen wollten. Aber wenn man Bücher nicht gerade liebt und bereit ist, mit ihnen zu leben und zu atmen, kommt eine Buchhandlung einem Gefängnis gleich. Sie müssen jeden Tag in diese Buchhandlung gehen und sitzen dort dann von neun bis um fünf mit einer Anzahl muffiger Bücher anstatt mit Freunden. Handelt es sich um einen kleinen Laden, werden Sie wahrscheinlich nicht einmal in der Lage sein, mehrere Mitarbeiter einzustellen, so daß Sie an den Laden regelrecht gebunden sind. Stellen Sie sich eine Firma vor, die 20 000 verschiedene Teile auf Lager hält. Selbst das Bestellen der Bücher bedeutet einen ›Full-time-Job‹. Um dies tagein, tagaus zu tun, müssen Sie es lieben. Deshalb sollten Sie sich, bevor Sie sich an etwas binden, sehr klar darüber sein, auf was Sie sich einlassen. Und um sich klar sein zu können, müssen Sie wissen, was Sie wollen.

Ich habe in meinen Seminaren Befragungen unter den Teilnehmern darüber durchgeführt, was sie in ihrem Leben erreichen wollen. Ich war erstaunt festzustellen, daß 70 Prozent der Befragten nicht wußten, was sie im Leben erreichen wollten. Ich erhielt viele vage Antworten wie: »Ich will glücklich sein«, »Ich will reich sein«, »Ich will meinen Seelenpartner finden« usw. Aber nur sehr wenige Menschen wußten jeweils *genau,* was sie wollten und wie sie es erreichen konnten.

Tatsächlich ergibt sich folgendes: 70 Prozent wissen nicht, 20 Prozent wissen ziemlich genau, was sie wollen, aber können sich nicht vorstellen, wie sie es erreichen. Nur fünf Prozent wissen, was sie wollen, und haben einen guten Plan, es zu realisieren.

Nun denken Sie einmal an das Gesetz des Universums. Es reflektiert genau und präzise das, was Sie abgeben. Wenn Ihre Gedankenformen besagen: »Ich habe keine Ahnung, was ich will«, so wird Ihnen das Weltgesetz antworten: »Nun hör mal, mein Lieber, wenn du keine Ahnung hast, ich habe auch keine.«

Ich weiß, daß in den alten Religionen allgemein geglaubt wurde, daß Gott da oben die Fäden zieht und entscheidet, wer es zu etwas bringt und wer nicht. Aber diese Idee ist überholt und kindisch. Tatsache ist, daß der Große Geist unparteiisch ist und es uns erlaubt, so dumm zu sein, wie wir wollen und solange wir wollen. Er entscheidet nicht für uns. Menschen, die Klarheit und Intention haben, bringen es im Leben zu etwas, und wenn diese Qualitäten fehlen, gibt es gewöhnlich keinen Erfolg.

Zunächst sollten Sie deshalb entscheiden, was Sie wollen. Unterscheiden Sie dabei zwischen kurzfristigen Zielen, mittelfristigen Wünschen und einer langfristigen Sicht. Als nächstes trennen Sie sich von allem, das nicht Teil dieses Plans ist. Dies ermöglicht Ihnen Kraft, Klarheit und Konzentration für Ihren Plan. Dadurch, daß Sie auf alle Nebensächlichkeiten und Verwirrungen verzichten, wird Ihr Plan wichtig. Um ihn zum Erfolg zu führen, ist es lebenswichtig, sich mit allen Wünschen auf eine Richtung zu konzentrieren.

Demzufolge gewinnt dieser Plan jedesmal, wenn Sie sich auf ihn konzentrieren, an Kraft. Wenn Sie Ihr Leben sorgfältig beobachten, werden Sie bald erkennen, ob Sie Klarheit haben oder nicht. Lassen Sie uns zum Beispiel annehmen, das Ziel des heutigen Tages ist, fünf Kühlschränke zu verkaufen. Sie setzen sich also in Ihre alte Rostlaube von Auto, und es springt nicht an. Also arbeiten Sie eine Stunde lang an dem Vergaser, und wenn Sie schließlich mit der Arbeit beginnen wollen, sind Sie erschöpft. Offensichtlich ist das Auto also nicht ein Teil Ihres Plans. Verschrotten Sie es. Kaufen Sie sich ein kleines Auto, mit kleiner monatlicher Ratenzahlung, das aber fährt. Welche Ressourcen Sie auch immer haben – Sie müssen sie in den Plan investieren. Denn wenn Sie sich nicht selbst investieren, wer sonst?

Schauen Sie sich als nächstes den Wert der Menschen an, die um Sie sind. Unterstützen diese Sie emotional oder nicht? Wenn nicht, sind sie zumindest passiv? Ist auch dies nicht der Fall, trennen Sie sich von ihnen. Manchmal ist es schwer, sich an der großen Bushaltestelle des Lebens von seinen Gefährten zu trennen. Aber denken Sie daran, Ihre Energie wächst nur im direkten Verhältnis zur Menge dessen, was Sie loslassen, und nicht im Verhältnis zu dem, was

Sie sich zulegen. Indem Sie Dinge, Einstellungen, Hindernisse oder Blockierungen der einen oder anderen Art loslassen, fließen die Dinge.

Wenn Ihr Plan verlangt, daß andere Ihnen helfen, seien Sie sicher, daß diese sich über ihre Aufgaben im klaren sind und über das, worum es geht. Vergessen Sie nicht, daß die Menschen im allgemeinen dick wie zwei Bohlen sind und meist schlafen. Zudem sind sie keine Hellseher. Sie müssen ihnen sagen, was Sie wollen, und zwar deutlich und klar. So sagen Sie vielleicht: »Stapeln Sie diese Kästen am Tor.« Sie werden sagen: »Ja.« Aber das bedeutet nicht, daß sie es verstanden haben und Ihre Anweisung korrekt befolgen werden. Zudem werden Sie erleben, daß die Kästen von Montag bis Donnerstag korrekt gestapelt werden, aber am Freitag werden Sie alle Kästen auf dem Dach finden.

Gehen Sie nie davon aus, daß die Leute wissen, was sie tun. Hin und wieder werden Sie erfreut feststellen, daß Sie unrecht hatten und ein Genie Ihren Weg kreuzt. Aber größtenteils können Sie Menschen von ziemlich unfähig bis nutzlos erleben. Dies bezieht sich sowohl auf Profis als auch auf einfache Arbeiter. Die Tatsache, daß jemand Geschäftskarten besitzt, besagt vielleicht, daß er seine Prüfung als Buchhalter bestanden hat, aber es bedeutet nicht, daß man davon ausgehen kann, daß er weiß, was er tut. Viele wissen es nicht.

Wenn Sie ein Geschäft starten, werden die Leute Ihnen sagen, daß Sie einen guten Anwalt und einen guten Buchhalter brauchen. Das ist wahrscheinlich das letzte, was Sie brauchen. Ich muß noch einen Buchhalter kennenlernen, der auch nur halb soviel über meine Firma weiß wie ich selbst. Wie könnte er auch? Wenn Sie eine Firma gründen, legen Sie sich Ihren Plan zurecht, testen Sie den Markt, prüfen Sie immer wieder Ihre Ideen, und dann starten Sie.

Sobald Sie dann Geld verdienen, brauchen Sie einen Buchhalter, aber seine Funktion besteht zum größten Teil darin, Zahlen zu addieren und Formulare auszufüllen, die

Tick-Tock von Ihnen verlangt. Denken Sie nur an folgendes: Warum sollte der Buchhalter, wenn er verdammt gut beim Aufbau einer Firma wäre, in einem Hinterzimmer sitzen und Formulare ausfüllen? Er würde es einfach nicht tun. Die guten Buchhalter sind selbständig und werden dabei reich. Die übrigen füllen Formulare aus.

Wenn Sie schließlich eine Menge Geld verdienen, werden Sie den Buchhalter brauchen. Nehmen Sie den besten, denken Sie dabei nicht an die Kosten. Jeder Penny, den Sie dafür ausgeben, lohnt sich. Der Gelderwerb ist ein Stück Kuchen. Sich daran zu halten und das zu investieren, was hereinkommt, ist für fast jeden ein Hauptproblem.

Wenn Sie mit Menschen zu tun haben, dürfen Sie nichts voraussetzen. Klare Kommunikation ist lebenswichtig. In der Regel sollte man alles dreimal wiederholen und viermal kontrollieren. Wenn Sie auf diese Weise Teile Ihres Planes auf andere übertragen, fühlen Sie sich sicher.

Während Ihr Plan wächst und immer mehr Menschen daran beteiligt sind, besteht Ihre Hauptfunktion darin, diese zu motivieren. Ein Durchschnittsmensch kann sich ungefähr zwei Minuten auf etwas konzentrieren. Wenn Sie die Situation nicht Stunde für Stunde, Tag für Tag im Griff haben, werden Ihre Leute bald in das ›Geschäftigsein‹ abdriften, das darin besteht, daß sie ungeheuer beschäftigt sind, ohne etwas Wesentliches zu tun. In jeder Firma gibt es Arbeiten, die produktiv sind, und andere, mit denen Sie manchmal konfrontiert und so auf die Probe gestellt werden. Und dann gibt es all die andere Arbeit, die kein Geld bringt. Die Menschen vermeiden die konfrontierenden, produktiven Dinge soweit wie möglich und widmen sich am liebsten der ›Geschäftigkeit‹, als wenn dies ein Haufen kostenloser Doughnuts wäre.

Deshalb ist es lebenswichtig, daß Sie nicht nur mit sich selbst und Ihren Zielen, sondern auch mit den Menschen um Sie in Kontakt bleiben. Sie müssen sie wissen lassen, was für Sie wichtig ist, und sichergehen, daß sie sich soviel wie möglich auf die produktiven Dinge konzentrieren. Das Problem besteht darin, daß sie – wie kleine Kinder – ständig davonlaufen werden. Und so müssen Sie einen Teil Ihrer Zeit und Ihrer Anstrengung damit zubringen, sie an den Ohren zu fassen und zurückzuholen, und ihnen dann wiederholt klarmachen, was wichtig und was nicht wichtig ist.

Ich bin überhaupt nicht erstaunt darüber, daß so viele talentierte Menschen dabei versagen, eine Ein-Mann-Firma in einen größeren Betrieb umzuwandeln. Bei der ersten Betriebsgründung ist Ihre Kreativität enorm, aber allmählich wird Ihre Fähigkeit zu motivieren und zu führen immer wichtiger. Es macht keinen Sinn, ein großer Biochemiker zu sein, wenn Sie keinen kompetenten Buchhalter einstellen können. Unglücklicherweise vermittelt unser Erziehungssystem den Menschen nicht wirklich die Fähigkeiten, die sie im Leben brauchen. Es ist fast unmöglich, eine Schreibkraft einzustellen, die 100 Worte in der Minute schreibt. Ich habe – einige – Buchhalter eingestellt, bei denen ich feststellen mußte, daß sie nicht einen normalen Rechner bedienen konnten. Natürlich blieben sie nicht lange. Es ist wirklich verwirrend – besonders wenn Sie daran denken, wer schließlich diese Leute beaufsichtigen wird. Wenn wir eine Gesellschaft mentaler Krüppel schaffen, wird das Nachlassen der Verantwortung die westlichen Demokratien vollständig ruinieren. Es ist leicht zu erkennen, warum Japan den Teich inzwischen leer fischt.

Es scheint mir lebenswichtig zu sein, daß Sie bei der Expansion Ihrer Firma gut darin sind, starke Menschen auszusuchen. Ich weiß nicht alle Antworten auf diese Probleme, aber meine Art ist es, mich mit nur wenigen Menschen zu umgeben und alle Arbeiten freiberuflich zu vergeben. Auf diese Weise kann man eine Anzahl großer Firmen mit jeweils nur einem halben Dutzend Leuten führen. Die Leute, die ich auswähle, nenne ich Mongolen. Ich achte nicht so sehr darauf, was jemand weiß. Was ich suche, sind Menschen, die sich nicht aufhalten lassen, die eine bestimmte Menge Schmerz und Unzufriedenheit aushalten können, um ihr Ziel zu erreichen. Sie müssen sich zunächst einmal für sich selbst und dann für die gemeinsame Sache einsetzen – in unserem Fall das Verlagswesen. Wenn Sie nicht durchs Feuer gehen können – buchstäblich –, dann will ich sie nicht haben. Also zünden Sie ein Lagerfeuer an und erhitzen es auf 1200 Grad Fahrenheit und lassen dann die ganze Firma – jung und alt – barfuß hindurchgehen. Wir machen das jedes Jahr mehrere Male. Denn wenn jemand über glühendheiße Kohlen laufen kann, ohne mit der Wimper zu zucken, dann bedeutet der Versand von 60 Kartons bis elf Uhr nicht mehr als das Verscheuchen einer Fliege vom Kuchen. Sie brauchen Krieger – starke, klare Krieger –, und Sie können die Erde erobern. Es braucht klare Konzentration.

Dollar-Tanz 14

»Es gibt keinen anderen Grund, im Geschäft zu sein, als Geld zu zählen. Denn Herstellung, Erzeugung, Verkaufen, Öffentlichkeitsarbeit und Transport sind nicht das Geschäft, sondern das Einnehmen und Zählen von Geld sind das Geschäft.«

Als ich meinen Verlag in den Vereinigten Staaten gründete, eröffnete ich gleichzeitig einen in Australien und in England sowie einen kleinen Betrieb in Kanada. Als ich meine ausländischen Mitarbeiter anrief, erzählten sie mir am Telefon 20 Minuten lang, daß sie das Dach grün gestrichen hatten. Zu Beginn war ich höflich. Ich hörte mir diesen ganzen Kram an. Aber später wollte ich, daß sich jeder auf das Wesentliche konzentrierte, und begann jede Unterhaltung mit der Frage: »Wie viele Bücher, wieviel Umsatz?« Wenn Sie ein Verleger sind, ist das alles, was Sie wissen müssen. Denn es gibt nichts für das Geschäft, außer wieviel haben wir hergestellt und für wieviel haben wir verkauft.

Meine Teilhaber brauchten einige Zeit, um das zu begreifen, aber dann verstand jeder das Spiel. Je mehr wir uns auf ›wieviel Bücher, wieviel Umsatz‹ konzentrierten, um so mehr Erfolg hatten wir. Nach einem recht langsamen Start, bei dem es den Anschein hatte, als würden wir nur mit einem Schuh über den Parkplatz des Lebens schlendern, kamen wir schließlich klar. Wir entwickelten eine der wirklich internationalen New-Age-Handelsfirmen in der Welt. Und es dauerte nicht sehr lange – vielleicht drei Jahre –, bis diese Firma weltweit eine der größten ihrer Art wurde.

Als meine Teilhaber und ich in unsere Herzen sahen und uns fragten, was wir wirklich wollten, erkannten wir, daß wir sowohl den Menschen helfen *als auch* wohlhabend sein wollten. Und bald sahen wir, daß Geld – und zwar eine Menge Geld – uns dabei unterstützen würde. Denn erstens würden wir uns dabei gut fühlen, und zweitens würde es uns größere Ressourcen schaffen, mit denen wir unsere Arbeit besser erledigen könnten. So konzentrierten wir uns auf Geld und erhielten, was wir wollten. Nachdem uns dies klar war, sahen wir nie wieder zurück. Deshalb ist es wichtig, daß Sie ständig Ihre inneren Motivationen bewerten, so daß Ihre Suche durch Wahrheit bestärkt wird. Und während jene inneren Motivationen sich ändern, kann man leicht das Ziel aus den Augen verlieren. Wenn Sie vom Weg zu sehr abweichen, werden Sie sich schlecht fühlen. Denn der Erfolg der ganzen Welt ist unnütz, wenn Sie unglücklich sind.

Nehmen wir an, Sie wollen ein Millionär sein. Vielleicht ist das wahr. Aber wenn Sie es durchdenken, wird das Schaffen einer Million Dollar auch eine Menge Bindungen und Verpflichtungen schaffen. Vielleicht wollen Sie Freiheit. Sie werden extrem enttäuscht sein, wenn Sie feststellen müssen, daß eine Million Dollar heute gar nicht soviel Geld ist und Sie dafür nicht das bekommen, was Sie wollen. Tatsächlich sind zehn Millionen Dollar das Minimum, das Sie benötigen, um die Freiheit zu bekommen, die Sie suchen. Und dann bringen zehn Millionen Dollar Bindung mit sich – denn Sie werden sich darum kümmern müssen.

Vielleicht müssen Sie sich nur selbst beweisen, daß Sie etwas wert sind, daß Sie ein guter Mensch *sind* und daß Sie sich selbst einbringen *können.* Dazu brauchen Sie keine Millionen Dollar. Sie müssen lediglich damit beginnen, Werte in den Dingen zu erkennen, die Sie tun, und schon sind Ihre emotionalen Bedürfnisse befriedigt. Sich auf Werte zu konzentrieren und diese in Ihrem Leben zu schaffen, ist ein Gebet in die Heiligkeit des Selbst. Spiel und Anstrengung im Leben müssen einen Wert bekommen, und unglücklicherweise kann nichts Ihr Leben wertvoll machen, bis Sie sich selbst diese Verwirklichung geben.

Deshalb lehre ich die Menschen, sich auf sich selbst und nicht auf andere zu konzentrieren. Denn Sie werden sich nie entspannen können und sicher werden, solange Sie nicht stark sind – sehr stark. Alles Geld der Welt kann Sie nicht spirituell oder emotional stabilisieren, noch kann es Ihre Furcht wirklich eindämmen. Es ermöglicht Ihnen lediglich, in einer komfortablen Umgebung in Angst zu leben. Sonst nichts.

Es läßt einen emotionalen Akkord erklingen, wenn man Menschen beobachtet, die die Welt retten wollen, während sie selbst in ihrer eigenen Hoffnungslosigkeit gefangen sind. Wenn sie nur erkennen würden, daß sie selbst die Gotteskraft *sind* und daß das größte Gebet, das sie sprechen können, ihrer Weihe und ihrer Stärke gilt. All der Unsinn, über den geredet wird, daß Gott dieses oder jenes will, ist lächerlich. Das ist alles Futter für die Schwachsinnigen. Es ist Ehre in Ihrer Suche. Es gibt eine spirituelle Schönheit, die aus der ständigen Unsicherheit des Lebens erwächst. Damit konfrontiert, können wir es nur annehmen und in Demut darauf blicken. Und indem wir uns darauf konzentrieren, wo wir uns selbst finden, und diese Suche ehrenhaft und wertvoll gestalten, können wir akzeptieren, daß die unglaubliche Reise, auf die wir geschickt wurden, einen Sinn hat. Wir können lediglich hoffen, daß wir am Ende zurückblicken und dann verstehen, was es bedeutet hat. Warum sind wir auf diesen sonderbaren Felsen in einer Ecke des Universums gekommen, und was bedeutet es?

Wenn Ihr Leben, Ihr Körper und Ihr Verstand nicht geehrt und durch Sie zu etwas Besonderem gemacht werden, wird der gesamte Weg zu einer Protestreise. Er wird zu einem Leben der Konfrontation statt zu einer friedvollen Zustimmung, in der Sie Ihren Platz im großen Muster aller Dinge annehmen und diese spirituelle Verwirklichung durch die Reinheit und Klarheit der Konzentration bestätigen.

Im Lichte dieser Verwirklichung ist alles andere unerheblich, ist es nicht so?

11

Der Schlachtplan

Es ist wundervoll, große Träume zu träumen, selbst klar geworden zu sein und allem, was man tut, Wert gegeben zu haben. Sie stehen nun vor der Aufgabe, diese Träume aus den Gedanken in die Wirklichkeit zu tragen.

Stellen Sie sich vor, Sie seien ein Mongolengeneral und das heutige Ziel wäre, mit 120 000 Mann Moskau anzugreifen. Wie werden Sie das bewerkstelligen? Sie brauchen einen Schlachtplan. Sie wissen, daß Sie über die Hilfsmittel verfügen. Sie haben Kundschafter ausgeschickt, um die beste Richtung für den Angriff ausfindig zu machen. Sie wissen aufgrund der erhaltenen Informationen, daß Moskau eine Verteidigungsarmee von 40 000 Mann hat. Zudem wissen Sie, daß die Stadt noch Lebensmittelreserven für 23 Tage besitzt. Bei der überwältigenden Macht und der Wildheit Ihrer Intention brauchen Sie für die Einnahme Moskaus lediglich einen Übersichtsplan. Der Angriff und die Einnahme des heutigen Ziels wird dann auf natürliche Weise erfolgen – vorausgesetzt, daß Sie Ihren Plan vorher durchdenken. Wenn man zudem davon ausgeht, daß Sie sich selbst nicht in den Fuß schießen oder 60 000 Männer eine Klippe hinabstürzen lassen, so ist die Einnahme des Ziels eine vorhersehbare Schlußfolgerung. Nachdem Sie 6000 Meilen geritten waren, nahmen 120 000 Mongolen Moskau mitten im Winter in weniger als einer Woche ein. Das geschah im Januar des Jahres 1238.

Das Ziel

Nun betrachten Sie Ihr Leben auf die gleiche Weise. Stellen Sie einen Schlachtplan auf. Bringen Sie diesen Plan zu Papier. Zuerst, was ist das Ziel? Beginnen Sie Ihren Schlachtplan, indem Sie den einen, alles überragenden Wunsch Ihres Lebens aufschreiben. Schreiben Sie darunter in kleinerer Schrift, welche zweitrangigen Wünsche oder Bedürfnisse Sie verwirklichen wollen. Indem Sie Ihren Plan zu Papier bringen, machen Sie ihn wertvoll. Der geschriebene Plan dient sowohl als ein Werkzeug für Ordnung und Klarheit als auch als Gebet. Schaffen Sie in Ihrer Wohnung einen Platz, an dem Sie den Plan aufbewahren, und machen Sie diesen Platz zu einer geweihten Stätte. Vielleicht wählen Sie dafür einen besonderen Kasten, vielleicht eine Schmuckschatulle. Legen Sie in diesen Kasten neben Ihren Plan einige Gegenstände, die für Sie einen religiösen oder spirituellen Wert haben. Einen Kristall, eine Adlerfeder, ein Bild von Mutter Teresa, den Tankverschluß vom Rolls-Royce Ihres Gurus oder was auch immer. Der symbolische Wert liegt darin, daß Sie Ihre Anstrengungen in der physischen Welt nie von Ihrer alles überragenden spirituellen Suche und Ihrem Ziel abkoppeln werden. Wie weltlich die heutigen Ereignisse auch sein mögen, sie bilden doch einen Faden im Wandteppich. Es ist wichtig, dies nie zu vergessen. Um es wirklich zu etwas zu bringen, müssen Sie nach etwas aussehen. Der Guru sollte zeigen, daß er ›es im Leben zu etwas gebracht hat‹. Folgen Sie jedoch einem bodenlosen Idioten, neigen Sie dazu, Ihr Trachten nach unten zu richten, so daß Sie Ihren geistigen Führer nicht überholen. Statt es zu etwas zu bringen, werden Sie mit einem Fahrrad-Reparaturgeschäft in einer Nebengasse in Karatschi enden. Vergessen Sie es! Ich will einen Guru haben, der fett, reich und glücklich ist.

Zurück zum Schlachtplan. Um Ihren Plan dynamisch und lebendig zu gestalten, müssen Sie sich täglich mit ihm befassen. Dies wird im Laufe der Zeit zu einer Form der Meditation, während der Sie mit der Macht Ihres Verstandes den Plan beleben. Alle wesentlichen Ereignisse, die einen Teil des Plans bilden, sollten schriftlich festgehalten werden. So können Veränderungen vorgenommen und Erfolge aufgezeichnet werden. Stellen Sie sich den Plan als einen Musikakkord oder als ein gesungenes Gedicht vor, das Sie täglich den Göttern der Liquidität darbieten. Dieser Akkord sollte durch Ihr ganzes Sein erklingen, so daß Sie der Plan *sind* und der Plan *Sie darstellt.* Er wird zum Wichtigsten in Ihrem Leben, da Sie dies so entschieden haben. Indem Sie Ihren Plan ständig überprüfen, verlieren Sie Ihr Ziel nie aus den Augen.

Die Hilfsquellen

Setzen Sie sich als nächstes an einen ruhigen Ort und listen Sie auf, welche Hilfsquellen Sie haben. Vielleicht können Sie sie auf Ihrem Schlachtplan in einer anderen Farbe eintragen, so daß sie hervorgehoben sind und nicht in Vergessenheit geraten. Sehen Sie sich Ihre Hilfsquellen nicht nur von einem finanziellen Gesichtspunkt aus an, denn was Sie sind, ist sehr viel mehr wert als das Geld, das Sie haben oder vielleicht auch nicht haben. Denken Sie an die Gesamtsumme der Energie, die Sie verfügbar haben. Diese Lebenskraft, die durch Ihren Körper und Geist fließt, ist das Mächtigste und Wertvollste, das Sie besitzen. Sie gehört zu den gottgegebenen Quellen, die in Begeisterung, Ehre, Suche und Glück umgewandelt werden können. Teile davon können zum Guten in der Welt und andere Teile auf den Markt gebracht und in Bargeld umgewandelt werden.

Denken Sie an das Wissen, das Sie haben, und überprüfen Sie ständig, wie Sie dieses Wissen verwenden können. Höchstwahrscheinlich verfügen Sie über Talente und haben Sie Ideen, die Sie nie verwertet haben. Vielleicht liegt das Geheimnis Ihres Erfolges einfach darin, irgendwelchen Unsinn zu stoppen, mit dem Sie gerade Ihre Miete bezahlen können, und statt dessen Ihr Talent zu entwickeln und zu vermarkten. Wenn Sie sich über Ihre Kreativität und Ihr Leben begeistern können, können Sie genug Energie um sich herum aufbauen, die Sie von den heutigen Lebensumständen fortzieht und in ein vollkommen neues Leben bringt. Es kann Mut erfordern, einen neuen Schritt zu wagen, aber schließlich wird dieser Mut sich auszahlen. Das Glück bevorzugt die Mutigen.

Wenn Sie sich sorgfältig die Energie um sich ansehen, werden Sie sich unglaublich viel reicher sehen, als Sie dachten. Ein Teil der Energie sind Ihr Enthusiasmus, Ihre Erfahrungen, die Sie gemacht haben, aber auch Ihre Verbindungen und Ihre Freundschaften, die Sie geknüpft haben. Diese Verbindungen sollten gepflegt werden, sollten zu etwas Besonderem werden. Früher oder später werden Sie Hilfe in Ihrem Leben benötigen, und einer dieser Menschen oder vielleicht gar jemand, den Sie noch treffen werden, wird Ihnen diese Unterstützung geben.

Wenn Sie keine Freunde oder Verbindungen haben, würde ich das nachholen und zur ersten Priorität erheben. Ist es Ihnen unangenehm, auszugehen und Leute zu treffen, würde ich vorschlagen, das zu ändern. Meistern Sie diesen Schritt als einen Teil einer heutigen Disziplin. Es ist eine nach außen gewandte Affirmation, daß Sie zu suchen anfangen. Wenn Sie dies ständig tun, wird sich die Energie um Sie verändern, und schließlich wird die Realität auf Ihre Suche antworten und Ihnen unerwartete Gelegenheiten verschaffen. Unglücklicherweise hängt in unserer heutigen Zeit der wahre Erfolg nicht so sehr davon ab, *was* Sie wissen oder wie gut Sie sind, sondern *wen* Sie kennen. Das ist eine Tatsache.

Das Überprüfen Ihrer Ressourcen ist von Zeit zu Zeit lebenswichtig. Es gibt Ihnen eine Übersicht und läßt Sie in der Wahrheit leben. Darüber hinaus macht es Ihre verfügbaren Hilfsquellen zu etwas Besonderem. Es ist die spirituelle Stärke, mit der Sie sich für das bedanken, was Sie besitzen. Wir tendieren in unseren Vorstellungen dazu, ständig in der Zukunft zu leben und uns darauf zu konzentrieren, was wir nicht haben, und vergessen dabei vollständig, das anzuerkennen, was wir erreichten. Was Sie und wo Sie im Moment sind, ist richtig, selbst wenn Sie es nicht so sehr mögen.

Aber das sind Sie. Durch das Kritisieren und das Negieren der gegenwärtigen Umstände bestätigen Sie nur, daß Sie sich nicht wohl fühlen. Was Sie umgibt, ist lediglich eine Ausweitung dessen, was Sie sind. Schauen Sie sich diese Dinge an, und erkennen Sie, daß sie so sind, wie sie sind, auch wenn sie nicht perfekt sind. Durch das Annehmen der Wahrheit schaffen Sie für sich selbst bessere Umstände. Lehnen Sie dies ab, leben Sie in der ständigen Negativität Ihrer eigenen Unzufriedenheit. Und wer kann das schon gebrauchen? Indem Sie jedes kleine Ding zu etwas Besonderem werden lassen, geben Sie Ihrem Leben eine magische Qualität. Wird Ihr Leben auf diese Weise erst einmal *verzaubert,* schmilzt im Lichte dieser inneren Energie aus Ihrem Herzen alles, was Sie in der Vergangenheit je blockiert haben mag. Aus der Sicht eines Geschäftsmannes ist dies wundervoll, denn alles, was Sie berühren, wird dann zu Gold. Weiter hilft es Ihnen, an sich selbst zu glauben. Dadurch, daß Sie überall Werte erkennen, lassen Sie jede Ihrer Handlungen zu einer Bestätigung Ihrer Stärke werden.

Schließlich werden Sie zu Ihren Hilfsquellen auch eine bestimmte Kapitalsumme zählen können. Geld ist wie Dünger: Sie müssen es ausstreuen, um die Dinge wachsen zu lassen. Wenn Sie aus Furcht vor Verlust an Ihrem Kapital festhalten, dann werden Sie im Leben nur wenig oder gar nichts erreichen. Es muß eine bestimmte Menge kalkuliertes Risiko geben. Sie können nicht für sich selbst auf den großen Gewinn hoffen, ohne daß Sie dafür einen Prozentsatz Ihres Geldes – oder in bestimmten Situationen alles – einsetzen. Betrachten Sie Ihre Dollars als Truppen. Setzen Sie sie weise ein. Was soll's, wenn Sie einige von ihnen auf dem Weg nach Moskau verlieren? Haben Sie Angst, etwas zu verlieren, oder erscheinen die Umstände im Markt nicht sicher genug, dann verbringen Sie die Zeit damit, zu bewerten, zu kontrollieren und nochmals zu kontrollieren, bis Sie die Antwort haben. Es ist der Mangel an Wissen, der Furcht schafft. Sobald Sie wirklich wissen, was

Sie tun, und den Markt oder Ihr Unternehmen überprüft haben, wird die gesamte Furcht im Licht der Vernunft dahinschmelzen.

Ich kenne Menschen, die ein trauriges und zugleich ein scheußliches Leben führen – und doch mehrere hunderttausend Dollar auf der Bank angelegt haben. Vor solchen Menschen kann ich keinen Respekt haben. Die Furcht lähmt sie. Sie müssen im Leben den Menschen bis zu einem gewissen Grad trauen, oder Sie leben in einer ständigen Negativität. Es ist besser, von Zeit zu Zeit übers Ohr gehauen zu werden, als sich selbst im Stadium des Mangels gefangenzuhalten. Gehen Sie Risiken ein. Versuchen Sie es. Allein schon die Begeisterung des Mitmachens ist oft einen Verlust oder zwei wert. Solange Sie meistens gewinnen und glücklich sind, können Sie doch kaum etwas anderes verlangen?

Das Gelände

Ein mongolischer General würde nie seine Truppen riskieren, ohne vorher das Gebiet erkundet zu haben. Auf die gleiche Weise sollten Sie Ihren Schlachtplan untersuchen, ob Sie sich selbst einen möglichen Vorteil gewährt haben. Wie sind die Bedingungen, unter denen Sie zu arbeiten hoffen?

Jemand, der wie ich von der metaphysischen Seite herkommt, tendiert dazu, sich die *Energie* der Dinge anzusehen, statt sich auf die Logik der Investitionsentscheidungen zu konzentrieren. Ich *erfühle* die Dinge. Gibt es irgendeinen Mißklang oder einen Mangel an Harmonie, gehe ich mit extremer Vorsicht vor. Hauptsächlich setze ich meine Intuition ein, wenn ich entscheide, ob die Menschen, in die ich investiere, ihren Verpflichtungen nachkommen werden oder nicht.

Wenn ein Handel nobel und gut ist, *erfühle* ich ihn positiv, und normalerweise ergibt sich alles auf natürliche Weise. Da können kleine Falten auszubügeln sein, aber wenn ein Gefühl des Fließens da ist, wird der Handel klappen.

Treffen Sie auf Blockierungen und Schwierigkeiten, kann der Handel noch immer zum Zuge kommen. Aber wieviel emotionale Energie müssen Sie für eine Idee aufbringen, nur um Ihrem Ego sagen zu können, daß Sie sich durchgekämpft und gewonnen haben. Sich selbst in den Fuß zu schießen, nur um zu beweisen, daß Sie es auch hinkend machen können, ist Blödsinn. Und sich selbst aus dem Gleichgewicht zu bringen, um etwas zu beweisen, ist ganz und gar wertlos. Es ist besser, sich dann zurückzuziehen und Ihren Verstand auf etwas Angenehmeres anzusetzen.

Wenn Sie sich die Atmosphäre Ihrer Manöver anschauen, sollten Sie die Bedingungen bewerten. Vergrößern diese Handlungen meine Freiheit, oder schränken sie sie ein und begraben mich? Der Schlachtplan braucht ein Gebiet, das breit und fließend ist, mit so wenigen Einschränkungen wie möglich. Wenn Sie sich selbst in Situationen bringen, aus denen es keinen Rückzug gibt, sitzen Sie in der Falle.

Wir haben bereits über das Thema der zeitlichen Abstimmung gesprochen. Ich möchte Sie lediglich daran erinnern, daß bei *zeitlicher Abstimmung* im Geschäft die meisten Leute versagen. Mit zu frühen Schritten verschwenden Sie eine Menge psychischer Kraft, da Sie dann nur wartend herumstehen. Es gibt eine schreckliche Frustration, wenn man versucht, Dinge zu forcieren, wenn die Zeit noch nicht reif ist. Verbringen Sie besser ein Jahr am Strand, kommen Sie am richtigen Tag zurück, und lassen Sie alles ohne Anstrengung zusammenfließen.

Ich persönlich starte neue Vorhaben gern im Frühjahr, denn die Kraft des Wachstums ist metaphysisch dann mit Ihnen. Ich entwickle und expandiere im Sommer, und im Herbst stutze und schneide ich zurück. Im Winter gehe ich dann mit meinen Freunden etwas trinken und schau' mir noch einmal die Ginger-Rogers-Filme an.

Wie kann man wissen, wann die Zeit reif ist? Erstens, wenn die Zeit noch nicht reif ist, ist der Mangel an Fluß offensichtlich. Zweitens, bei der Abwicklung von Geschäften werden Sie in der Lage sein zu *lesen,* ob Ihr Gegenüber das Projekt abschließen will oder nicht. Wenn Sie unsicher sind, bringen Sie Ihre Verhandlungspartner in die alte mongolische Zangenbewegung. Legen Sie sie fest. Legen Sie sie fest, indem Sie sie einfach fragen: »Sind Sie bereit, diesen Handel heute abzuschließen, oder paßt es Ihnen am nächsten Dienstag besser?« Wenn Ihre Partner dann nicht bereit sind, werden Sie es zumindest wissen. Wie viele hundert Arbeitsstunden werden jedes Jahr durch Herumsitzen verschwendet, während die externen Kräfte einen herumstoßen? Es ist so einfach, diesen manipulierten Unsinn auszuschalten.

Sie können Amateure bei diesem Fehler immer wieder beobachten. Diese fangen einen Handel an, weil sie denken, daß es das einzige Spiel in der Stadt ist, und investieren ihre Emotionen so vollständig, daß andere diese Schwäche fühlen und sie wie verrückt manipulieren.

Sie können Ihren Plan nicht verwirklichen, wenn Sie Ihre Kraft abgeben. Bei nur wenig Emotionen und andere wissen lassend, daß Sie jederzeit *gehen* können, werden Sie stark. Die Leute werden es dann nicht wagen, mit Ihnen zu spielen. Es gibt keine Begrenzung für die Anzahl der Menschen oder der Geschäfte, die Ihnen offenstehen. Indem Sie die Menschen qualifizieren – und immer wieder einen Bluff beim Namen nennen –, kontrollieren Sie jeden Schritt.

Verwechseln Sie nicht Emotion mit Intention. Die Intention ist die Kraft Ihres projizierten *Willens.* Sie entbehrt fast aller Emotion. Es ist Ihre klare Forderung, daß das Leben Ihnen das gibt, was Sie wollen. Das Problem liegt darin, daß Sie durch Imagination Ihre Hoffnungen und Träume vor der Erfüllung in der Realität ausleben können. Dies ist metaphysisch gesehen ein Sich-nach-vorne-Lehnen. Machen Sie zuviel Gebrauch davon, ist Ihre Kraft durch das Ungleichgewicht des Vorwärtslehnens verloren. Die durch Ihre Imagination erzeugte Emotion verbrennt die psychische Spannung Ihres Wunsches. Die Kraft, die jeden Ihrer Wünsche erfüllen sollte, ist verloren. Nichts wird verwirklicht. Und Sie müssen wie verrückt kämpfen, um die Dinge durchzubringen.

Wie bereits zu Beginn dieses Buches gesagt, ist der Gelderwerb ein Teil Ihrer Suche im Leben. Es ist ein Spiel, das Sie mit sich selbst spielen. Es ist nur eine Gedankenform, und abhängig davon, wie stark diese Gedankenform ist und wie gut Sie sich fühlen, fließen die Ergebnisse auf ganz natürliche Weise. Es bedarf einer bestimmten Aggression und einer entsprechenden Handlung im Markt, aber das ist auch schon alles. Es gibt keine definierte Begrenzung, wieviel Geld Sie in wie kurzer Zeit machen können. Sollte tatsächlich eine Definition existieren, so nur in Ihrem Verstand und in Ihren Emotionen. Wenn diese Aspekte sich ändern, gibt es eine solche Flut von Überfluß, daß Sie staunen werden. Sie fragen sich, wo Sie Ihr ganzes Leben gewesen sind und warum zum Teufel Sie an das Projekt in der Vergangenheit aus einem so spastischen Winkel kamen.

Der Trick beim Geld ist, es zu haben oder zumindest Ihren Verstand dahin zu locken, daß er glaubt, was Sie haben, sei bereits Überfluß. Sobald Sie sich von der Emotion des Geldes zurückziehen, wird diese Blockierung frei. Günstige Gelegenheiten werden Ihnen mehr oder weniger sofort zufließen. Die Entscheidung, sich von der Emotion zurückzuziehen, ist nicht schwer, denn genaugenommen war der Kampf in der Vergangenheit nur Ihre Meinung. Es erfordert keine Anstrengung, diese zu ändern.

Wenn Sie Ihren Verstand ›umschalten‹, so daß er Geld als Energie statt als ein Symbol Ihres Überlebens betrachtet, werden Sie sich von den einfachen Gefühlen des durchschnittlichen Menschen lösen und in eine mehr unendliche Perspektive gehen, in der aller Reichtum der Welt Ihnen gehört.

Der heilige Pfad – die Suche, auf der Sie sich befinden – wird dann durch all die Energie gestärkt, die automatisch aus dem Innern kommt. Ihre unendliche Betrachtung der Dinge übertrifft die mehr begrenzte Anschauung des Egos, und so finden Sie in Ihrem Leben eine zauberhafte Qualität. Alles, was Sie berühren, wird auf magische Weise in ein größeres Gefühl des Überflusses verwandelt.

Was wollen Sie schließlich mehr, als auf Ihr Leben zurückzublicken und Gutes zu sehen? Sie werden erkennen, daß alles eine höhere Bedeutung und seinen Sinn hatte. Was wird Ihnen Erfolg und Wohlstand bringen? Beides wird Ihnen ermöglichen, mehr Zeit mit Ihren Freunden und Ihren Lieben zu verbringen. Es wird Ihnen erlauben, an sich selbst zu arbeiten und ein besserer Mensch zu werden. Sie werden das Gefängnis verlassen, in dem sich die meisten Menschen befinden, und als freier Geist jenseits der Enge einer Welt stehen, in der es wenig Freiheit gibt. Ihr Anspruch auf diese Freiheit für Ihr wahres Selbst wird andere anregen, sich selbst auch an diese Arbeit zu machen.

Als der erste Mensch mit Lesen und Schreiben begann, setzte er in der Welt eine neue Evolution in Gang. Das gleiche ist, wenn einige wenige die Stärke und die Kraft aufbringen, sich von den Beschränkungen der Welt zu lösen und sich furchtlos darüber zu stellen. So wird allmählich in einem fernen Jahrtausend die gesamte Menschheit genauso frei sein. Es wird für Sie eine besondere Freude sein, dann irgendwo aus der Unendlichkeit zurückzuschauen und zu wissen, daß Sie zu Beginn dieser Entwicklung dabei waren. Ihr Geschenk war, daß Sie sich selbst auf einer frühen Stufe klarmachten, daß Sie tatsächlich ewig, unsterblich und unendlich waren, und daß Sie den Mut hatten, mit dieser Idee in Ihrem Herzen auszuschreiten, während der Rest der Menschheit meinte, daß eine solch grenzenlose Sicht nicht wahr oder gar nicht möglich sei. Und die anderen? Die anderen sind so, wie sie sind. Und die Welt ist so, wie sie ist. Sie wird sich verändern, wenn dies gut und sie dazu bereit ist, nicht einen Tag früher. Wenn Sie dies einmal so sehen, können Sie sich selbst frei machen, um sich auf Ihre Kraft zu konzentrieren. Das ist es, warum Sie hier auf die Erde kamen, nicht wahr?

Anhang

Strategien für die neunziger Jahre

Als nachträgliche Überlegung wollen wir besprechen, wie Ihre Strategie für die neunziger Jahre aussehen könnte. Bevor wir jedoch damit beginnen, lassen Sie mich einige Dinge über mich selbst sagen, die Sie wissen sollten. Ich bin kein Wirtschaftsexperte, noch besitze ich irgendwelche finanziellen Qualifikationen. Ich bin kein Buchhalter oder Börsenmakler, und ich besitze keine Ausbildungsqualifikation, die irgend jemand anerkennen würde.

Ich habe eine große Menge Erfahrungen hinter mir. Es gibt fast keine positive menschliche Erfahrung, die ich nicht erlebt habe. Ich bin bis heute über 80mal um unseren Planeten gereist und habe herausgefunden, wie ich mich selbst in diese Kräfte einreihen kann, die sich inmitten der Dinge befinden. Kommerziell gesehen würde ich sicher als erfolgreich betrachtet werden. Aus meiner Sicht ist Erfolg Energie. Ich habe keine Möglichkeit, das Energieniveau zu bewerten, das ich erreicht habe – noch will ich es wissen. Alles, was ich weiß, habe ich mir in den letzten 14 Jahren erarbeitet, ich weiß das ›Adlerauge‹ zu benutzen, und das Leben verläuft mehr oder weniger ohne Anstrengung.

Die folgenden Seiten enthalten meine Sicht und meine bevorzugte Strategie. Vielleicht funktioniert sie bei Ihnen. Sie oder Ihre Berater könnten aber auch einen Plan entwickeln, der Ihren Verhältnissen mehr entspricht. Was ich sagen will, ist, daß ich nicht qualifiziert bin, Ihre finanziellen Angelegenheiten zu regeln. Ich weiß, worüber ich spreche, aber ich fühle mich unbehaglich dabei, Leuten zu sagen, was sie tun sollen. Statt dessen ziehe ich es vor, ihnen Ideen zu empfehlen, die sie bewerten sollen. So könnte ich sagen:

»Ich benutze diese oder jene Technik. Sie funktioniert bei mir. Wenn Sie sie mögen, probieren Sie sie aus.« Schließlich ist die Situation jedes Menschen anders. Wie kann jemand eine Patentlösung für alle Fälle anbieten, die auch noch halbwegs perfekt sein kann?

Ich glaube, daß die Weltwirtschaft in den neunziger Jahren entweder eine sehr schwere Rezession oder – wahrscheinlicher – eine sehr starke Depression erleben wird. Ich betrachte das weder negativ noch positiv – die Dinge gehen nach oben, und sie gehen wieder nach unten. Die ganze Grundlage des Tao befindet sich in Übereinstimmung mit dem Einatmen und dem Ausatmen des Universums. Das Erspüren besteht darin, sich nicht überraschen zu lassen.

Um eine Strategie für die neunziger Jahre zu formulieren, müssen wir uns zunächst anschauen, was seit dem Zweiten Weltkrieg passiert ist. Nach der überall stattgefundenen Zerstörung waren die Regierungen darum bemüht, die Dinge wieder ins Laufen zu bringen. Sie entwickelten eine liberale Geldpolitik, um ihre Wirtschaft zu stimulieren – Amerika zum Beispiel gab Millionen für den Marshall-Plan aus, der Europa beim Wiederaufbau half.

In früheren Zeiten wurde Geld entweder aus Gold oder einem wertvollen Metall hergestellt, oder das Papiergeld war durch Gold gesichert. Dadurch waren die Regierungen bei der Menge des Papiergeldes, das sie drucken konnten, eingeschränkt. Eine Pfundnote oder eine Dollarnote war tatsächlich eine Quittung für das Äquivalent in Gold. Auf den alten Pfundnoten in Großbritannien stand, daß die Bank von England die Geldnote bei Vorlage durch den Überbringer gegen Gold eintauschen würde.

Eine Reihe internationaler Verträge befreite am Anfang dieses Jahrhunderts die Regierungen vom Goldstandard. Zudem druckten in der alten Zeit viele kleinere Banken ihr eigenes Geld. Aber Stück für Stück entschieden die Mächte, daß das Drucken von Geld zu wertvoll sei, um es in den Händen des einfachen Volkes zu belassen. Also wurde das

Recht wieder zurückgenommen und den Kräften, die politisch und finanziell mächtig genug waren, ein Monopol zugestanden.

In den Vereinigten Staaten tat sich eine Gruppe von Banken zusammen und bildete die ›Federal Reserve‹ (die amerikanische Bundesbank). Dann brachten sie den Kongreß dazu, ihnen das exklusive Recht zu verleihen, Geld für die gesamte amerikanische Wirtschaft zu drucken. Auf diese Weise hofften sie, die Finanzmärkte durch das Gelddrucken in die Enge zu treiben und den Geldfluß zu regulieren. Dieses Ziel wurde mehr oder weniger sofort erreicht. Und auch heute noch druckt derselbe private Club unser gesamtes Geld, über ca. 70 Jahre lang bereits als Monopol.

Erstaunlicherweise schafften die privaten Bankiers dies sehr gut. Es bestand über viele Jahre eine Disziplin für das Drucken und Ausgeben des Geldes. Aber mit dem Zweiten Weltkrieg änderten sich die Dinge. Nach dem Krieg waren die Leute nicht mehr bereit, dieselben Umstände wie vor 1939 zu akzeptieren. Sie wollten und forderten ein besseres Leben.

Die Politiker reagierten auf die Forderungen, indem sie die Druckpressen schneller laufen ließen. Gleichzeitig wurden die Vereinigten Staaten in den Koreakrieg hineingezogen, der ihre Ressourcen weiter in Anspruch nahm, während sich die Welt noch im Wiederaufbau befand.

Metaphysisch gesehen liegt in jeder Stärke die Gefahr der Schwäche und des Zusammenbruchs. Amerika war gerade erst siegreich aus dem Zweiten Weltkrieg hervorgegangen und nahm gegenüber den Nordkoreanern einen sehr überlegenen Status ein. Der größte Teil der politischen, der militärischen und fast der gesamten wirtschaftlichen Macht in der Welt lag bei den USA. Um die Weltwirtschaft in den neunziger Jahren zu verstehen, müssen wir uns anschauen, was seit 1945 in Amerika geschehen ist.

Dabei kann die Bedeutung des Vietnamkrieges für die amerikanische Wirtschaft nicht übersehen werden. Die kleineren Nationen hatten inzwischen damit begonnen, Gesetze zu verabschieden, von denen ihre Bürger profitierten. So räumten sie der arbeitenden Bevölkerung alle möglichen Vorteile ein, ohne wirklich darüber nachzudenken, wie diese bezahlt werden konnten. Mit dem Papiergeld ließen sich diese Vorteile zunächst einmal ermöglichen. Die Politiker waren glücklich, und die Leute betrachteten das Geldausteilen der Regierungen als Recht und nicht mehr als Option.

Metaphysisch sind die Menschen irgendwie geschützt, da unsere Vorstellung physisch in die Realität getragen werden muß, um uns Ereignisse erfahren zu lassen. Auf diese Weise manifestiert sich negatives Denken nicht unmittelbar zu unseren Füßen. Die Kehrseite dieses Schutzes bedeutet jedoch, daß positive Erfahrungen nach und nach auf dieselbe Weise aufgebaut werden müssen. Aber mit dem Erscheinen des Papiervermögens konnten Firmen, Banken und Regierungen unseren gottgegebenen metaphysischen Schutz umgehen und unmittelbar ihre Vorstellung und ihre Gedankenformen in Bargeld verwandeln – realer Wert ohne irgendeine große Anstrengung. Hierin liegt das erste Kapitel einer traurigen Geschichte begründet.

Wenn unser sich ausdehnender Verstand zu weit von der Realität entfernt ist, wird seine Fähigkeit, die Ereignisse zu kontrollieren und sich darauf zu konzentrieren, vermindert. Es gibt einen Punkt, an dem die Spannstärke einer Gedankenform die kritische Linie kreuzt. Für Hitler bedeutete der Angriff auf Rußland diese Linie. Und für die USA – und damit für die Weltwirtschaft – war Vietnam der Katalysator. Sobald diese Linie einmal überschritten ist, ist es nur noch eine Frage der Zeit, bevor eine Schrumpfung einsetzt. In dieser Schrumpfung liegen die Samen der metaphysischen Sicherheit und des Überlebens. Das kollektive *Innere* des Planeten weiß, wessen es bedarf, um sich nicht selbst zu zerstören. Plötzlich denkt jeder – ohne einen logischen Grund dafür zu haben – mehr oder weniger gleichzeitig, daß es das Beste ist, sich zurückzuziehen.

Ich glaube, daß wir als Menschen alle jederzeit auf einem inneren Niveau miteinander kommunizieren. Das Konzept des 100. Affen beweist, daß eine solche Kommunikation im Reich der Tiere existiert. Und nachdem dies feststeht, muß doch unsere innere menschliche Kommunikation noch sehr viel weiter entwickelt sein. Wir stimmen kollektiv alle bei bestimmten Dingen überein. Auf einem intellektuellen Niveau nennt man dies die öffentliche Meinung. Und auf einem *inneren* Niveau ist es wie ein kollektiver Traum, von dem wir alle am gleichen Morgen aufwachen. Plötzlich tritt ohne erkennbaren Grund eine neue Idee in die Weltanschauung ein. Obwohl diese Idee vielleicht Jahre braucht, bis sie zu einem konkreten Wandel führt, so ist die Idee doch da, schlägt Wurzeln und wird in der Weltseele zu einer machtvollen Kraft.

Für viele ist unser Planet lediglich ein Stück Felsen im Weltraum. Für den Metaphysiker ist er jedoch ein lebender Organismus, der weiß, was er benötigt, um seine Zirkel zu durchlaufen und seine letzte Bestimmung zu erreichen. Er entwickelt und reguliert sich selbst. Er hat Geist, ähnlich einem physischen Körper, der eine spirituelle metaphysische Evolution durchmacht. Wenn die Menschen mit dem natürlichen Gleichgewicht des Planeten, sagen wir durch die Umweltverschmutzung der Ozonschicht, spielen, ernten wir die Reaktion der Natur auf eine solche Zuwiderhandlung. Das ist das Kapitel 2 dieser Geschichte.

Lassen Sie uns zur Wirtschaftsgeschichte Amerikas zurückkehren. Wenn wir eine Karte vom Unabhängigkeitskrieg bis zur Mitte der sechziger Jahre des 20. Jahrhunderts zeichnen, so sehen wir, daß die Wirtschaft sich in sehr regelmäßigen Intervallen auf und ab bewegte. Expansion und Schrumpfung waren Teile des Gleichgewichts. Unabhängig davon, ob Sie Kondratjews Kurve oder Elliotts Wellentheorie und den Fibinachi-Zahlen folgen, brauchen Sie kein Genie zu sein, um zu sehen, daß eine Wirtschaft, wie alles andere auch, ein- und ausatmet. Denn was ist eine Wirtschaft schließlich? Sie ist die Gedankenform und die Aktivität von Menschen, nichts anderes. Offensichtlich folgt sie Rhythmen wie wir Menschen auch.

In den sechziger Jahren fand in den USA eine große Umschichtung statt. Im kollektiven Traum erschien ›Flower Power‹. Die Geburt einer neuen Spiritualität eines höheren Bewußtseins begann sich auf ihrer Embryostufe zu rühren. Und in England nahmen die Beatles das Weltgebet auf und sangen von einem höheren Ideal, einem neuen Individualismus und einer freundlicheren Sicht.

Die Flower-Power-Bewegung in den Sechzigern war einfach und bezaubernd. Schauen Sie sich die Einfachheit ihres Weltgebets an: »All we are saying is give peace a chance« (Alles, was wir sagen, ist, gebt dem Frieden eine Chance). Dem anspruchslosen Wort ›All‹ folgt die Bitte an die Kontrollkräfte aus dem kollektiven Bewußtsein, das Angebot einer neuen Idee, auf kindliche Weise ausgedrückt. In dieser großen Umschichtung existierte eine erstaunliche Schönheit, und wie so viele sanften und weichen Bewegungen, die die Welt macht, änderte auch Flower Power die Welt. Schließlich veränderte diese Transzendenz die wirtschaftliche Szene.

Die Länder südlich des Äquators existieren als Ausgleich für den planetarischen Organismus. Sie haben in einer Art Schlafzustand verharrt, der die krankhafte Aktivität der nördlichen Hemisphäre ausglich. Aber in den sechziger Jahren begannen diese Länder im Süden zu erwachen wie ein riesiges prähistorisches Tier, das eine Milliarde Jahre in einem Gletscher eingefroren war. Plötzlich schmolz das Eis, und das Tier erhob sich. Auch hier kam das erste, was wir von diesen Ländern hörten, von ihren Sängern und Schauspielern.

Wie die fahrenden Sänger in Europa die Renaissance verkündeten, indem sie von Schenke zu Schenke zogen und von einem neuen Rittertum sangen, brach Fairneß aus der Camelot-Saga. Australien sandte seine Sänger aus, um der

Welt mitzuteilen, daß sich der schlafende Riese erhoben hat. Auch Südamerika erwachte zu neuer Bedeutung. Da die Flower-Power-Bewegung einen massiven Markt für Transzendenz geschaffen hatte und da aber Drogen ein Nebenprodukt dieser Transzendenz sind, erwachte Südamerika zu seiner eigenen Individualität und Entwicklung. Da es sonst nur wenig anzubieten hatte, war es ganz natürlich, daß es Drogen anbaute und lieferte, um so die nördliche Drogennachfrage zu befriedigen.

Wenn jemand berauscht ist, versucht er nicht, den Status quo zu verändern. Vielmehr versucht er, sich der Evolution der Allgemeinheit zu entziehen. Er befindet sich geistig nicht in Übereinstimmung mit der Allgemeinheit und fühlt sich machtlos, die Dinge zu ändern. Deshalb rennt er, vielleicht auf eine irregeführte Weise, seinem eigenen Gott nach und hofft darauf, durch Drogenkonsum eine neue Realität – eine Transzendenz – zu berühren.

Theoretisch sollte dies eigentlich niemanden stören. Es unterscheidet sich nicht von dem Betrunkensein durch Alkohol. In der Praxis rüttelt es jedoch wie verrückt an den Mächten. Warum? Weil die Drogenbranche riesige Einnahmen erzielt, die sich außerhalb des Systems befinden und dadurch die Kontrollkräfte unterlaufen. Gegenwärtig belaufen sich die Einnahmen aus Drogen in den USA auf 384 Millionen Dollar pro Tag oder 140 Milliarden Dollar pro Jahr. Dieses Geld befindet sich nicht in den Händen des Status quo, sondern am Rande, in den Händen von Menschen, die nie Zugang zum Wohlstand bekommen sollten. Aber schlimmer noch – das Geld ist steuerfrei und übt dadurch einen enormen Druck auf die Wirtschaft aus. Drogen haben das Bewußtsein der Menschen vom ›Status quo‹ abgelenkt. Das aus den Drogen entstandene Geld hat eine benachteiligte soziale Klasse befreit und sie aus oft hoffnungslosen wirtschaftlichen Umständen in eine große Machtposition gebracht. So sehr, daß die Drogenbranche sich jetzt außerhalb der Kontrolle der Regierungen befindet.

Wenn man Umstände schafft, unter denen Millionen Menschen keine Chance für wirtschaftlichen Erfolg haben, und man diesen Menschen Steuern aufbürdet, sie gängelt und jedes Gesetz nur ihrer Diskriminierung dient, dann sollte man nicht erstaunt sein, wenn sie das System verlassen und ihr eigenes erfinden. Die Drogenbranche ist nur ein weiteres Beispiel des wachsenden Verstandes der Menschen, der sich gegen die hemmende Kontrolle und die Haltung der herrschenden Elite wendet, die aus der industriellen Revolution des letzten Jahrhunderts vererbt wurden.

In den südlichen Ländern Afrikas erwachten die Nationen und forderten Unabhängigkeit. Die schwarzen Südafrikaner folgten diesem Erwachen. Im Osten führte Indonesien mit Hacke und Schaufel einen grausamen Kampf und vertrieb die holländische Kolonialmacht aus dem Land. Auf der ganzen Erde zogen sich die europäischen Mächte zurück, denn dafür war jetzt die Zeit gekommen. Die Kolonisierung der Stammeswelt im 17. und 18. Jahrhundert war eine metaphysische Brücke, eine Treuhänderschaft. Sie führte die schlafenden Stammesnationen nach und nach in eine neue Metaphysik der Individualität. Aber inzwischen waren die Lektionen gelernt, und die Völker wurden erwachsen und verlangten, daß der Lehrer sie ihrem eigenen Schicksal überließ. In der Zwischenzeit nahm die Transzendenz der Flower Power dem Weltbewußtsein die Fesseln ab. Zudem vollführten wir einen riesigen Sprung in der Technologie. Wir wagten, von neuen Möglichkeiten zu träumen, und entdeckten über neue Technologien die immer schnellere Bewegung unseres Bewußtseins. Es wurden Computer entwickelt, die jede Seite einer zwanzigbändigen Enzyklopädie in drei Sekunden lesen können. Transzendenz ließ das *innere Bewußtsein* wachsen, während die Technologie das intellektuelle Selbst erweiterte.

Das Weibliche war immer Treuhänder des *Yin*, der inneren Energie der Welt, während das Männliche die Verantwortung für das sich ausweitende *Yang* trug. Aber die medizinische Technologie bescherte uns die geburtenkontrollierende Pille. Das Weibliche wurde von einem großen Teil der Bindung befreit, die sie in einer engen Disziplin um *Yin* und die Familie hielt. Aus einer wirtschaftlichen Notwendigkeit heraus und durch eine natürliche spontane Reaktion auf die Befreiung ging das Weibliche von seiner *Yin*-Basis in eine sexuelle Freiheit, die zuvor den Männern als *Yang*-Erfahrung reserviert war. Und wieder einmal war vorübergehend die Treuhänderschaft des Ausgleichs verloren. Der Zusammenhalt der Familie geriet unter Druck.

Die Japaner zog es mit ihrem intellektuellen Bewußtsein zur Technologie wie die Ente zum Wasser. So wanderten sie von einer *Yin*-Zen-Inselgesellschaft zur *Yang*-Expansion der westlichen Welt.

Beachten Sie doch einmal, wie wundervoll sich all diese Ereignisse in ein Muster einfügen, ein Wink für die Zukunft. Beachten Sie, wie alles in der perfekten Symmetrie der Weltevolution liegt.

Als die Länder der südlichen Hemisphäre aufwachten, veränderte sich das Gleichgewicht des Planeten. So gab es nicht länger ein *Yin* im Süden, um das *Yang* im Norden auszugleichen. Plötzlich hatten wir ein fortwährendes *Yang* im Weltbewußtsein – eine konstante Aktivität im Norden und im Süden sowie eine konstante Eingabe – keine Ruhe, kein Ausgleich.

In den nördlichen Ländern warfen die Druckpressen in rhythmischem ›Schlagen‹ unendlich viel Pseudogeld aus und brachten die Menschheit immer näher an die kritische Linie. Die Politiker stellten fest, daß sie durch das Gelddrukken die Wirtschaft kontrollieren und eine fortwährende Expansion schaffen konnten. Seit Mitte der sechziger Jahre hatte die Weltwirtschaft keine signifikante Pause mehr. Die Zahlen steigen weiter und weiter. Und während die Technologie fortschritt, zündete sie damit dieselbe fortwährende Bewegung. Das Erwachen der südlichen Hemisphäre trug Neues zum Weltbewußtsein bei und schürte damit noch das metaphysische Feuer. Die Umweltverschmutzung all dieser Aktivität verändert nach und nach das Gleichgewicht der Natur. In der Zwischenzeit expandierte das Bewußtsein der Menschen als Erbe der Flower Power immer mehr und wurde metaphysisch entwickelt. Gurus erschienen wie durch Magie. Gesundheit, Konservierung des Bestehenden, die New-Age-Bewegung, Freiheit, neue Forderungen, neue Rechte, eine neue individualistische Ordnung entstand. Versagen Sie einem Menschen den Schlaf, wird er irgendwann verrückt. Ähnlich wird ein Verstand, der ständig mit Gedanken überfüttert wird, zusammenbrechen und unstet werden.

Wir begannen damit, mit Satelliten Gedankenformen 24 Stunden am Tag in alle Richtungen durch die empfindliche Membran unserer höheren Atmosphäre zu feuern und zerstörten und vergifteten wieder ein zerbrechliches *Yin*-Gleichgewicht.

Das Ergebnis dieser verschiedenen Entwicklungen – Flower Power, die Druckpressen, transzendentale Gedanken, Drogen, Vietnam, Computer, die Pille und das Erwachen der südlichen Hemisphäre – hat die Ruhe des *inneren* Weltbewußtseins gestört. Es gibt eine Grenze für das, was es verkraften kann. Zudem hat die zusammengeballte Energie dieser gesamten Ausweitung die führende Elite unterlaufen, so daß die Volkswirtschaft inzwischen weniger leicht zu kontrollieren ist. Kollektiv stimmen wir auf einem inneren Niveau darin überein, daß wir Frieden wollen – sowohl inneren Frieden als auch den internationalen. Genug ist genug! Die Grundfesten unserer Vernunft, unser *inneres* Bewußtsein, sind aufgestört worden. Am 28. Januar 1986 fand gegenüber einer kleinen Stadt an der Ostküste Floridas ein befremdendes Ereignis statt. Das Spaceshuttle *Challenger* explodierte 60 Sekunden nach dem Start. Während der nächsten 24 Stunden folgte fast die gesamte Bevölkerung des Planeten dem Ereignis immer wieder in den Medien. Emotional war dies störend. Intellektuell war es lediglich ein schrecklicher Unfall. Aber metaphysisch hatte es einen

Einfluß auf das *innere* Weltbewußtsein wie kein Ereignis seit Flower Power in den sechziger Jahren.

Schauen Sie sich an, wie deutlich dieses Ereignis Symbol für die heutigen Zustände ist. Die Parallelen sind erstaunlich. Die NASA bemühte sich, ihr Shuttle-Programm auszuweiten. Sie war zur ständigen Aktivität gezwungen, um das Geld vom Kongreß bewilligt zu bekommen. Dadurch entstand ein Ungleichgewicht, das sich als Druck aus dem Innern der Rakete (des *inneren* Bewußtseins) manifestierte und gegen den schwächsten Punkt – die ›O‹-Ringe (den physischen Körper) – drückte. Der Körper gab nach. Das Flaggschiff der Welttechnologie war zerstört.

Schauen Sie sich nun die Mannschaft an, die umkam. Ein Wissenschaftler, der unseren technologischen Stolz *(Yang)* repräsentiert, einige US-Soldaten *(Yang)*, ein Mann japanischer Abstammung *(Yang)* und eine befreite Frau, die zudem als Lehrerin arbeitete *(Yang)*. Ist das nicht brillant? Verstanden die Leute, was der Shuttle-Unfall ihnen sagen wollte? Einige verstanden es, andere verstanden es jedoch nicht. Verstand das *innere* Bewußtsein der Welt es? Absolut. Es zeigte uns allen, in welche Richtung die Dinge sich entwickelten. Wir bewegten uns alle stärker auf einen metaphysischen Konsens zu.

Und dann – fast um uns zu versichern, daß wir es absolut erreicht haben – explodierte am 17. Oktober 1987 der Aktienmarkt der USA. Der Index fiel *(Yin)* in 360 Minuten um 500 Punkte. Wenn ich es abwägen sollte, würde ich sagen, wir hatten eine technologische Explosion, eine finanzielle Explosion und eine sexuelle Explosion (AIDS), und das läßt uns eine Naturexplosion erwarten zur Vervollständigung des Ablaufs. Vielleicht war die Zerstörung des Berges St. Helens das erste Ereignis in einem Zyklus, in dem noch weitere folgen. Vielleicht war es aber auch ein Ereignis am Rande, und eine physische oder natürliche Explosion der Natur steht noch bevor. In jedem Fall sind diese Zeichen so zart wie ›eine Bohle auf den Kopf‹.

Während ich dies schreibe, sehe ich keine Möglichkeit, daß die amerikanischen Politiker sich ändern werden. Die Druckpressen werden weiterhin sowohl für die Wall Street als auch für Washington Papier ausspeien, solange es Dumme gibt, die das Zeug kaufen. Der Aktienmarkt hat sich wieder erholt und befindet sich wieder auf expansionistischem *(Yang)* Kurs. Die Damen arbeiten - obwohl sie damit den Aspekt ihrer sexuellen Freiheit schwächen *(Yang)* - noch immer für die neue Wirtschaft, denn viele haben sich an das zweite Einkommen so gewöhnt, daß sie nicht daran denken, sich wieder zurückzuziehen. In Tokio klettern die Immobilienpreise und der Nikkei-Index in die Stratosphäre wie ein Concorde-Pilot bei voller Geschwindigkeit. Ah - die Menschen sind so durchschaubar.

Was wird als nächstes passieren? Das *innere* Bewußtsein, die Seele der Menschen, wünscht, zu *Yin* zurückzukehren. Das äußere intellektuelle Bewußtsein der die Kontrolle ausübenden Kräfte in der Welt besteht jedoch auf der Fortsetzung der Expansion. Auf diese Weise entsteht ein Vakuum. Die innere Realität, die den Intellekt unterstreicht, wird immer weiter von den Ereignissen abgedrängt. Schließlich sind die natürliche Sicherheit und die Unterstützung des Intellekts verloren, da sie nun auf einem Vakuum ruhen und von der inneren Wahrheit weit entfernt sind. An diesem Punkt ist der Zusammenbruch unausweichlich.

Wann wird das sein? Diese Frage ist unmöglich genau zu beantworten. Aber worauf es ankommt, ist, daß es passieren wird. Auf welche Seite der Münze würden Sie Ihr Geld legen? Wird der natürliche spirituelle Wunsch nach dem Sichzurückziehen gewinnen? Oder kann die unnatürliche und konstante Aktivität der expansionistischen Seite ewig aushalten? Ich weiß, wo mein Geld ist.

Lassen Sie mich eines sagen, bevor wir über den Plan sprechen. Zeiten des wirtschaftlichen Rückzugs sind nicht negativ. Die Tatsache, daß sich jemand dazu entschied, dieses Phänomen eine ›Depression‹ zu nennen, war sein Gesichtspunkt. Eigentlich sollte damit nichts Deprimierendes verbunden sein. Sie sind auf Ihrer Suche. Das ist aufregend. Sie sind ausgeglichen, und Ihr Boot schwimmt im Niedrigwasser genauso wie bei Flut. Besser, sollte ich sagen, denn die Zeiten des Rückzugs sind weniger ermüdend als die der Expansion.

Der Plan besteht deshalb aus einer Strategie, das Energieniveau betreffend, und empfiehlt ganz bestimmte Ideen. Es ist unmöglich, jemandem zu raten: »Kaufen Sie Gold, verkaufen Sie Aktien«, sofern man keine Vorstellung davon hat, wo sich eine Person finanziell, emotional und spirituell befindet. Unsere Bedürfnisse sind unterschiedlich wie unsere Persönlichkeit. Die finanziellen Hilfsmittel, mit denen wir arbeiten, sind auch unterschiedlich.

Der Dreh- und Angelpunkt des Plans empfiehlt ein stärkeres Zurückziehen auf die innere *Yin*-Energie, bevor das System Ihnen diesen Rückzug aufzwingt, ob Sie das mögen oder nicht. Wie Sie sich zurückziehen, hängt von Ihren Ressourcen und Ihren Bedürfnissen ab.

Es gibt eine ständige Diskussion darüber, was während einer Depression mit den Preisen geschehen wird. Die offensichtliche Antwort darauf lautet, daß die Preise fallen werden und wir in eine Periode der Deflation eintreten. Wir wissen jedoch nicht, was die Regierung in einer solchen Situation tun wird, und man kann wohl darauf setzen, daß die Druckpressen, wenn die Dinge auf die schiefe Bahn geraten, noch schneller laufen werden. Also sehen wir der Möglichkeit einer inflationären Depression entgegen.

Ich vermute, daß einige Preise in den Himmel wachsen werden, während andere fallen, und daß der Gesamteffekt zu einer leichten Inflation von fünf bis zehn Prozent statt zu einer Hyperinflation führen wird. Variabel in all diesem Geschehen sind die Lebensmittelpreise. Theoretisch würden sie während einer Depression fallen. Aber wir haben den Faktor des ›Treibhauseffekts‹. Durch die Erwärmung der

Erdatmosphäre haben wir in den zurückliegenden Jahren Trockenheiten und klimatische Veränderungen erfahren, die, mild ausgedrückt, etwas drohend sind. Auch hier kann man nicht voraussehen, ob es 1996 in Kansas regnen wird oder nicht, aber es scheint sehr wahrscheinlich, daß die Wetterbedingungen sich nicht verbessern und die Lebensmittelpreise kräftig steigen werden.

Während der ersten drei Monate des Jahres 1989 haben wir in den USA aufgrund der Trockenheit des letzten Sommers bei einigen Lebensmitteln einen Preisanstieg von 30 Prozent erlebt. Natürlich wird es wieder Jahre geben, in denen die Ernten gut ausfallen, aber die Gesamtbedingungen für die weltweite Landwirtschaft werden immer unberechenbarer und unbeständiger. Man muß jedoch eine korrekte Inflationsrate für die neunziger Jahre nicht vorhersagen, um eine Strategie zu entwickeln, die unter allen Bedingungen funktionieren wird.

Bargeld lacht

Zur Verfügung stehendes Geld ist *Yin,* Schulden sind *Yang.* Wenn Sie damit beginnen, Aktiva zu verkaufen, Ihre Schulden abzutragen und sich Bargeld verfügbar zu machen, schaffen Sie damit Optionen. Wenn Sie bis zur Grenze der Belastung im gegenwärtig vorherrschenden, expansionistischen Modus angespannt sind und nur wenig Geld zur Verfügung haben, so spiegeln Sie den Rest der Welt wider. Bei jedem Rückgang der Wirtschaft werden die Leute sich aufrappeln, um herauszukommen. Es sieht dann aus, als wenn 1000 Leute gleichzeitig auf die Drehtür eines Hotels zustürzen.

Durch die Entwicklung von Sparguthaben und die Umwandlung von Aktiva in Bargeld genießen Sie Freiheit. Was auch immer geschieht, es wird Orte auf der Erde geben, wo die Wirtschaft blüht und wo sich gute Gelegenheiten anbieten. Mit Geld in der Hand werden Sie in der Lage sein, Aktiva für einen Bruchteil des wahren Wertes zu kaufen.

Die Banken werden wie Supermärkte erscheinen. Sie werden so viel zurücknehmen müssen, daß Sie in der Lage sein werden, in irgendeine Bank zu gehen und ein Flugzeug, einen Zug oder ein Apartmentgebäude in zehn Sekunden zu kaufen.

Ein weiterer Grund, weshalb Sie Bargeld besitzen sollten, ist, daß Sie es brauchen, falls Sie arbeitslos werden. Wieviel Geld Sie dafür brauchen, hängt von Ihrem Haushaltsplan ab. Ich würde empfehlen, mindestens sechs Monatseinkommen.

Einige Leute haben mich gefragt: »Warum wollen Sie liquide sein, wenn es tatsächlich eine Inflation gibt?« Erstens glaube ich, wie ich bereits sagte, daß die Inflation nicht allzu schlimm werden wird. Und zweitens können Sie, wenn Sie über Bargeld verfügen, ausgewählte Investitionen vornehmen, die eher an Wert gewinnen als die heutigen, die vielleicht an Wert verlieren. Und schließlich hält Sie nichts davon ab, einen Teil Ihres Bargelds jederzeit wieder in Aktiva zu verwandeln.

Was machen Sie mit Ihren liquiden Aktiva? Ich würde einen Teil davon in ein Bankschließfach legen und empfehlen, daß Sie den Rest bei einer angesehenen internationalen Bank als Festgeld anlegen oder Regierungsanleihen oder T-Noten kaufen. Einen Teil sollten Sie jedoch zumindest unter Ihrer Matratze aufbewahren. Denn Sie wissen nie, wann Sie schnell Bargeld für interessante kleine Gelegenheiten brauchen, ohne daß Sie darauf warten müssen, daß die Bank am nächsten Tag öffnet.

Immobilien

In Zeiten wirtschaftlichen Rückgangs fallen Immobilienpreise steil nach unten. Dies liegt daran, daß das Immobiliengeschäft nicht wirklich aus Ziegelsteinen und Zement besteht. Statt dessen handelt es sich dabei um eine Branche, die im Zusammenhang mit Finanzierungen zu sehen ist. Sehr wenige Menschen bezahlen Häuser bar. Um Häuser zu kaufen, müssen Sie in der Regel Kredite in Anspruch nehmen.

Während einer Vertrauenskrise ist es schwer, Geld zu leihen, egal zu welchem Zinssatz. Wenn es dann den Leuten nicht mehr gelingt, ihre Hypotheken abzuzahlen, ist der Immobilienmarkt durch Zwangsvollstreckungen verstopft. Deshalb können die Preise für ein durchschnittliches Haus in den neunziger Jahren leicht um 50 Prozent oder mehr fallen. Bedeutet das, daß Sie Ihr Haus nun gleich verkaufen sollen? Das hängt sehr davon ab, ob Sie neben Ihrem Haus noch über andere Aktiva verfügen. Ist dies nicht der Fall, dann sollten Sie Ihr Haus verkaufen oder eine Hypothek darauf aufnehmen, so daß Sie zumindest teilweise an Bargeld gelangen. Wohnen Sie jedoch in angenehmer Nachbarschaft und wollen Sie nicht umziehen, dann behalten Sie das Haus. Sie müssen schließlich irgendwo wohnen, und vielleicht ist der Wert des Hauses für Sie ja auch nicht relevant, da Sie es ohnehin nicht verkaufen wollen.

Bei einem wirtschaftlichen Rückgang ist der Immobilienmarkt eine tote Ente. Die Preise können bis zu 90 Prozent fallen. Verkaufen Sie oder nicht? Zunächst kommt es einmal darauf an, wie hoch das Gebäude verschuldet ist. Ist die Verschuldung niedrig, wollen Sie das Gebäude vielleicht behalten und das Ende des wirtschaftlichen Rückgangs abwarten. Befindet sich das Gebäude in gutem Zustand und haben Sie es an einen exzellenten Mieter mit einem unkündbaren langfristigen Mietvertrag vermietet, kann das Gebäude auf Jahre hinaus ein regelmäßiges Einkommen sichern. Herrschen die obengenannten Bedingungen jedoch nicht vor, ziehen Sie sich verdammt noch mal schnell daraus zurück.

In Zeiten wirtschaftlichen Rückgangs werden Sie sehen, daß die Leute zu ihren Familien zurückkehren. Es werden wieder mehr Menschen im selben Haus wohnen und sich dieselben Ressourcen teilen. Die Wohnungsmieten werden fallen, da die Bewohner sich aus teuren Wohnungen zurückziehen, billigere Wohnungen suchen oder Wohngemeinschaften bilden werden. Aber trotzdem müssen die Menschen irgendwo wohnen. Besitzen Sie ein Apartmenthaus, das sich in gutem Zustand befindet, und können Sie es erfolgreich selbst bei niedrigeren Mieten unterhalten, wollen Sie es vielleicht behalten. Natürlich können Sie es, wenn Sie es heute verkaufen, vielleicht in drei bis fünf Jahren für einen sehr viel geringeren Betrag zurückkaufen.

Land

Ich habe das Gefühl, daß die Investition in Land für die neunziger Jahre eine schlechte Investition darstellt. Das Besitzen von Land kostet Geld, und es wirft kein Einkommen ab. Wodurch Land einen steigenden Wert erhält, ist die Tatsache, daß jemand es entwickeln und bebauen will. Aber was wollen Sie mit dem Land ohne das Vorhandensein der Kraft, die die Preise nach oben treibt?

Landwirtschaftlich genutztes Land ist ein weiterer Bereich, den ich persönlich vermeiden würde. Denn ich verstehe nichts von der Landwirtschaft, und ich würde es hassen, mehrere hunderttausend Dollar auszugeben, nur um anschließend herauszufinden, daß der Treibhauseffekt aus meiner Investition eine Wüste macht. Andererseits müssen alle essen, und ich bin sicher, daß es einigen Landwirten gutgehen wird, besonders, wenn sie gesunde Ernten in Zeiten steigender Preise einbringen können. Aber ich möchte mich an diesem Erntespiel nicht beteiligen, da ich es nicht verstehe.

Es gibt ein starkes Argument für die Idee, ein kleines Stück Land mit vielleicht 20 fruchtbaren Morgen und einer guten Wasserzufuhr zu besitzen. Dem liegt die Theorie zugrunde, daß die Stadtbevölkerung in Zeiten einer Depression Amok laufen wird und die Straßen unsicher werden. Ein kleiner Fleck am Rande des Waldes, abseits des Getriebes, gibt Ihnen die Möglichkeit, Lebensmittel anzubauen und sicher zu sein. Ich kann dem nicht widersprechen, aber ich bin kein Überlebenskünstler von Herzen, und ich habe das Gefühl, daß die Negativität dieser Art von Gedanken lediglich Ärger anzieht. Wenn Sie den Jahresvorrat an Trokkenlebensmitteln im Boden vergraben, so drücken Sie damit metaphysisch nichts anderes aus, als daß Ihre Energie derartig stark zusammenfallen wird. Daraus wird eine Bestätigung des Mangels und der Hilflosigkeit. Das intensiviert die Gedankenform, und irgend etwas wird dann passieren, um das zu bestätigen. Vielleicht trottet ein Elch über Ihr Versteck und verrichtet sein Geschäft darauf!

Die stärkste Verteidigung ist Bargeld. Irgend jemand wird irgendwo Mengen von Lebensmitteln besitzen, und selbst wenn die Preise gestiegen sind, werden Sie mit Bargeld jeden überbieten und die Lebensmittel kaufen können. Ich kann mir keine Depression vorstellen, die so schlimm wird, daß Sie sich in die Berge zurückziehen müssen. Wenn Sie aber das Landleben lieben und Spaß daran haben, im Gemüsegarten zu arbeiten, dann gehen Sie dieser Idee ruhig nach. Ich persönlich werde mich im Fall einer Krise in der Stadt aufhalten. Dort kann man mit Verträgen Geld verdienen, um die Stadt wieder in Ordnung zu bringen.

Ein letztes Wort zu der Theorie von Aufständen und sozialer Unordnung. Ich bin sicher, daß dies passieren wird, aber es wird nicht viel schlimmer werden, als es jetzt schon ist. Während der letzten Depression wies Amerika eine Arbeitslosigkeit von 25 Prozent auf. Das bedeutet, daß 75 Prozent der Erwerbsfähigen Arbeit hatten und die Dinge zusammenhielten. In der kleinen Stadt in New Mexico, in der ich lebe, hatten wir während der gesamten Zeit, in der ich hier bin, 25 Prozent Arbeitslosigkeit. Es gibt keine Aufstände in den Straßen. Die Menschen verfügen über Ressourcen – und zwar über sehr viel mehr Ressourcen, als die Bürokratie ihnen zutrauen würde. Sie finden Wege, um klarzukommen, und genießen es. Aufgrund der Schönheit und der magischen Atmosphäre der Stadt ziehen Menschen aus den gesamten USA hierher, besonders der Erfahrung wegen, selbst arbeitslos zu sein. Sie wollen nicht allzuviel arbeiten, und warum sollten sie, wenn sie es auch so schaffen?

Währungen

Wenn Sie keinen internationalen Lebensstil haben, würde ich mir nicht allzu viele Sorgen über das Auf und Ab der verschiedenen Währungen machen. Alles, was Sie brauchen, ist genug von Ihrer eigenen Währung. Für den Import-Export-Handel jedoch und für jene von Ihnen, die internationale Investitionen getätigt haben, sind die Wechselkurse von extremer Wichtigkeit.

Dazu kann ich eine allgemeine Vorsichtsmaßnahme anbieten: Wann immer eine Volkswirtschaft zurückgeht, gehört es zu den ersten Reaktionen der Regierungen, daß sie den Geldfluß aus dem Land einschränken. So werden Wechselkursgesetze verabschiedet, die die Einwohner zwingen, an der fallenden eigenen Währung festzuhalten. Sie können sich nicht vorstellen, wie verheerend sich das auswirkt, solange Sie nicht selbst in einer solchen Situation gewesen sind. Eine mexikanische Familie, die zum Beispiel vor dem Verfall ihrer Währung Ersparnisse im Gegenwert von 100 000 Dollar besaß, mußte mit ansehen, daß diese Ersparnisse nur noch 330 Dollar wert waren, nachdem der Peso seinen Fall beendet hatte. Die Währungskontrolle ist ein sehr vorhersehbares Phänomen. Tatsächlich haben die meisten Länder der Welt schon jetzt eine Art Währungskontrolle, obwohl die Volkswirtschaft noch im Aufwind ist.

Ich würde eine große Wette darauf eingehen, daß die USA und viele der großen Handelsnationen während der nächsten zehn Jahre Währungskontrollen einführen werden. Meine Empfehlung geht dahin, daß Sie einen Teil Ihrer Aktiva in andere Währungen umtauschen, so daß Sie diesbezüglich Optionen haben.

Ein externes Konto in fremder Währung bildet einen Zugang, der Ihnen Möglichkeiten öffnet, wann immer Sie sich von dort, wo Sie sich jetzt aufhalten, davonmachen müssen.

Aktien

Es muß wohl nicht extra erwähnt werden, daß die Aktienmärkte der Welt in einer Rezession oder gar in einer Depression dramatisch fallen würden. Dies hängt einfach damit zusammen, daß Aktien zu unrealistischen Preisen gehandelt werden. Eine gesamte Branche ist damit beschäftigt, die Aktien hochzuspekulieren, und so gerieten die Firmenwerte an den Aktienbörsen vollkommen aus der Proportion.

Ich würde sagen, daß in einer ernsten Depression ein Preis-Gewinn-Verhältnis von 1:6 realistisch wäre. Das würde den Dow-Jones-Index an der Marke 1200 verharren lassen, was jedoch voraussetzt, daß die Firmengewinne dieselbe Höhe beibehalten und daß niemand unter Druck gerät, Aktien zu verkaufen. Bezieht man diese Variablen jedoch mit ein, läßt sich nicht vorhersagen, wie tief der Dow-Jones-Index fallen wird.

In Tokio liegt das Preis-Gewinn-Verhältnis bei ungefähr 1:70. Ein dreißigjähriger Geschäftsmann, der eine japanische Firma bei diesem Preis-Gewinn-Verhältnis kauft, würde sein Geld also während seines ganzen Lebens nicht wiedersehen. Verrückt? Ganz bestimmt. Jeder, der an der japanischen Börse Aktien kauft, sollte sich auf seinen Geisteszustand untersuchen lassen. Wie groß sind Ihre Chancen aber zur Zeit an den japanischen oder amerikanischen Börsen? 10, 15 Prozent? Wie weit können die Aktien realistischerweise noch steigen? Und denken Sie dann daran, wie weit sie fallen können. Natürlich kann man kurzfristig über Nacht ein Vermögen machen. Und Sie müssen dabei nicht einmal mehr exakte Annahmen voraussetzen. Achten Sie nur auf einen plötzlichen Abfall. Sobald die Aktien fallen, ist es eine natürliche Reaktion, daß die Leute davon ausgehen, daß die Preise niedrig sind, so daß sie geneigt sein werden, wieder Aktien zu kaufen. Also wird der Dow-Jones-Index vorübergehend wieder steigen. Aber sobald das innere Weltbewußtsein sich kollektiv darauf einigt, daß die Preise zu hoch sind, wird der Markt nach und nach im Laufe der

Jahre fallen, da dann jeder informiert wird. Ihre kurzfristige Position wird mit der Zeit zunehmend vorteilhaft aussehen.

Anleihen

Ob Sie Anleihen kaufen sollen, hängt ausschließlich davon ab, ob Sie davon ausgehen, daß die Zinssätze in den neunziger Jahren steigen, fallen oder stabil bleiben werden. Steigen die Zinssätze, fallen die Werte für Anleihen, und umgekehrt. Dabei müssen Sie jedoch wieder die Inflation genau einschätzen können. Bei einer Deflation fallen die Zinssätze. Die Variable besteht darin, daß die Zinssätze steigen können, wenn das Vertrauen der Bevölkerung verlorengeht, da sich so die Kreditinstitute gegen mögliche Risiken absichern. Was werden die Regierungen tun? Wenn sie unbedingt Geld benötigen, werden die Zinssätze auch nach oben getrieben, da die Regierungen dann den vorhandenen Kreditgebern ausgeliefert sein werden. Zudem müssen sie den Faktor des preistreibenden Effekts mit einbeziehen, der entsteht, wenn die Anleger die Aktienmärkte verlassen und Anleihen kaufen. Denn traditionell werden in unsicheren Zeiten aus Gründen der Sicherheit Anleihen gekauft. Persönlich bin ich der Meinung, daß der Anleihenmarkt nur sehr schwer genau vorausberechnet werden kann. Aber Papier ist noch immer Papier, und ich würde mich in einer Depression von Anleihen ziemlich fernhalten.

Die Ausnahme besteht in Schatzbriefen oder besser noch zur Sicherheit in den britischen *Gilts.* Die Regierungen der USA oder Großbritanniens werden ihren Verbindlichkeiten immer nachkommen: Sie werden einfach mehr Bargeld drucken, wenn dies nötig ist. Ich würde mit Sicherheit keine Geldanleihen oder Firmenanleihen kaufen, selbst wenn diese mit AAA eingestuft sind. Nicht, daß die großen Firmen ihren Verpflichtungen nicht nachkommen werden, aber sie werden ihre Verpflichtungen dadurch bezahlen, daß sie weitere Anleihen drucken und verkaufen. Aber wer wird, wenn der Markt das Vertrauen verliert, neue Anleihen kaufen, um die Inhaber der alten Anleihen auszulösen? Ich kann mir vorstellen, daß Firmen und selbst Regierungen die Inhaber von Anleihen dazu zwingen werden, ihre Anleihen zu tauschen. Dann werden die Inhaber der Anleihen zwar ihre Zinsen bekommen, aber sie werden nicht in der Lage sein, die Anleihen zu verkaufen und zu Bargeld zu machen, wann immer sie dies wollen. Darüber hinaus müssen sie einen verdammt großen Verlust hinnehmen, wenn der Anleihemarkt schwach ist und sie einen Käufer für ihre Anleihen suchen.

Gold, Silber und Edelmetalle

Da Edelmetalle mit der Inflation in Verbindung stehen, müssen Sie auch hier wieder voraussehen können, in welche Richtung sich die Inflation entwickelt. Gold und Silber sind jedoch die beiden einzigen Währungen, bei denen sich die ganze Welt einig ist, daß sie einen *wahren* Wert besitzen. Im Fall einer Vertrauenskrise werden die Anleger unabhängig von der Inflationsrate in Edelmetalle investieren.

Nur ein geringer Teil des auf der Erde verfügbaren Goldes befindet sich in den Händen kleiner Investoren. In den meisten Fällen gehört es Bergbau-Unternehmen, Zentralbanken und großen Institutionen. Wenn die Öffentlichkeit *in großem Maße* versuchen sollte, Gold aufzukaufen, so würde der Nachschub bald austrocknen. Obwohl die Weltgoldproduktion schnell wächst, müssen Sie berücksichtigen, daß es sich um ein seltenes Metall handelt. Deshalb gibt es eine Grenze dessen, was produziert werden kann, wenn jeder plötzlich Gold haben will. Südafrika und Rußland dominieren den Goldmarkt. Doch hier müssen Sie wieder berücksichtigen, was diesen beiden Ländern in den nächsten Jahren passieren wird. Wird Rußland, wenn es unter wirtschaftlichen Druck gerät, damit beginnen, Gold zu verschleudern? Oder werden in Südafrika aufgrund sozialer Unruhen die Minen schließen, was das Gold noch seltener werden läßt? Es ist unmöglich, dies genau zu beantworten. Aber zur Zeit kostet die Erzeugung einer Unze Gold ungefähr 250 Dollar, so daß ich mir nicht vorstellen kann, daß der Preis, unabhängig davon, was passiert, weit unter 350 Dollar fallen wird. Nachdem Gold also fast nicht fallen, aber enorm steigen kann, würde ich sagen, daß es sich um eine exzellente Anlage handelt. Ich würde sicherlich einen substantiellen Teil meines Vermögens in Gold anlegen.

Münzen und Barren sind den Goldaktien jedoch vorzuziehen, da niemand weiß, was mit den Goldaktien passieren kann, wenn die Aktienbörsen im allgemeinen unter Druck geraten. Wenn Sie Aktien mögen und nach einer langfristigen Anlage suchen, würde ich eher australische Minen statt amerikanischer, kanadischer oder südafrikanischer Minen auswählen. Denn die australischen Goldminen sind im Vergleich zu anderen Goldaktien preiswert, und sie befinden sich in einem politisch stabilen Land.

Bei Silber sieht die Geschichte schon anders aus. Ein Großteil des Silbers wird in der Dritten Welt gewonnen. Und wenn diese Länder plötzlich kein Geld mehr haben sollten, was sehr wahrscheinlich ist, werden sie vielleicht versuchen, Silber unter Preis zu verkaufen, um ihre Schwierigkeiten loszuwerden. Aber wie jeder andere Markt, so wird auch der Silbermarkt von Variablen beeinflußt. Und da Silber preiswerter ist als Gold, steht ihm auch ein größerer Markt zur Verfügung. Deshalb würde ich Silber nicht vollkommen als Investition ausschließen, besonders in schwierigen Zeiten. Ich selbst bevorzuge jedoch Gold.

Pensionsfonds und Staatspapiere

Pensionsfonds und Staatspapiere investieren normalerweise in Immobilien oder Aktien. Ich kann mir vorstellen, daß eine Anzahl von Pensionsfonds den Bach hinuntergehen, da ihre Investitionen sich als wertlos herausstellen werden. Einige private Pensionsfonds sind durch die Regierung rückversichert. Aber auch hier weiß man wieder nicht, was die Regierung tun wird, wenn ihr das Geld ausgeht.

Wenn Sie die Möglichkeit haben, Ihr Geld aus diesen Fonds abzuziehen, so sollten Sie dies tun. Es ist sicherer in Ihren Händen als in den Händen eines Fremden, dessen Motivationen Ihre Interessen nicht unbedingt berücksichtigen müssen.

Schlußfolgerung

Wenn Sie eine Rezession oder eine Depression lediglich als Energie ansehen – also als das Einatmen und das Ausatmen des Weltbewußtseins –, so haben Sie die Situation bereits unter Kontrolle. Es kommt einfach darauf an, daß Sie es Ihren Emotionen nicht erlauben, Sie aus dem Gleichgewicht zu bringen. In einer Welt, in der jeder extrem durchgeschüttelt wird, werden Ihre Chancen hundertfach verstärkt, wenn Sie Ihren Kopf nicht verlieren.

Wenn Sie defensiv planen oder selbst wenn Sie feststellen, daß Sie nur wenig tun können, da Sie nur wenige Aktiva besitzen, können Sie immer noch Ihre Art des *Fühlens* ändern und sich aus einer Energie heraus bewegen, die das Gegenteil zu der Energie aller anderen darstellt.

In schweren Zeiten wird Mittelmäßigkeit ausradiert, aber hervorragende Leistung wird immer überleben. Wenn Sie heute damit beginnen, alles, was Sie tun, ›besonders‹ zu tun, Wert und Anstrengung in Ihre Arbeit zu legen, werden Sie nicht nur überleben, sondern es wird Ihnen gutgehen. Die ersten, denen es schlechtgehen wird, werden die Unnützen sein. Die wirklich Talentierten und diejenigen, die sich einsetzen, werden in der Branche bleiben. Also kommt es nur darauf an, daß Sie Ihre Energie anheben, um sich selbst in eine angenehme Position zu bringen, aus der zu verdrängen sich niemand erlauben kann, da Sie ein zu wertvolles Zahnrad im Getriebe darstellen.

Denken Sie daran, daß eine Rezession lediglich eine Zeit wohlverdienter Ruhe ist. Es muß kein Sturm sein. Sehen Sie diese Zeit als Ruhe an, und nutzen Sie die Ihnen gebotene Zeit weise. Arbeiten Sie an sich selbst, verbringen Sie mehr

Zeit mit Ihrer Familie, stärken Sie Ihren Körper, und korrigieren Sie die Richtung Ihres Lebens. Sehen Sie den Rückgang der Wirtschaft als ein Geschenk an, das die Welt rettet und es ihr erlaubt, sich wieder zu erholen. Sicher ist, sobald das Weltbewußtsein sich darauf einigt, daß die Ruhe lange genug angedauert hat, werden die Dinge nach und nach wieder ihre frühere Gangart erreichen. Und wenn das passiert, werden Sie wieder im Markt sein – mit noch größerer Stärke.

Schließlich sind Rezessionen, Depressionen, Inflation und Stagnation Begriffe, die die offizielle Wirtschaft beschreiben. Die inoffizielle Wirtschaft hat ihr eigenes Bewußtsein. Obwohl die Automobilindustrie um 25 Prozent rückläufig ist, wird es doch Untergrundbranchen geben, die über Nacht 100 Prozent zulegen. Wenn Sie auf die sich Ihnen bietenden Gelegenheiten achten und sich etwas im Markt umtun, werden Sie leicht einen Weg finden, den einen oder anderen Dollar zu machen. Nichts hört einfach auf. Es bewegt sich lediglich langsamer. Die Menschen sehen in einer Depression eine Art Holocaust, eine Art Mondlandschaft nach einem Atomkrieg. Aber nichts ist weiter von der Wahrheit entfernt als das. Die goldenen Jahre des amerikanischen Kinos waren die dreißiger Jahre, während der letzten Depression. Die Menschen, die ihre Angelegenheiten nicht mehr unter Kontrolle hatten, wurden einfach ausgelöscht, aber anderen ging es ausgezeichnet, und ihre Söhne und Töchter sind heute Multimillionäre. Es ist nur eine Frage der Einstellung. Eine Krise für die Massen ist eine Gelegenheit für den einzelnen. Vergessen Sie das nie.

Wenn Sie lebendig und aktiv und dazu bereit sind, etwas gute Energie abzugeben, werden Sie in einer Rezession aufblühen. Die Kraft, die Sie in sich selbst entdecken, wird mehr als genug sein, um Sie und Ihre Familie mit allem, was Sie benötigen, und einigem darüber hinaus zu versorgen. Zudem halten die Menschen in schlechten Zeiten besser zusammen. Sie müssen zusammenarbeiten. Die Familieneinheit wird wieder gestärkt, und wir werden alle lernen, uns mehr zu tolerieren und einander zu lieben. Das wird für die Menschheit ein großer Erfolg sein. Ich glaube, daß die letzten Jahre dieses Jahrhunderts zu einem fantastischen spirituellen Ereignis werden, und ich persönlich freue mich darauf. Wenn Sie sich sammeln und Ihr Streben nicht aus den Augen verlieren, sollten Sie das auch tun.